独角兽
法学精品

人 工 智 能

〔德〕塞巴斯蒂安·洛塞 等 / 编
曹博 / 译

彭诚信
— 主编 —

数据交易：
法律·政策·工具

Trading Data in the Digital Economy:
Legal Concepts and Tools

上海人民出版社

主编序

本辑丛书已是“独角兽法学精品 · 人工智能”的第四辑。从2018年第一辑丛书出版至今四年以来，学界对于人工智能与相关法律的研究进入更深层次与更广维度，已拓展到具体制度、基本理论乃至法哲学、伦理学以及哲学等层面的探讨。从学界最初对人工智能的法学研究是否存在“泡沫”的争议，到如今“赛博朋克”的社会憧憬、人工智能的智能裁判、无人驾驶汽车的现实侵权、智能合约的广泛应用，人工智能可谓已嵌入人类生活的方方面面，正逐步从底部改变社会治理与运转的基本方式。

但人工智能的法学研究，在某种程度上显著落后于实践的飞速发展。上海交通大学凯原法学院数据法律研究中心正是以国家社科基金重大项目“大数据时代个人数据保护与数据权利体系研究”为依托，致力于数据、个人信息以及人工智能的学术研究，并努力构筑理论与立法、司法实践以及企业实践的桥梁。“独角兽法学精品 · 人工智能”第四辑就是在这种时代背景下，选译域外相关最新研究成果，从不同的思维层次与不同的现实站位出发，力图为国内人工智能法学研究以及相关实践应用拓宽思路，提供借鉴，逐步形成国内、国外人工智能的法学研究相互呼应、并驾齐驱，法学理论与企业实践、立法及司法事前紧密配合、有益互补的发展格局。

一、 本辑译丛的主要内容

本辑丛书精选了三部著作，分别是瑞恩 · 艾伯特撰写的《理性机器人：人工智能未来法治图景》（张金平、周睿隽译）、塞巴斯蒂安 · 洛塞等人主编的《数据交易：法律 · 政策 · 工具》（曹博译）和弥永真生、宍户常寿所编的《人工智能与法律的对话 3》（郭美蓉、李鲜花、郑超等译）。

在《理性机器人：人工智能未来法治图景》一书中，瑞恩 · 艾伯特基于其医学、法学等领域积累下的丰富跨学科知识，从人与人工智能两个维度，深入观察剖析了现行部门法区分对待两者的问题与可能性，包括法律乃至社会整体如何去适应机器等争议性的话题，以期解除人工智能可能带来的束缚，最为充分地拓展技术为人类服务的潜在空间。本书也对法律如何改变技术世界以及塑造未来世界的模样进行了大量论证。通过论证对人工智能的利用征税、对人工智能致害采用基于“理性机器人”的过错责任、对“理性机器人”发明创造提供专利保护、对人工智能犯罪采用责任人追究机制，以充分释放人工智能基于人类利益优先的发展潜能。法律不应再是笼统地探讨是否应赋予人工智能以法人人格或其他单一路径的解决办法，而是需要一场解决所有领域问题的有关人工智能技术的法律全面变革。基于拓展人工智能技术使用范围的立场，瑞恩 · 艾伯特提出了人工智能法律中立原则，通过建立人工智能的行为规则和标准，实现人工智能福利的同时，实现风险可控，切实保证人类的权利与地位。

数字领域已成为全球竞争的核心，体量和频次明显膨胀的数字化应用正在从根本上重塑我们的经济与社会，这其中，作为底层基础的数据交易是法律必须予以明确规制的关键内容。塞巴斯蒂安 · 洛塞、莱纳 · 舒尔茨、德克 · 施陶登迈尔等学者主编的《数据交易：法律 · 政策 · 工具》一书，是第三届明斯特欧盟法与数字经济研讨会的论文集。旨在讨论欧盟法律如何应对数字经济的需求与挑战，梳理了欧盟有关数据交易法律问题的前沿动态，探讨了通过知识产权、财产权、强制许可、合同等概念与工具应对数据交易难题的可能性与正当性，提供了法律、经济、政策、产业等不同视角的观察。该书还集中探讨了争议较大的法律解决方法，一是数据的独占权，特别是数据“所有权”的因应归属；二是进一步论证探索发展合同法的可能，包括合同法的默示规则、不公平的 B2B 交易格式条款和条件的控制，以及强制许可等，也同时研评了包括《数据库指令》《通用数据保护条例》《打造欧洲数据经济》报告在内的诸多欧盟立法与政策，力图为欧洲经济发展提供一个把握潜在机遇的数字交易框架。

《人工智能与法律的对话 3》由弥永真生等学者所编，在法理论层面讨论了人工智能给人类和社会存在方式带来的根本改变及其引起的法理层面的本质性追问。在分析了各国现有产业政策和法律规制导向的背景下，分析了将行、民、刑规制组合在一起调整人工智能法律问题的愿景，客观、冷静地讨论了是否应将某些法律制度扩展到人工智能的应用，同时具体深入分析了人工智能作为法律保护客体的可能，深入审视了人工智能对法律、伦理规则的本质性改变与影响。

二、本辑译丛相关内容的简要评价

本辑译丛选取的三本著作立意深远、论证宏大。

《理性机器人：人工智能未来法治图景》的作者敏锐地观察到人工智能在操纵股市、遥控选举、网络犯罪中充当的反面作用，提出了对人工智能终将毁灭人类的远景担忧及其带来的技术性失业、歧视和安全等现实困境。在如何更恰当地规范人工智能问题上，瑞恩 · 艾伯特认为人类还远未形成共识——国家可在多大范围内用人工智能展开监控？ 在人工智能进行贷款、刑事审判等决策的哪个阶段，个人对自动决策算法应当享有获得解释权？ 现有的法律是专门为人类所设计的，而人工智能使得人工智能体也可以像人类一样行动。但人工智能无缝衔接地适用现有法律是不切实际的幻想，法律适用若没有体系性的调整，便无法适应人工智能实践的现实发展。目前，人工智能已经受到隐私、安全、公平竞争等领域的法律监管，但这些领域的法律显然落后于实践需求。基于此，《理性机器人：人工智能未来法治图景》一书中提出旨在提升人类福祉的新法律原则——人工智能法律中立原则，主张法律不应歧视人工智能。但人工智能所需要的，不是更多或者更少的法律，而是正确的法律。如何将人类或者绝大多数人类认为正确的法律或价值观嵌入人工智能的算法或生活实践，是尚待法哲学及部门法予以正面回答的关键问题。

《数据交易：法律 · 政策 · 工具》详述和分析了基于欧盟利益的关于数据交易的关键性法律问题，讨论是否需要在现有的欧共体法律外建立关于数据获取和转让的前瞻性框架，以及如何设计这一框架。数据是非竞争性资源，任一市场参与者均有使用数据并不限制其他参与者使用数据的地位。但该书明确提出数据也是一种独占性资源，可对数据施加限制从而排除对数据的自动获取。本书就数据的独占权、强制许可和合同概念做了较为深入的扩展分析，也提出了解决数据问题各种路径的优缺点。对独占性的数据权利能否形成稳定保护的对象等实践问题，实际上现有法律并无成熟的规则体系与之匹配，但为了促进数字经济中的数据交易以帮助欧盟抢占数据领域的全球优势，法律应当对数据治理制度进行具体化调整，但这必然会增加法律的复杂性。特别是该书警示了针对数据独占权、合同扩展适用等内容仓促立法的危害。在此逻辑下，现有的法律制度能否以及如何适用于互联网络空间的数据，同样需要更加深入的探索论证与框架建构。

迄今为止，法律是以权利能力、行为能力、意思表示、责任承担等为基础的概念体系为前提，《人工智能与法律的对话 3》一书从法律的视角考察和审视人工智能对社会存在基本面的改变，在人工智能体具备尊严基础和一定的行为能力之后，是否可以为民事法律行为（如签订合同）？ 能否将代理、法人等拟制制度扩展应用于人工智能体？ 在法律执行上，涉及自动驾驶汽车与机器人手术的法律责任问题，该书作者创设性地提出修正债权法中的定型化格式条款规定以及人工智能体作为法律客体予以保护的条件，并对涉及数据保护的隐私问题与人工智能武器化发展的现实担忧提出了治理路径。问题是，该路径是否可行？

人工智能恐怕是迄今为止人类创造的最具颠覆性和创造性的技术，但它并不能保证提升人类的福祉。如何监督人工智能朝着有益于人类整体利益的方向发展，是制定有关人工智能合适法律与政策时的核心考虑。人工智能法律中立原则不应当成为驱动每一个法律决策的动力，也不能以牺牲诸如透明度和问责等原则为代价。在数据保护方面，相关法律还是应致力于在实现数据的自由流动以实现社会治理与经济利益的最大化与保护数据持有者（个人信息主体）的切身利益之间寻求平衡之道。在相关法律应关切促进技术发展的方向上，需要让创造技术条件和投入资源收集数据的市场参与者获得公平的投资回报，只不过要以技术向善、行为合法为底线与前提；毕竟包括数据利用的人工智能技术在内，促进创新而非扼杀创新，才是法律调整的最终目标。

在探究人工智能发展趋势的同时，法学不仅要深入思考人工智能将会带来的诸多问题，更需要关注在技术迭代发展的基础上如何回应并适应当下已经发生的现实问题。

三、 本辑译丛引发的相关法律思考

三本著作可以说关涉数据与人工智能法律问题的方方面面。但其中一个共性的理论基础问题是，无论讨论数据还是人工智能，都必须置入网络空间或者数字社会，而网络空间或数字社会从生成至今均由工程和科学技术建构。可以说，在关涉数据与人工智能的法律领域，法律与工程及科学技术在此空间维度天然地结合在一起——法律工程学从此得以产生。此处的法律工程，并非传统意义上从工程学的视角来思考法律，把法律作为一个系统工程予以考虑。而是在当下的数字社会中，研究法律必然要借助工程与科学技术，大数据、算法、智能合约、区块链乃至整个赛博空间本身，都是工程技术与科学原理运用的结果。厘清其中所涉及的任何法律问题，亦都离不开工程与科学技术的配合。反之亦是如此，对数字社会或赛博空间任何方面的技术（含算法等）管制与治理，也都离不开法律制度的支持。

互联网络的出现，催生了数字社会的存在与发展。在法律领域之所以需要法律工程学，且在可预见的未来其地位和作用会愈发重要，恰恰是因为数字社会存在的本身便是建立在技术之上，即计算机、数学、物理、材料以及机械工程等多学科知识的综合运用。数字社会中的法律，从实体法上的权利客体、交易模式乃至程序法上的裁判形式及救济手段等方面，均将并已经发生重大变化。其本质上，均是基于与工程等跨学科技术相互支撑作用而引起的变化。数字社会中的法律问题，只有借助技术支撑的网络思维模式，才能在新的技术背景下予以更好理解。

如《理性机器人：人工智能未来法治图景》一书提出，算法歧视的问题在2016年进入公众视野，美国刑事裁判算法“矫正罪犯替代惩罚画像管理”（COMPAS）可以对犯罪嫌疑人进行风险评估，协助法官作出保释裁定。但该算法常常将不是重犯的黑人犯罪嫌疑人标示为高危险，而将重犯的白人犯罪嫌疑人标为低危险。可以说，歧视在人工智能和人类决策中都不可避免的存在，差别在于算法歧视是人工智能基于歧视性训练数据而习得的。如果人类法官过去长期对被告人作出歧视性裁判，那么未来人工智能也会这么做。人类已进入数字社会，数字社会的治理已经逐步被代码与算法渗透，任何个体均有可能被数据化，法治呈现出被技术统治替代的隐忧——“代码即法律”。人们已经生活于且越来越深陷于二维社会形态之中，即数字社会与传统的线下社会。在数字社会中，人们对于新科技掌控社会发展的担忧越来越多，“大数据杀熟”等负面行为已经屡见不鲜，依靠“对抗生成网络”等深度学习技术模型的算法已经实现接近无痕的“换脸”技术并引发社会整体层面焦虑。在数字空间中当下的关键问题或在于，法律与工程技术应该如何结合才能更为有效地规制其中的新兴法律问题，在此意义上将法学与工程、科学技术结合在一起的工程法学便为现实所需。

依据《数据交易：法律·政策·工具》一书中的相关观点，代码的架构体系相较法律规范更为完善，通过代码在网络中赋权，并不需要法律拟制的共识与国家强制力的保障。鉴于代码的强大优势，实务界试图将法律编程，以使计算机直接运行法律。但是，不懂自然语言、不懂价值判断的代码，如何按照法律的要求生成立法者需要的结果？ 新科技生态的发展过程中，又如何体现法律的独特价值？ 上述问题，也需要在法学与工程学的交叉研究中寻找答案，以适应数字时代的快速变化。任何工程都是复杂的综合实践过程，具有巨大的包容性和与时俱进的创新性。工程思维是造物导向的思维，其所追求的价值目标具有综合性，往往是知识价值与经济价值、社会价值、环境价值、人文价值的融合。法学与工程学显然不属于同一学科维度，但工程问题求解意味着从给定的初始条件和约束条件下，给出能够从初始状态经过系列中间状态而达到目标状态的操作程序，法律工程存在的意义即为法律规范借助技术的设定与执行，以解决网络空间中存在的法律实践问题。

根据《人工智能与法律的对话 3》的论证，事实上工程与法律早已在实践中结合。在互联网发展起步之时，数字版权管理系统（Digital Rights Management System，DRMS）就已实现运用附加代码与程序完成数字作品的加密，通过工程方法限制侵犯知识产权的可能并在实践中取得较好效果。从构成要件与运行机理深入分析，法律知识与流程具有工程学意义上的线性链特征，使得法律应用得以通过大数据收集海量案例，提炼析取出具体表达规则，结合场景自动计算形成具有一定权威性的结论，实现分类分层分级的快速裁判应用。

以程序化广告为例，现在盛行的包括微信朋友圈广告、网剧植入广告等精准投放型广告，已经可以根据使用人的浏览记录与习惯记录形成“数据画像”，进而实现针对性的定向投放。在巨大商业利益背后，是绝大多数客户的隐私权受到终端设备软件过度索权的威胁。普通用户即使有意愿通过传统法律手段维护自身隐私权利，单个个体也绝无穿透此类技术的能力。通过工程学的广泛技术运用并借助计算机算力，实现法律应用的高频次、深度化、自动化，从而符合网络时代对于权利义务实现的内在需求与现实张力。

法律工程思维是法学和工程技术的内在交融，在两个宏大学科的有机交叉中，工程技术是手段，法律孜孜追求并努力实现的正义价值仍是法律工程建构的基本理念与核心价值。法律工程思维的目标是利用工程学思维，研究解决具体问题的法律机制与路径，并通过各种子模式的综合集成以实现系统工程的目的，法律工程思维在本质上也是解决实践问题的法律适用方法与程序。这亦跟法律（权利）的本质相契合，因为法律在本质上也是一种程序，即决定权利产生与适用的程序，只不过法律工程思维在程序中添加了工程与科学技术的要素。在新科技生态下，法律工程思维以实用化和技术化为导向，将调动和适用各种工程思维方式对跨学科、多维度的技术与知识进行运筹和集成，并转化为可以实践操作的流程、模式和机制，实现解决实际问题的法律目的。

法律工程思维的核心要义是借用工程学方法与手段实现公平正义。从价值取向的角度分析，法律工程已经可以通过设计价值函数，实现法律的价值导向。以证据判断等逻辑推理的工程化推导过程为例，司法证明的核心机制是证据推理，通过法律工程将科学的判断方法运用至完整的证据链判断之中，并借助人工智能的技术手段筛查出重点存疑证据，以实现减少冤假错案发生的最大可能。法律工程作为法学适用技术的一种，显性的特征是工程思维模式。工程思维是路径化解决问题的思维，例如网络思维、产品思维、逆向工程思维、系统工程思维等。工程思维模式可以有效地指导法律工程方法体系的建构，而法律工程思维是对法律适用过程的思维形态呈现。通过法律工程思维集合法律适用要素，将法律与社会现实通过算法路径和模型工具紧密连接起来，以实现对相关问题的快速准确调整。

法律的制定与应用充满了辩证法，在互联网络社会或者说数字社会到来后，诸多法律制度，包括法律适用方法及法律论证方法，甚至法律思维方法，都需要增加新的视角，至少要密切关注数字社会或互联网络社会中的技术因素。数字社会中关涉法律的任何活动以及任何法律争议的解决，皆需要相应工程技术的配合，惟此才能真正把握新科技生态下法律的本质以及未来法治的发展。

本辑引介的图书，在不同维度上论证了法律自身不但有追求公平正义的永恒价值取向，而且更有实现该价值取向的多元且复杂的具体制度设计。在当代中国科技创新发展、国家治理体系和治理能力现代化发展的需求基础上，借鉴域外的相关先进经验并结合中国数字化领先发展的现实，把法律思维与工程思维相结合，把法律规范与工程技术相结合，可以更好地实现法律具体制度设计、法律实践应用以及法律价值目标的统一。

彭诚信

上海交通大学特聘教授

上海交通大学人工智能治理

与法律研究中心副主任

凯原法学院数据法律研究中心主任

2021 年 7 月 17 日

序

数字化正在从根本上重塑我们的经济与社会。商业流程的数据化导致数据的速度与体量显著提升，成为充盈数据经济躯体的血液。当下和未来的商业模式能否推动创新、创造经济增长，取决于其是否有能力使用数据。“数字经济中的数据交易”业已成为欧盟数字市场发展的核心环节之一。

鉴于明斯特欧盟法与数字经济研讨会(Münster Colloquia on EU Law and the Digital Economy)旨在讨论欧盟法律如何应对数字经济的需求与挑战，于 2017 年 5 月 4 日至 5 月 5 日举行的第三届研讨会聚焦于“数字经济中数据交易的法律概念与工具”。本次研讨会分析了与数据交易相关的法律概念及工具的学术争议、实践价值乃至政治议题，着重讨论了数据交易的起点和挑战、独占性权利、强制许可及合同概念。

本书是第三届明斯特研讨会的论文集。非常感谢乔里特 · 莫特(Jorrit Mauter)和乔纳森 · 沃森(Jonathon Watson)在组织本次会议和编写本卷论文集的过程中提供的鼎力支持与帮助。

塞巴斯蒂安·洛塞

莱纳·舒尔茨

德克·施陶登迈尔

2017 年 9 月

独占权

强制许可

合同的概念

专题讨论

引　言

第一章　数字经济中的数据交易：法律概念与工具 13

塞巴斯蒂安·洛塞、莱纳·舒尔茨、德克·施陶登迈尔[*]

一、引　言

数字化是21世纪的开创性趋势之一，它正在从根本上重塑我们的经济与社会。需要特别注意的是，本书所谓的“数字经济”并不是某种独立的经济形式或整体经济形态中的某一具体领域，而是指由数字化引发并最终导致经济形态的数字化状态。

在这一转型过程中，虽然捍卫社会、政治体制及市场结构的基本价值至关重要，但提供一个能够使欧洲经济发展在这一进程中把握潜在机遇的框架同样迫在眉睫。欧盟委员会直面这一现实需求并确立了“数字单一市场战略”，[1]将其列为十大优先级议题之一。[2]作为“数字单一市

---

* 该文仅表达作者个人观点，对欧盟委员会没有任何约束力。

塞巴斯蒂安·洛塞(Sebastian Lohsse)系明斯特大学教授，研究罗马法、比较法制史、民法和欧洲私法；莱纳·舒尔茨(Reiner Schulze)系明斯特大学教授，研究德国法和欧洲私法；德克·施陶登迈尔(Dirk Staudenmayer)系欧盟委员会司法与消费者总司部门主任、明斯特大学名誉教授。

场战略”的研究成果之一，欧盟委员会于 2017 年 1 月发布了《打造欧洲数据经济》(Building a European Data Economy)的报告，[3]报告内容包括但不限于数据的获取与传输。

14 由于明斯特欧盟法律与数字经济研讨会旨在讨论欧盟法如何应对数字经济的需求与挑战，关注数据获取与传输的相关问题也顺理成章。由此，2016 年 10 月举行的第一届研讨会探讨了数字革命给合同法带来的挑战，第二届研讨会聚焦提供数字内容的合同问题，而 2017 年 5 月举行的第三届研讨会主题为“数字经济中的数据交易：法律概念和工具”。本次研讨会探讨和分析了在促进和推动数字经济的数据交易中可能具有适用性与必要性的法律概念与工具，这已触及数字化给欧洲私法带来挑战的核心议题。

本书汇集了第三届明斯特研讨会的论文，基于研讨会的总体目标，它们对不同的法律概念和工具进行了更细致的分析，以期在欧洲层面推进应对数据交易挑战若干路径的研究工作。

二、 起点与挑战

经济和社会的数字化，特别是物联网(IoT)及商务流程数据化的推广，数据的速度和体量都在不断提升。一些实例[4]有助于理解“大数据”的含义：谷歌在一天内处理的数据超过 24 拍字节(petabytes)，[5]这相当于美国国会图书馆所有印刷材料的数千倍。2013 年全球存储的信息量约为 1 200 艾字节(exabytes)，[6]如果将这些信息保存在光盘上，将汇集成五座直抵月球的光盘高塔。

15 数据是流淌在数字经济躯体内的血液。许多现有的商业模式，以及那些将引领创新并创造经济增长的未来商业模式，都取决于能否使用数据。例如，“预测性维护”(predictive maintenance)或“精密耕种”(precision farming)等商业概念只有在获取数据的基础上才能实现。

数据是一种非竞争性资源，这意味着一个市场参与者使用数据并不限制其他市场参与者使用同样的数据。然而，数据也是一种独占性资源，通常可以对数据施加限制从而排除对数据的自动获取。事实上，欧盟委员会在《打造欧洲数据经济》中指出，[7]由于收集或持有数据的企业主要在内部使用而不与其他市场参与者分享数据，数据交易较为有限。在自愿数据共享的场景中可能存在的风险是数据持有者具有更强的议价能力，从而给要求获取数据的其他主体施加高额交易成本，甚至令人望而却步。[8]

因此，欧盟委员会发起了与成员国和利益攸关方的对话，讨论是否需要在现有的欧共体法律(acquis communautaire)[9]之外建立关于数据获取和转让的前瞻性框架，以及如何设计这一框架。前述做法建立在几个目标之上：[10]从根本上说，它致力于实现让数据在经济运营者之间尽可能自由流动的经济政策目标；同时也考虑到了数据持有者的利益，亦即要让那些创造技术条件和投入资源收集数据的市场参与者获得公平的投资回报。毕竟，促进创新而非扼杀创新才是最终目标。此外，欧盟委员会 16
也认识到，如果不得不与竞争对手分享其商业秘密，企业就不会有动力投资数据经济并付诸行动。最后，议价能力不平等的情况也被纳入考量。为了解决可能出现的问题，《打造欧洲数据经济》提出了一些方法供讨论。[11]第三届明斯特研讨会只探讨了其中争议较大、更具法律挑战的方法：一是独占性权利，特别是数据“所有权”问题；二是进一步发展合同法(包括合同法的默示规则、不公平的 B2B 交易格式条款和条件的控制，以及强制许可)。

三、独占权

围绕数据独占性权利的一个核心问题是，一项至少间接涉及数据交易(作为数据载体的财产或信息之上的知识产权)的数据“准所有权”

(quasi-proprietary right)是否应该与现有的独占性权利并存。[12]数据“所有权”的路径可以追溯到法理层面一个颇有争议的讨论。[13]该路径的基本理念是赋予非个人数据或匿名化数据一种权利，并推断该权利会使数据生产者有动力通过专门平台交易数据(与其他商品别无二致)。关于数据“所有权”的一些重要问题，例如该权利是使用数据的独占性权利抑或仅为对抗第三方滥用数据的防御性权利、权利归属如何确定、是否应预见到一些例外情形，仍有待进一步讨论。

17 关于数据准财产权的特点仍有不少问题悬而未决。[14]第一个问题涉及创设该权利的一般标准以及数据上的排他性权利是否能够满足该标准。事实上，在民法传统中，“支配权”(dominium)一词不仅适用于对有体物的控制。将财产概念局限于有体物时(如 19 世纪的德国)，就需要一个更宽泛的术语；“独占性权利”或在其他法域中更为常见的“绝对权”概念填补了这一空白。通过使用“财产”作为基础，这些标志性独占权的典型特征是，将某一对象的控制权“独占性地”(exclusively)赋予某人，使其获得全面的法律保护并得以对抗任何人。因此，足以对抗所有人的法律保护和基本的不可分割性是独占性权利的共同特征(该特征基于有体物的财产属性，但以特定的“可公示性”标准实现扩张，例如对可让与性的认可)。然而，近年来涉及知识财产和信息的权利演进可能会带来疑问：在独占权与侵权责任法中相对权之间泾渭分明的传统界限是否还能存续?

在此背景下，“独占权”的概念提出了一些与数据权有关的问题和关切。首先需要解释如何界定权利对象。[15]“数据”的概念可以非常简单地理解为“信息”，但在触及信息类型及其目的时，问题就变得复杂，[16]特别是在它们涉及数据特定权利在知识产权范畴内的作用时。例

18 如，《通用数据保护条例》(GDPR)[17]提到了“个人数据”“生物识别数据”“基因数据”“有关健康的数据”以及“敏感个人数据”。是否有必要保护尚未受到知识产权充分保护的数据生产者或数据获取者(特别是关于构成数据内容的信息)仍存在争议。[18]

与此同时，围绕着具体数据权的对象及权利人的关切也很多。作为独占权的对象，部分法学领域基于“信息”及其他权利(如版权)的视角或创设“信息法”(information law)概念来审视数据。其他法学领域将数据和数据集视为特定的独占权对象。它们区分数据本身的权利与承载数据的有体物和形成数据内容的信息之上形成的财产权。从这一角度出发，创建数据或数据集塑造了将这些权利赋予某一特定主体的起点。[19]

然而，即使采用这种方法，也存在一个显著的实践性问题：数据可以根据需要频繁地复制，因此，无限量的人都可以使用和传输数据。这种可能性的存在，并没有使原来的“数据所有者”(data owner)失去复制、使用和传输数据的能力。这与传统的动产财产权存在根本区别，使人们对数据权是否可以被视为准独占权产生了很大的疑问。[20]

因此，“所有权”路径在欧盟委员会组织的公众咨询和结构性[21]对
话中得到的支持最少[22]也就并不稀奇了。因此，在数字单一市场战略的 19
中期审查通信中，甚至没有再提到这一路径，而在《打造欧洲数据经济》报告的后续工作中则有所提及。[23]这不难理解，因为除了其他问题之外，这种方法是否能实现便利数据获取的基本目标也令人怀疑。对于数据持有者是否会在可接受的情形下允许其他主体获取数据，这一路径并未提供任何确切答案。最重要的是，所有权路径的实际结果似乎很可能与当前的情况区别不大，即在数据价值链中具有最大议价能力的主体最终将获得对数据的控制权。因此，在没有为实现总体经济目标增加相应价值的前提下，以数据所有权的方式对市场进行强烈干预的正当性值得怀疑。

从公布的反馈情况来看，目前最严重的问题存在于汽车领域：[24]车主无法获得车载数据，而是由汽车生产商保留，他们声称需要这些数据开发预测性维护或其他商业模式。可以想见的是，以预测性维护或其他尚未出现的商业模式为说辞，类似问题未来也会出现在其他市场领域之中。

四、 合同的概念

本书提出了对必要性和法律设计的关切，[25]对欧盟委员会公共咨询
20 的保留答复都表明，制定一项具体的准数据所有权并不能取得成功(至少对目前的欧洲而言)。有鉴于此，必须更加重视试图平衡数据交易各方利益的合同法概念与工具。[26]

合同法领域的注意力必须基于合同自由的语境重点投向已经出现或将要使用的相关工具。在很大程度上，它们是市场竞争者通过合同自由的原则塑造其法律关系能力的外在体现。但是，同样不容忽视的是，合同自由也是防止一方不当损害另一方(或第三方)的手段和工具。鉴此，相关的讨论不仅包括当事人如何设计其合同条款的建议与模式，亦应涵盖旨在保护缔约双方实现合同自由的规则。

在这方面，应考虑到默示规则与控制格式条款的可能联系。[27]合同法中的默示规则连同对 B2B 交易不公平格式条款和条件的控制能够处理涉及数据传输的具体问题。目前只有竞争法提供了一个非常广泛的框架，以防止数据持有人和希望获取数据的主体之间的关系被滥用。然而，竞争法介入的门槛和条件一般要求滥用市场支配地位这一较高标准，很难得到满足。因此，这种做法建议制定默认的合同法规则，阐明立法者如何在建立了合同关系的数据持有者与其他寻求获取数据的合同主体之间实现权利义务的平衡。

由于这些规则是默示规则，B2B 交易的双方当事人可以修改甚至完全放弃这些规则以实现合同自由。然而，如果当事人修改甚至完全放弃这些默示规则，对 B2B 交易不公平格式条款与条件进行控制的规则将
21 对之施加限制。对不公平格式条款与条件的控制同样要以一般条款为基础。但是，一般条款的标准不能与《消费者合同中的不公平条款指令》[28]指向 B2C 交易的标准相同，因为这里涉及的制度主要针对 B2B 交

易中的合同。因此，被适用的控制毋宁说是使用《迟延支付指令》(Late Payments Directive)[29]以及《欧洲共同买卖法》(Common European Sales Law)提案[30]中的现存模式，亦即严重偏离良好商业惯例的规则。[31]为了使这一通用条款更为具体，可以将默示合同规则作为基准。

就大多数并不存在这一制度的欧盟成员国而言，对B2B交易不公平格式条款与条件的控制显然是一个不熟悉的概念，只有少数欧盟成员国已经有这样的规定(但有时也会遭到商业利益相关者的批评)和相应的判例法经验。这一路径可以与根据默示规则制定示范合同条款相结合，其优势在于可以将立法者在合同关系中对权利义务配置平衡的考量要素转化成起草合同的实践指引。基于最佳行业实践制定示范合同条款的方法可以视作一种行业自律。但是，这种示范合同条款是否有可能被具有较强议价能力的数据持有者采纳也不无疑问，特别是在缺乏经济激励的前提下。[32]

数据交易各方之间的合同关系还有一个重要的内容：许可使用，这往往是确定一方当事人能否实现合同目的的决定性因素。这就产生了一个问题，即示范许可或关于许可使用和内容的非强制性规则是否以及在多大程度上是必要和充分的。[33]此外，还必须考虑是否以及在多大程度 22
上需要强制许可，以弥补合同法路径可能存在的缺陷。特别是，只有强制许可才有可能充分制衡基于实际控制的数据使用独占性。同样，在基于数据“所有权”的制度中，强制许可也可以发挥重要作用。正如单纯的事实控制一样，在这种制度中，它们可以弥补权利的独占性所带来的缺陷。无论如何，强制许可的方法概括了欧盟法中几个特定部门的先例，[34]而这些先例在范围和许可条件上是不同的。这种方法最重要的问题之一自然是为获取数据应支付多少费用？ 基于FRAND(公平、合理和无歧视)条款，这种难题是可以预见的。

五、结　论

第三届明斯特学术研讨会分为三个板块，分别是独占权、强制许可和合同概念，这些解决数据问题的具有挑战性的路径虽存在各自的优点和缺点，但值得考虑。从发言和讨论中可以清楚地看到：大多数与会者认为并非所有方法都同样合适，特别是针对构建新的数据独占权，研讨会在很大程度上反映了欧盟委员会公众咨询和结构性对话中的态度。引起关注的问题不仅在于这一新型权利将对已经存在的绝对权产生何种影响，数据并未形成稳定保护对象等实际问题更加令人关切。最重要的反对意见指出，问题的根源在于新的财产权在多大程度上与其意欲实现的
23 目标相匹配。虽然这种权利确实适合于保障数据持有人的利益，但并不会激励人们进行数据交易，也不会激励数据的流通。当然，这一缺陷可能通过强制获取数据的权利(如强制许可)来弥补。总之，新的数据“所有权”将在很大程度上局限于维护数据持有人利益，其面临的种种困难使得所有权路径遭受广泛质疑。

因此，讨论更多集中于其他法律概念和工具上，普遍认为它们更适合于促进数字经济中的数据交易。就强制许可而言，广为称颂的优点是其灵活性。与一般的财产权结合具体使用权的路径不同，如果聚焦于强制许可，便能从一开始就直面问题的解决方式。不少与会者提出，为了满足不同经济部门的不同需求，对数据治理制度进行具体化调整是适当的。有人认为，这种针对具体部门的监管至少比一般性规则更为适当。尤其是关于定价的一般规则难以实现的前提下更是如此。然而，值得注意的是，针对具体部门的监管也会带来不利因素，原因在于不同规则的一致性难以保障，必然会增加法律的复杂性。此外，一旦涉及个人数据，强制许可似乎极不适当。

相比之下，合同法的工具，即以默示规则辅之以对 B2B 交易中不公平格式条款与条件的控制被普遍认为是实现上述目标的适当手段。该路径被认为能够弥补将大多数问题交由竞争法处理的现实所引发的值得商榷的缺陷。然而，在审查数据交易时，市场支配地位以及滥用市场支配地位都很难证明。此外，现有竞争法的先决条件似乎在任何情况下都不足以确保数据的充分自由流动，默示合同规则和对不公平格式条款的控

制可以适应数字经济的具体挑战。然而，正如有人指出的那样，即使是强制性规则也不能起到鼓励签订合同的作用，因此，在根本没有合同方或在 B2C 关系中订立合同且获取数据的利益与另一家企业密切联系的情况下，并不能据此确保数据的获取。

总之，本书所收录的论文以及在本次研讨会展开的讨论均说明了该 24
主题的复杂性。这就要求更为细致的研究，不仅需要分析数字经济以及可能的市场失灵所带来的需求和挑战，同时也要仔细评估适合于应对这些需求与挑战的法律概念与工具。鉴此，综合本次研讨会形成的共识，强制许可与合同法路径值得进一步讨论。

注释

1. European Commission，‘A Digital Single Market Strategy for Europe’，COM (2015) 192 final.

2. Juncker，‘A New Start for Europe：My Agenda for Jobs，Growth，Fairness and Democratic Change’(15 July 2014) available online under 〈ec.europa.eu/priorities/docs/pg_en.pdf〉.

3. European Commission，‘Building a European Data Economy’ COM(2017) 9 final. See also the accompanying ‘Staff Working Document on the free flow of data and emerging issues of the European data economy’ SWD(2017) 2 final.

4. 这些实例来自迈尔 · 舍恩伯格(Mayer-Schonberger)与库克(Cukier)合著的《大数据》(Big Data)一书。

5. 1 拍字节(petabyte)是 10 的 15 次方(1 000 000 000 000 000)字节，而 1 字节是一个字符。

6. 1 艾字节是 10 的 18 次方(1 000 000 000 000 000 000)字节。

7. 前注 3，《打造欧洲数据经济》(Building a European Data Economy)。欧盟委员会组织的公众咨询和结构性对话的反馈意见证实了这一点。进一步的信息与文件载于〈ec. europa. eu/digital-single-market/en/news/summary-report-public-consultation-building-european-data-economy〉(hereinafter ‘Public Consultation’) accessed 27 August 2017。

8. 欧盟委员会组织的公众咨询和结构性对话的反馈意见证实了这一点，参见前注 7。

9. 相关讨论可参见本书中莱斯特纳(Leistner)、阿尔平(Alpin)、瑞达(Rada)及威廉斯(Willems)的论文。

10. 前注 3，《打造欧洲数据经济》(Building a European Data Economy)。

11. 前注 3，《打造欧洲数据经济》(Building a European Data Economy)以及该报告的附件《关于数据自由流动和欧洲数据经济新问题的内部职员工作文件》。

12. 有关独占性权利的议题可参见本书中休根霍尔茨(Hugenholtz)、齐默(Zimmer)以及科贝尔(Kerber)的论文。

13. 参见前注 3，《关于数据自由流动和欧洲数据经济新问题的内部职员工作文件》的参考文献。

14. See e.g. Lynsky，The Foundations of EU Data Protection Law(OUP 2015) 229 et seq.；Zech，Information als Schutzgegenstand(Mohr Siebeck 2012) 219.

15. E.g. Max Planck Institute for Innovation and Competition，'Data Ownership and Access to Data—Position Statement of 16 August 2016 on the Current European Debate'，accessible online under 〈www.ip.mpg.de/en/link/positionpa per-data-2016-08-16.html〉 accessed 27 August 2017；Thouvenin/Weber/Fruh，'Data Ownership：Taking Stock and Mapping the Issues' (forthcoming). See，however，Fezer，'Dateneigentum' (2017) MMR 3；Hoeren，'Dateneigentum—Versuch einer Anwendung von § 303a StGB im Zivilrecht' (2013) MMR 486；Hoeren，'Big Data and the Ownership in Data：Recent Developments in Europe' (2014) EIPR 751.

16. 关于个人数据的难题可参见本书中温德霍斯特(Wendehorst)的论文。

17. Regulation(EU) 2016/679 of the European Parliament and of the Council of 27 April 2016 on the protection of natural persons with regard to the processing of personal data and on the free movement of such data，and repealing Directive 95/46/EC(General Data Protection Regulation)[2016] OJ L119/1.

18. 可参见本书中阿尔平(Alpin)、休根霍尔茨(Hugenholtz)以及科贝尔(Kerber)的论文。

19. Welp，'Datenveranderung(§ 303a StGB)—Teil 2' (1988) IUR 434，448.

20. 可参见本书中齐默(Zimmer)与德雷克斯尔(Drexl)的相关论文。

21. 见前注 7 的"公众咨询"(Public Consulatation)。

22. See，for example，the response by Business Europe，BDI，Poland，available at 〈ec. europa. eu/digital-single-market/en/news/position-papers-received- framework-public-consultation building-european-data-economy〉 accessed 27 August 2017.

23. European Commission，'Mid-Term Review on the implementation of the Digital Single Market Strategy—A Connected Digital Single Market for All' COM (2017) 228 final，11.

24. 见前注 7 的"公众咨询"(Public Consulatation)。

25. 参见本书中阿尔平(Alpin)、休根霍尔茨(Hugenholtz)、齐默(Zimmer)、科

贝尔(Kerber)、韦伯(Weber)以及德雷克斯尔(Drexl)的相关论文。

26. 关于合同法可能作出的贡献，见本书中德雷克斯尔、格拉夫 · 冯 · 韦斯特法伦(Graf von Westphalen)、亚纳尔(Janal)、多尔赞(Dolžan)和威廉斯(Willems)的论文。

27. 参见本书中格拉夫 · 冯 · 韦斯特法伦(Graf von Westphalen)、多尔赞(Dolžan)的论文。

28. Directive 93/13/EEC of the Council of 5 April 1993 on unfair contract terms in consumer contracts[1993] OJ L95/29.

29. Directive 2011/7/EC of the European Parliament and the Council of 16 February 2011 on combating late payments in commercial transactions[2011] OJ L48/1, replacing the former Directive 2000/35/EC of the European Parliament and the Council of 29 June 2000[2000] OJ L200/35.

30. European Commission, 'Proposal for a Regulation of the European Parliament and of the Council on a Common European Sales Law' COM(2011) 635 final.

31. See, as an example, Art. 86(1)(b) CESL.

32. 前注 7 的欧盟委员会组织的公众咨询和结构性对话的反馈意见也指明了这一方向。

33. 参见莱斯特纳(Leistner)、韦伯(Weber)、梅扎诺特(Mezzanotte)以及格鲁茨马赫(Grützmacher)的论文。

34. 参见前注 3,《关于数据自由流动和欧洲数据经济新问题的内部职员工作文件》的参考文献。

起点与挑战

第二章　大数据与《数据库指令》：现行法与改革潜力 27

马蒂亚斯·莱斯特纳[*]

一、引言：大数据场景下数据库特殊权利的范围及影响

（一）欧盟法中特殊数据库保护的一般范围和条件

近期关于《数据库指令》[1]中数据库制作者特殊权利对欧洲数据经济的功能与相关性讨论的特点是假设在大多数大数据场景中，“大量投资”这一关键条件无法得到满足。[2]这一假设基于欧洲法院在“英国赛 28
马”(British Horseracing)案[3]和设备营销(Fixtures Marketing)案[4]中的基本认知：只有对获取数据库内容的投资(即“寻找”现有的独立材料)才与实质性门槛相关，而对材料的“创造”进行投资则与此无关。依据这一规

* 非常感谢约瑟夫·德雷克斯尔(Josef Drexl)、雷托·海蒂(Reto Hilty)和沃尔夫冈·科贝尔(Wolfgang Kerber)就本文所讨论的问题不断地交换意见，并感谢我的研究助理托马斯·萨格斯泰特(Thomas Sagstetter)为本文的基础研究和最终版本的撰写提供的宝贵帮助。
作者系慕尼黑大学教授，研究民法、知识产权法和信息法。

则，许多学者认为，在典型的大数据场景中，对传感器或机器生成的各种数据的“生产者”进行的投资将被排除在数据库特殊权利之外，因为在大多数实际情况下，这种投资必然会被视为对“创造”数据进行的投资。[5]

必须承认，如何在获取数据的投资和创造数据的投资之间划出一条细小的红线，仍然存在争议，[6]但那种认为所有传感器或其他机器生成的数据通常不在数据库特殊权利范围内的一刀切式结论显然值得商榷。自英国赛马案以来，认为该判决应被理解为对严格意义上的无关数据创造(即唯一来源数据：通常是在另一主要活动的场景下由生产者创造)和通过收集且通过传感器、称重[7]等测量方式获得独立存在的相关数据之间存在着功能性、竞争性区别的观点，已被德国判例法所接受。因此，
29 德国联邦法院(Bundesgerichtshof，BGH)[8]以及欧洲法院[9]都在不同情况下认为，投资建立测量、获取或记录基础设施，以获取某些先前存在的使用、销售或地理数据，对于评估《数据库指令》第 7(1)条规定的实质性门槛具有相关性。此外，对原始数据的方法性或系统性结构的密集投资，也可能包含在数据库内容展示的投资项下。虽然在欧洲范围内，对于真正的附带利益，法律上仍然存在不确定性，[10]但根据这些案例，传感器或其他机器生成的数据，只要在测量或以其他方式获得、核实和展示数据方面的投资是巨大的，就应该被数据库特殊权利所涵盖。最终，这将取决于欧洲法院在未来可能作出的判决中澄清英国赛马案确立规则的涵盖范围及其与前述案件中采纳的附带利益原则之间的关系，毕竟在英国赛马案的判决中附带利益原则被明确拒绝。[11]

此外，现有文献[12]和判例法[13]大多对实质性标准作出了相当宽泛的
30 解释，基本上将该标准具体化为一种最低限度的排除规则。事实上，法律的确定性和有效协调性都支持对该标准进行扩张解释。近期的研究更倾向于认为，对于该标准的解释应基于更严格、更具体化和个案为准的“市场失灵”法进行，这种方法提出如果没有特殊保护，在特定情况下是否会进行投资的问题。[14]显然，个案化的“市场失灵”法同时也明确

地接受了附带利益原则，在大多数附带利益案中，数据库是作为另一个主要经济活动的附属品而创建的，没有数据库保护也就不符合市场失灵的标准。[15]对于典型的机器生成数据，这确实会降低其在未来获得特殊保护的相关性。然而，虽然这些方法在理论上有一定的优点，但它们是否可以在日常的法院实践中真正应用则不无疑问。换言之，虽然这些方法在理论上看起来很实用，但实际上它们将使数据库保护领域的法律确定性受到进一步威胁。因此，法院尚未接受这些概念，相反，目前的特点是判例法中对数据库的保护采纳相当低的实质性门槛。

（二）独占权的广义结构

此外，欧洲法院的判例法对《数据库指令》第7(2)条规定的独占权
(即提取和再利用)进行了扩大解释。事实上，独占权将涵盖间接提取甚 31
至汇编实质性变化的提取、在性质上所有不同的增值数据库。[16]与此同时，典型的元数据库或元搜索网站行为，即从多种不同来源自动收集和汇编数据，有可能侵犯数据库特殊权利。[17]

与这种相当宽泛的独占性权利相比，限制受保护的对象，即限制使用数据库的实质性部分，或限制系统地、反复地提取构成数据库的实质性部分，[18]并不是保护竞争自由和在典型的大数据场景中防止利用其潜力的有效手段。因为这些用途大多是汇编和处理不同来源的大量数据集(而且最好是完整的数据集)，因此需要完整的数据，而不仅仅是数据库的非实质性部分，以便从以前未经处理的基础数据集中产生合理的结果。因此，将受保护的主题事项限于数据库的实质性部分并不能解决在这些情况下可能出现的数据获取问题。[19]

当然，从另一种更偏重反不正当竞争法的解读来看，对实质性部分的限制可能仍然有助于灵活地考虑数据获取问题。在这种解读中，只有在个案中的具体使用会严重危害原数据库制作者的特定市场机会，从而减少必要激励时，才会满足对实质性部分的使用条件。[20]然而，必须再次强调的是，法院还没有对实质标准采取这种现代的“更经济”的解

释。相反，与保护条件方面的情况类似，该标准是以一种更传统的、以知识产权为导向的方式来解释的，因此，它尚未充分发挥其灵活考量功能性竞争因素的潜力。

32 **（三）底线：一个规制欧洲数据经济必要性的新视角**

对大数据(特别是机器生成数据)而言，相关法律现状具有重要影响，这与目前研究文献中的主流观点有很大不同。

首先，在传感器、机器或其他设备或基础设施获取和传输使用数据的大多数场景中，如果满足对测量基础设施、数据的获取、展示或验证进行大量投资的实质性条件，并且这些数据独立存在、可以独立观察(因此不是“编造”的)，就有可能受到特殊保护。由于这个门槛(至少在目前的实践中)被设定得相当低，在大多数大数据场景中，特殊保护将根据《数据库指令》第 7(1)条被触发。其次，大多数现实的大数据使用场景需要众多来源的完整数据集，将直接或间接地使用完整数据库，因此侵犯了数据库制造者根据《数据库指令》第 7(2)条或至少是第 7(5)条享有的独占权。再次，由于具有不可否认的潜力，数据库特殊权利足以对欧洲数据经济的基础设施产生显著影响。最后，该情形之所以尚未引发广泛讨论，可能是由于在实践中(特别是在相关的合同框架中)，数据库特殊权利仍然经常被忽视，以至于作为一种事前工具，它对欧洲数据经济的法律基础设施的设计影响相对较小。相反，大多数情况下，它似乎只是在个别场景中作为一种事后法律工具使用，以便对顺利运作的合同或非合同状态进行否定性评价。

事实上，正确认识这种法律状况，从根本上改变了对规制欧洲数据经济的讨论。这是因为，虽然许多研究者和欧盟委员会有时倾向于认为
33 在大多数情况下，相关知识产权制度不会有明确、有效的管理。[21]但必须承认，在许多情况下，《数据库指令》下的特殊保护制度是适用的，尽管迄今为止的实践并不总是意识到这一不可否认的事实。最终，大数据案件的适用范围将取决于欧洲法院的判例法，而欧洲法院在过去的许多案件中已经通过对现有欧盟法律文本进行的扩大解释，清楚地表明了

其对信息社会和数据经济产生重大影响的基本意愿。显然，这就转变了讨论大数据领域是否需要进一步监管的视角。在提出是否需要进一步规制以及如何进一步规制、数据所有权或其他独占性使用权是否能够妥善应对数据经济的实际挑战等问题之前，应该明确如下问题：数据库特殊权利(以及诸如新的《商业秘密指令》[22]规定的商业秘密等其他知识产权工具)已经发挥了哪些作用，这些工具应该发挥哪些作用，以及需要进行哪些调整以使这些权利在构建数据经济中扮演功能性角色。

总结并概述由此产生的研究计划：一般来说，在许多大数据使用场景中，特殊权利将为数据库制作者提供相关的独占性保护，因此必须在各自的使用合同中适当考虑到这一点，以便在典型的大数据网络情况下以必要的法律控制和确定性简化数据的使用。然而，除了合同设计方面明显的交易成本问题外，在特殊保护领域，这种使用合同还面临着另一个问题：往往很难确定相关权利人，即数据库制造者。[23]在某些情况下获取数据的潜在需要引起了高昂的信息和交易成本问题，显著加剧了当前公认的数据获取困难，这些问题源于对数据源的实际控制。[24]此外， 34
即使能够确定适当的数据库制造者并限制对数据源的控制，但在实际操作中往往很难设计出全面的使用合同，因为很多时候复杂的网络基础设施涉及不同的数据输入和消费主体。这提出了进一步制定非强制性合同文本的潜在需求，也可能提出某些关于最低限度合法使用权的强制性核心条款；事实上，《数据库指令》甚至提供了最低限度的核心文本(但遗憾的是几乎没有进一步指引)。此外，关于数据库制作者权利例外情形的界定非常狭隘，甚至比一般的版权法例外情况更不适合未来的发展；应该对它们进行全面修订。最后，权利的保护期也应进行审视，互惠条款可能会在国际环境中引起问题，在评估和修订《数据库指令》时，必须解决某些额外的技术性法律问题，特别是关于知识产权重叠、不正当竞争法和其他法律措施的问题。

二、 数据库特殊权利的潜力与问题——改革方案

（一）特殊权利的所有权

根据《数据库指令》第 7(1)条的规定，数据库制作者享有特殊的保护。指令正文并未对数据库制作者这一术语提供进一步解释。指令的鉴于条款第 41 条将数据库制作者界定为“主动承担投资风险的主体”，并明确将次级主体排除在外。虽然这与权利保护的对象(即对数据库的投
35 资)相匹配，但如此宽泛的定义在实践中产生了严重问题。[25]原因是在许多情况下，特别是在较大的合作网络结构中(这在大数据场景中具有典型性)甚至开放的创新网络中，很难确定哪一主体主动承担投资风险。通常情况下，这类网络的所有或大多数参与者都会分别投资于自己的具体贡献(如财力、技术基础设施、时间和精力等)，当然也要承担投资风险。因此，很多时候，许多参与者都有可能成为鉴于条款第 41 条界定的数据库制作者，他们将对数据库拥有共同所有权(在实践中参与者甚至时常没有意识到这一事实)。针对这种情况，当前法律上的不确定性问题非常突出。显然，在第三方需要获取由此产生的数据集以设计、生产或销售新产品或服务的情况下，这种不确定性造成了相当大的信息和其他交易成本。[26]

解决这一问题的可能路径之一是各自的合同网(contract network)，原则上，它有可能将产权有效地转让给对投资工作最重要的人，并为有关各方提供对数据集的某些使用而量身定做的使用许可。事实上，只要网络中的所有各方都能就为网络中不同的参与者量身定做的权利和责任制度达成一致，甚至可能不需要“集中”分配。灵活的合同解决方案在适
36 用性方面可能不限于特殊保护领域，因为投资保护权并非版权，而是与工业产权接近，可以整体转让(《数据库指令》第 7(3)条)。由此，基于合同的解决方案原则上在该领域确实更可取。通常情况下，当事人最了解

如何分配经济权利和义务。相比之下，如果试图对数据库制作者进行更具体的定义，立法者显然会面临一个信息问题，因为采用一种全面的方法来识别“有效”的权利人并为其赋予最初的特殊权利似乎很难实现(如果这并非绝无可能的话)。但显然，在某些情况下，这种合同的签订面临着不同的交易成本障碍和潜在的信息不对称。因此，为了使基于合同的解决方案可行，可能需要更多的法律指导原则，下文将进行讨论。

然而，目前必须接受的是，数据库制造者的模糊定义在最坏的情况下可能会导致在网络环境中对数据库特殊权利的共同所有广泛分裂。显然，从交易成本的角度来看，这是效率最低的解决办法，甚至可能导致(或据笔者个人所知，实际上已经导致)真正的拖延问题。《数据库指令》鉴于条款第 41 条中的现有定义只提供了一个(相当薄弱的)指导原则，以在多方涉及投资的情况下进一步集中所有权：这就是前文提出的“谁主动”投资的问题。[27]关于“主动性”标准，人们可能会认为，最初安装某些测量设备、机器传感器的人是主动行动的主体，但在某些情况下机器或设备的操作者确实也可能投资于数据的获取(甚至可能是有意而为，特别是当他们是商业客户时)，但他们通常并未体现出主动性。因此，在典型的机器生成数据的情况下，数据库制造者将是安装测量设备、传感器和系统(即整个数据获取、传输和汇编基础设施)的制造商。 37
事实上，从交易成本的角度来看，这个方案毫无疑问可以通过各自对鉴于条款第 41 条进行解释的方式在现行法框架内实现。

然而，将数据库特殊权利赋予通常对数据进行事实上控制的制造商，在制造商不同意数据获取行为或对其特殊权利进行许可的情况下，就会加剧潜在的数据获取和利用问题。因此，虽然从交易成本的角度来看，这个解决方案足够合理且确实应该成为适当和可行的解释(甚至可能是立法规范)鉴于条款第 41 条的基础，但与此同时，这种解决方案会增加对保障合法用户获取数据以设计、生产或销售更多的产品或服务的法律工具的需求。

此外，在许多情况下，具有不同投资利益的当事方主动提供投入且其投资利益也会受到影响，这些主体同时在更大的信息网络框架下提取数据，“主动性”标准并没有提供真正的帮助，而且数据池所有权分裂的结果也难以避免。此时，有效合同解决方案的重要性就显得尤为突出且迫在眉睫，因为适当的所有权“集中”不具备正当性或事实上不可能实现。

由此，在这种合作(可能是开放的)数据网络中，独占性邻接权的概念本身就有其局限性。正如开放来源和开放内容倡议的例子所显示的那样，合同可以有所帮助，但可能需要更多的法律支持。为了克服效率低下(特殊权利在这种情况下显然会造成效率低下)的问题，一个更激进的替代方案是考虑将该权利设计为一种需要登记的、统一的欧盟工业产权。[28]一个独立的登记册(可由欧盟知识产权局管理)应向利益相关方提
38 供关于现存独占权及其归属的信息，从而大大减少市场的信息成本。此外，登记的条件与费用(最好还有延期费)随着时间的推移而大幅增加，这将保证只有那些确实需要此种保护以收回其投资的企业获得并延展这一独占权。此外，这也将有助于减少特殊权利，使其适用于那些(可能在相当有限和特定领域内)为了防止数据库市场中投资不足而需要激励措施(以及合理的保护条款)的情形。显然，需要进一步的研究来检验和鉴别这一方案在未来立法发展中的可能性，其原因在于继续维持现状甚至取消整个数据库特殊权利都是现实可行的选择。此外，值得注意的是，已登记的单一保护权存在相当大的风险，因为新的登记保护本身就会为寻租、策略式登记提供新的激励机制，从而导致与数据经济相关的知识产权格局更加复杂。但是，将数据库特殊权利转化为统一登记的欧盟工业产权的大胆做法需要在未来的研究中进一步探究其可行性、潜力及危害。

(二) 数据库合同与合同条款

从实践的视角出发，当考虑到大数据网络下的数据交换时，很多企业，特别是中小型企业，都面临着在第三方合法使用其数据时，以必要的法律确定性拟定许可合同中有关许可条件和使用范围方面的问题。事

实上，在商业环境中迫切需要制定各自的标准合同和最佳做法。此外，一套非强制性的合同法条款在这些 B2B 交易中作为一个可靠的安全网，可以帮助解决各方当事人没有关注的情形和问题。至少这种法律框架和根据合同的既定标准提供事实援助可能有助于降低交易成本，更重要的是可能会减少数据交易领域的寒蝉效应。寒蝉效应是由当前缺乏合法使用数据的可靠标准(关于个人数据保护的具体规则和其他问题不在 39
本文分析的主题之内)造成的。在这种背景下，为多样化大数据环境下数据的输入、提取和使用制定非强制性的最佳做法，并制定非强制性的合同法文本，似乎是助推欧洲数据经济的一条可能出路。[29]

《数据库指令》在这方面提供的指导很少——指令中没有包含非强制性的合同条款。但是，在任何此类自我监管或立法工作中，都应彻底考虑特殊保护，任何权利配置和许可制度的制定都应认真考虑到现有的或可能出现的特殊权利。

关于对数据的实际控制和可能重叠的额外特殊保护，还可以考虑在不对称的情况下，是否应通过关于控制不公平合同条款的强制性规则来支持对数据集的合法使用。同样，《数据库指令》并不包含这方面的一套完整规则。

然而，与《计算机程序指令》[30]类似，《数据库指令》中也有关于合法数据库用户的强制性最低权利的规定，该权利不能被合同排除(《数据库指令》第 8(1)条、第 15 条)。事实上，这种一般性的监管技术，即规定合法用户的某些强制性最低权利的条款，有可能大大简化互联网中知识产权的功能。这是因为这些最低限度的权利与合法用户如影随形，合法用户可能会采取某些有效使用数据库所必需的最低限度行为。

事实上，《计算机程序指令》第 5(1)条的类似规定使得欧洲法院在其二手软件案(Used Soft)判决中认定计算机程序的在线销售和流通将导致线上权利用尽(online exhaustion)。[31]在这种情况下，计算机程序的购买者以及在一定条件下的任何二手买家，通过合法用户强制性最低权利的规定来支持他的必要使用行为。虽然《信息社会指令》[32]在一般的版权法 40

中没有类似规定，但在数据库这一特定领域，《数据库指令》第6(1)条、第8(1)条和第15条对数据库版权和数据库特殊权利作了类似规定。因此，原则上，虽然一般版权领域的在线用尽解释难度较大(事实上，是否以及在何种条件下应该这样做值得怀疑，需要进一步研究)，但就数据库而言，对于根据销售合同为永久使用而分发的数据库，至少应该考虑在线用尽的原则；然后可以根据《数据库指令》第6(1)条、第8(1)条和第15条解释合法用户的必要使用权。不过，目前似乎没有必要采取立法行动。鉴于欧洲法院在这一领域普遍采取积极的态度，这与有效应用基本自由对知识产权保护的补充作用是一致的，因此，将数据库领域在线用尽原则可能进一步扩展的问题留给欧洲法院的判例法，似乎是一个可行和明智的选择。

然而，除了这个具体问题之外，更值得考虑的是，合法用户最低权利的规定是否有可能成为在使用数据方面有合法利益的第三方更普遍的获取权的核心要义。[33]然而，目前这种潜力还没有实现，因为根据《数据库指令》第8(1)条，合法用户的权利仅限于提取和再利用数据库中非实质性的部分。此外，根据欧洲法院对瑞安航空案(Ryanair)的判决，关于合法用户最低权利的规定甚至不适用于《数据库指令》范围之外的数据库，也就是说，自相矛盾的是，它们根本不适用于不受版权或特殊权
41 利保护的数据库。[34]事实上，这些关键的限定条件显然不符合典型的大数据环境下合法用户的实际需求，他们在大多数情况下需要完整的数据集，以便开发某些增值的新产品或服务，他们不仅需要保护自己的权利不被独占性的知识产权保护制度所侵害，而且需要保护自己的权利不被可能的(技术或其他)事实上的数据库控制。

因此，似乎值得考虑的是，首先将《数据库指令》第8(1)条的适用范围扩大到对完整数据库的合法使用。如果认为这种扩展是正当的，那么监管技术，即为合法用户规定某些强制性的最低权利，从而与数据库合法用户的资格绑定，似乎确实是平衡权利人的利益和某些使用需求的一种实用方法，有利于发展新的数据市场。其次，要使这种方式行之有

效，还必须进一步考虑哪些人能够被视为合法用户。毫无疑问，目前数据库的购买者或任何其他被许可人都有资格作为合法用户。将来，必须考虑其他人员(例如，获准使用数据并对数据有实际控制权的人，可能是对获取或嵌入相关数据的装置或传输和交换数据的装置有合法控制权的人等)是否应被视为欧盟法律相关条款意义上的合法用户。至少在考虑该领域不可放弃的数据获取权的模式时，应牢记这些规定，因为它们似乎是未来可能针对合法用户的强制性数据获取权的一个名副其实的监管模式。[35]因此，如果进一步的研究表明，这种数据获取权被认为对某些领域数据经济的运作必不可少，《计算机程序指令》和《数据库指令》中合法用户的权利确实应作为可能的模式加以考虑，在现有的欧共体法律范围内对这些权利进行规范与整合。当然，合法用户的这种最低限度使用权必须适用于一般的数据集，即它们更应该适用于不受版权或特殊权利保护的单纯数据池——从而纠正欧洲法院在瑞安航空案中对这一数据获取权施加的不当限制。

最后，必须指出的是，虽然欧洲法院在英国赛马案[36]中含糊其辞地 42
暗示公众有查阅公开数据库的权利且这一权利是不可撤销的，但并未真正解决数据经济中新的使用形式引发的数据库查阅问题。除了欧洲法院的这一意见难以解释[37]且该案在欧洲法院的判例法中一直是一个孤例外，单纯的查阅公开数据库的权利显然不能涵盖大数据分析对完整数据集的使用，因此不适用于具备功能性和动态性特点的数据经济中的数据获取问题。

(三) 获取问题：数据库特殊权利的狭隘限制和例外情况

1. 强制许可

如上所述，[38]特殊权利对使用数据库实质部分的限制，不能有效满足获取全面的机器生成的使用数据或其他数据的可能需求，在某些情况下，第三方可能有必要获取这些数据，以便开发、生产、销售或分销基于大数据分析的增值产品或服务。马克斯-普朗克创新和竞争研究所针对该问题在未来实施监管可能性需求的新近分析中强调，未来解决数据实际控制问题的一个可能办法是为在使用数据方面有合法利益的各方提供特定领域的、不可撤销的获取权。[39]

关于这一观点，本文无法进行全面的考虑和评估，必须指出的是，这种数据获取权必须涵盖独占权制度下的必要使用权以及任何其他相关
43 的独占性知识产权。处理该问题的一个可能的方法是考虑扩大关于数据库合法用户权利的规定。另外，在需要超越合法用户核心权利的(完全)获取权的情况下，为了加强竞争，也可以考虑将强制许可作为允许使用数据库的一种手段。值得注意的是，早期的《数据库指令提案》[40]确实明确包含了关于强制许可的规定。该提案第 8 条规定，在“公平和无歧视”的条件下，对单一来源的数据库以及由公共机构汇编的可公开获得的数据库进行强制许可。此外，预设了仲裁机制并明确处理强制许可与其他法律(如个人数据保护法、隐私法、安全或保密法)的关系，指出强制许可的权利不应与在先权利及义务相冲突。这清楚地表明，欧盟委员会在 1992 年就已经意识到了新权利在保留二级市场方面具有的杠杆潜力和其他危险，并原则性地提出了解决这些问题的适当方法。但在进一步的立法过程中，强制许可被废除，仅有对数据库实质性部分的使用限制被保留下来，这意味着数据经济中的数据实际获取仍然面临制度失灵问题。

笔者认为，首先，欧盟委员会早已发现在获取合法或事实上唯一来源数据方面的某些问题；其次，彼时也已经认识到新的数据库特殊权利有可能加剧这些问题；再次，在意识到问题的同时也已提出了适当的解决办法，例如对唯一来源数据库和公共机构数据库规定了具体的强制许可制度。事实上，未来针对特定领域的、不可撤销的使用权可以说部分效仿了欧盟委员会早期的设想。诚然，如果特殊权利背后的立法激励比
44 率是有效的，[41]那么，超出合法用户最低使用权的数据获取只能通过付费来实现，[42]在这种情况下，应该有一个实质性的规定，即由此产生的许可费应该是公平、合理和无歧视的，[43]而且，理想的情况是应该建立一个仲裁机制，从程序上支持此类强制许可条款与条件的磋商。

此外，强制许可条款应考虑到其他法律在隐私、个人数据保护和保密性方面的关系，并且必须精简这些方面的额外授权需求。同样，1992年提案中的旧条款已经认识到这一问题并试图加以解决，而当下对隐私与个人数据保护及其他法律工具更具差异化的规定似乎是必须的。[44]

例如，新的《商业秘密指令》也缺乏针对问题的、平衡的获取制 45
度，未来还必须考虑商业秘密保护方面可能的强制许可范围和关系问题。[45]另一个在过去二十年里才出现的新问题是数据互用性和数据可携带性问题。在这方面，《通用数据保护条例》(GDPR)[46]第 20 条设定的特定领域的个人数据可携带性条款可能是一个关于数据可携带性的更具一般性条款性质的范式，并能够对新的强制许可条款进行补充。

是否需要进一步的条件或资格，应该是未来研究的一个问题。这可能涉及一些问题，如在某些情况下为 FRAND 条款的具体化提供额外的指导和程序上的支持(如可能的特定信息权和其他程序规则)，可能需要对被许可人授予的交叉许可作出强制性规定，对公共机构数据库的特定领域条款以及基于强制许可和数据可携带性的不可撤销的最低限度数据使用权的进一步界定。鉴于目前数据市场的主要问题之一是缺乏关于数据来源和质量的信息，我们还可以考虑可能的强制许可是否必须由提供
给定数据集的来源、质量及方法等信息的规定进行补充。同时，任何这 46
样的规定都必须牢记，不应通过具体的强制许可制度来削弱向市场参与者普遍提供这种关于来源、方法和质量的元数据的必要激励措施，因为这种特定领域的解决方案甚至可能会加剧目前在数据质量方面的普遍问题，并需要激励措施来公布数据集的来源、方法和质量的额外信息。[47]

2. 数据库特殊权利的例外情况

对数据库特殊权利的例外情况(《数据库指令》第 9 条)设计得过于狭隘(特别是与更宽泛的版权例外情况的一般条款相比)而饱受诟病。[48]事实上，在数据经济的挑战下，这种批评变得更加切中要害。

首先，立法过程似乎忽略了一个问题，即数据库特殊权利由于其自主性，将不受国家法律对受版权保护的作品所规定的某些传统限制的制

约。这特别导致了公共机构建立的数据库方面的一个重大问题，这些数据库甚至在公共机构的官方作品在某些条件下通常免于版权保护的国家中也被纳入了专属的特殊保护范畴。这个问题应该通过类比公共机构官
47 方数据库的版权例外来解决。[49]然而，欧洲法院从未就该问题作出明确决定，因此在欧盟法律层面仍具有不确定性。[50]

其次，这个引人注目的例子指向了一个更普遍的问题。事实上，对特殊权利的狭义例外至少应该与《信息社会指令》中版权法的例外情形实现一致并保持动态联系。[51]因此，使成员国能够并有义务比照适用于受版权保护的作品的豁免和限制，并将其扩展到对非原创数据库的特殊保护，也是相当有实际意义的。这项义务的措辞应在这两个领域之间建立一种动态联系，即在适当的条款和情况下，新版权立法中规定的限制也将自动适用于数据库特殊权利。提案中关于文本、数据挖掘以及数字教学活动的版权例外就是这样的例证：事实上，拟议的《版权指令》[52]第 3 条和第 4 条明确将新增的例外情形扩展适用于数据库制作者的特殊权利。然而，这个问题具有普遍性，在修订《数据库指令》时，应该以普遍的方式来解决，只需强制性地实现特殊权利的例外情况与版权法的一般例外情况保持一致。

此外，必须澄清的是，例外情况下的允许使用也包括对完整数据库的使用行为。《数据库指令》第 9 条的措辞似乎表明，即使是被豁免的行为，也将被限制在对数据库实质部分的使用。然而，将被豁免的使用限制在只使用数据库的实质部分，很难满足大数据活动背景下的数据获取需求。与此同时，应该取消对“数据库合法用户”例外情况适用范围的限制。这种限制与一般版权法的例外制度不一致，后者不包含额外的
48 合法性测试，因为对使用是否合法的考虑已经包含在例外范围的定义中。因此，增加一个合法使用的条件在体系上是不一致的并不必要地危及例外规则的实际效用。最后，将例外情况严格限制在非商业用途上的做法在未来肯定要受到审查。然而，这已经引出欧盟法中版权例外情形(也涉及新提案中的文本和数据挖掘例外)的更普遍考量在当前情况下还

无法全面处理这些问题。

这足以说明，在更广泛的背景下，作为一个理所当然的问题，未来也应该考虑将《信息社会指令》中的一些选择性例外和限制调整为强制性的。尽管欧洲法院已经发挥了积极作用，并且也强调了在成员国中一致适用版权法的可选例外的必要性，[53]但只有在成员国被迫执行这些例外的情况下，才能真正有效地协调版权和特殊权利的例外情形。值得进一步分析的是，同样适用于数据库权利的《信息社会指令》第6(4)条在特殊权利的所有者使用技术措施限制指令所允许行为的情况下，是否存在保障豁免使用的可能性。在这方面，进一步的研究应该确定在某些与事实上的排他性(例如，基于有效的TPM[54]的建立)有关的基本版权例外的可执行性方面修订版权法的额外需求。就此而言，在未来有必要考虑在欧盟法层面确立无偿的、不可撤销的特定领域的用户权利。[55]

未来的另一个研究挑战是进一步发展和明确基本权利的作用，特别是《欧盟基本权利宪章》在版权例外领域的作用，这可能为修订专有权利和一般版权法的例外情况(以及《商业秘密指令》中的例外情况)找到更多例证。欧洲法院在该领域的判例法还不完全令人满意：一方面，法 49
院越来越多地考虑基本权利的平衡；另一方面，在一些案件中，基本的方法似乎仍然有些滞后并失之严谨，从而未能实现在方法论层面规范地“导入”基本权利，使其在私法纠纷中发挥具体作用这一目标。[56]

(四) 保护条款

研究指出，与动态电子数据库领域的典型利用期相比，数据库特殊权利的保护期限为十五年(可因任何实质性的更新而延长，从而可能导致永久保护[57])，该期间显然过长。[58]因此，在修订《数据库指令》时，应该对保护期限进行严格评估，并与该领域的实际经济需求相一致，该领域的实际经济需求应导致大幅减少保护期限。关于持续更新的数据库保护范围以及对这些数据库进行永久保护的紧迫性问题，笔者曾提出了基于现行法正确解释的差异化解决方案，即使用“实质性部分”界定更新后的数据库，从而限制和减少对持续更新数据库的保护范围。[59]

50 另一种选择也可能在于考虑是否应将数据库的特殊权利变成一种适当的需经登记的工业产权。[60]在这种情况下，登记费用应该随着时间的推移而大幅增加，这样一来，将排他性保护延长到最高保护期限的成本就会越来越高，因此，只有那些试图为经济价值奇高的数据库收回投资的权利人才会寻求这种保护。

（五）国际环境中的互惠性问题

在国际大数据商业模式中，现有的数据库特殊权利的一个主要缺陷来自所谓的互惠条款(《数据库指令》第 11(3)条)。根据互惠条款，是否向第三国数据库制作者或权利人提供特殊保护取决于欧盟理事会缔结的双边协议，只有满足“第三国为欧盟国民或居民生成的数据库提供类似保护”的条件时，才能够缔结相关协议(《数据库指令》鉴于条款第 56 条)。

最初，这种互惠条件旨在对第三国施加政治压力，从而使对数据库保护的特殊权利模式成为世界范式。但该计划在很大程度上已经失败。特别是在美国，经历了几个失败的立法尝试后，最新的立法规划越来越倾向于一个更灵活的以不公平竞争为导向的保护制度，根本没有建立起类似欧盟的特殊权利保护制度。

为了有效发挥激励功能，并对国际环境下基于数据获取机制的数据使用合同形成结构性支撑，应该废除互惠条款，并给予第三国国民同欧盟国民及居民以平等保护。当然，尽管如此，如果数据库特殊权利能够得到维持并在未来进行大幅度修改，足以适应欧洲数据经济的监管需要，同时，应重新承诺为制定一项可能的国际保护协议而努力。

（六）多重保护的问题

51 最后，必须讨论一些技术性更强、更具教义学性质的法律问题，这些问题在过去的数据库特殊权利实践中已经造成且可能在未来造成更多的问题。这主要涉及保护路径的重叠问题以及与其他法律领域的关系问题。

首先是“知识产权内部”的多重保护问题。根据《数据库指令》，数据库个性化结构(数据要素的选择和安排)的版权保护与保护投资的特殊权利重叠适用。事实上，相较于数据库特殊权利，数据库版权在塑造数据经济的结构方面可能比当前预期的作用更突出。这是因为版权可能适用于原始结构，甚至是某些元数据，它们在特定情形下有效组织了预先存在的数据池。然而，统一的欧盟版权在这方面的相关性相当不明确。这是因为欧洲法院近期倾向于要求把实际的创造自由作为版权保护的前提条件，而仅仅在某一领域表达技能和劳动是不够的。[61]在这种背景下，版权法在保护元数据和数据库的其他结构要素方面可以发挥何种作用还不完全清楚，但如果满足个人创造有足够余地的条件，版权法在任何情况下都会保护该领域的某些结构。然而，由此产生的对某些数据库结构的一般性版权保护缺乏关于反向工程的具体规定，以及对自由竞争和数据互用性的其他保障措施，这些规定和措施在《计算机程序指令》(第6条)对计算机程序的版权保护中已有所体现。这确实可能导致互用性问题并成为开辟增值数据库使用(即第三方要求使用特定的数据选择或元素)新市场的障碍。在第三方基于新用途而改变特定原始结构的情况下，问题会更为突出，因为即使所含元素存在明确的例外情况， 52
也可能会侵犯对数据库结构进行改编的专有权利(许多成员国都存在这种权利，但欧盟版权法[62]对此并未明确)。因此，类比《计算机程序指令》中的相关规定，关于反向工程及数据互用性的保障措施至少应该被认为是对数据库版权和数据库特殊权利的补充。这也符合最新的《商业秘密指令》的做法，该指令明确定义了反向工程，并将其列为被允许的行为之一(《商业秘密指令》第3(1)(b)条)。如果进行这些细微的修改，数据库版权确实可以在数据市场中发挥有益作用，因为在理想情况下，如果这些元数据受到版权保护，它至少可以为公布某些关于已公开数据集的来源、质量和方法的元数据提供支持。

其次是“知识产权外部”的重叠保护问题。替代保护机制形成了典型的重叠保护效应，如许多成员国的不正当竞争法(法国影响深远的“搭便车”理论或《德国反不正当竞争法》第4条第3款的规定)威胁到了对数据库特殊权利的限制和例外。事实上，这种“重叠”保护[63]应该被预先规范，因为在保护投资不受不公平模仿的问题上，适用其他法律没有意义，因为知识产权本身就是在保护某种宽泛界定的投资形态。[64]

目前，根据《数据库指令》第13条，不正当竞争条款是否能够适用不受该指令其他条款已提供保护的影响。不排除适用不公平竞争条款的
53 说法并无不当，但它可能被误解为国家法律可以自由地为数据汇编提供额外保护，即使没有满足数据库特殊权利保护的基本要求。例如，由于对数据库汇编的投资不大，或者当数据的提取或再利用不符合《数据库指令》第7(2)条的规定而构成侵权行为时，数据库特殊权利的保护本就无从获得。然而，在不公平竞争案例法中给予这样一个额外的、灵活的、不可预测的“安全网”保护，显然会与指令的目标相冲突，考虑到指令的目的不仅是确保最低水平的保护，而且还要使成员国在这一领域的法律达到可行的协调程度，并保证在没有满足第7条规定的要求时，对汇编数据的使用仍是自由的。[65]显然，对于广泛讨论的现有及未来欧洲数据经济基础设施中的数据获取问题而言，不正当竞争条款导致的问题亟待解决。

因此，在没有其他因素的情况下，确认数据库权利优先于其他保护投资的法律非常重要。因此，只有在反不正当竞争诉讼是基于真正的额外因素(如真正的仿冒或通过失信行为恶意侵占数据等)，且这些因素尚未被欧共体立法者基于指令的特殊规定及其限制的利益平衡所包含时，才能考虑对复制数据库行为适用反不正当竞争法提供的附加保护。简而言之，虽然重新利用或提取数据的行为无从获得反不正当竞争法的附加保护，但数据来源的混淆风险或其他因素仍然可以引发反不正当竞争法的保护。[66]就后者而言，针对假冒、消费者混淆和数据虚假陈述的反不正当竞争法路径仍有其价值，这不但体现为对个人用户的保护，还可以

在制度上作为一种保障市场上数据集真实性和可靠性的底线。总而言
之，对该指令的相应修正应该植入明确的措辞，以反映特殊权利优先性 54
的解决思路，从而规范该指令与成员国反不正当竞争法的重叠保护问题。

关于个人数据、隐私保护和其他法律领域，可能会出现与数据库特殊权利的确切关系及其限制等问题。这些法律领域与《数据库指令》的关系应坚持辅助性原则。这就意味着只要所涉利益已经被欧盟的立法者在《数据库指令》的框架内全面平衡，其他领域法律的适用就不得与《数据库指令》中规定的保护条件、范围和限制相矛盾或冲突。当然，保护其他权利和利益的立法不应受到该指令的影响。因此，一个必然的结论是，私人应保有保护其个人数据的权利——尽管在不久的将来，对机器生成数据的知识产权保护和获取制度与个人数据保护制度之间如何进行协调必将引发更多关注。[67]

然而，个人权利和利益并不能证明在保护数据和隐私法律之外存在真正的"数据所有权"，因为就它们"附带"产生的其他数据而言，并没有发现可以通过额外的知识产权保护来有效解决市场失灵的可能性。[68]相反，在这方面，现有的特殊权利应被视为在考虑任何额外的保护手段之前，应该对现有的特殊权利进行修改和完善，使之成为一种有针对性的、结论性的路径。

三、结　论

自从《数据库指令》在欧盟成员国实施以来，数据库版权，特别是
数据库特殊权利，已适用于多种大数据使用场景。可以想见，欧盟法院
和成员国法院会将数据库特殊权利适用于机器生成数据。在笔者看来， 55
这一事实还未在关于欧洲数据经济未来监管的学术和政策讨论中引起足够重视。

数据库特殊权利(其他法律工具，例如数据库版权和新的商业秘密指令所提供的保护)的重要作用为当前和未来的欧洲及全球数据市场带来了机会、挑战和危险。不可否认的是，特殊权利的设计为现有的欧洲知识产权制度提供了一个有针对性和相称性的机会，以适应数据经济的挑战。由于迄今为止，没有任何一个在数据市场上可识别的市场失灵危险可以通过“数据所有权”或类似的独占性权利路径得到有效补救，[69]与其进一步评估此类新的权利工具，莫不如将注意力投向修订普通版权、数据库版权、数据库特殊权利及商业秘密方面的欧盟法律，从而改进其功能，以构建当前及未来的数据市场。

关于数据库的特殊权利及其他相关问题，明显需要进行必要的修订并采取进一步的举措，包括在欧洲层面提供数据交易的格式合同及最佳实例、非强制性的合同法规则作为降低交易成本的安全网，以及对不公平的合同条款进行强制性规范。此外，《数据库指令》中关于数据库“合法使用者”权利的规定(以及《计算机程序指令》中关于计算机程序的规定)有可能被扩张：如果这种目标限定的数据获取权被认为在某些领域是合理的，则未来有可能在特定领域形成不可撤销的数据获取权的核心要义，并与数据库合法使用者权利的规定协同发挥效用。除此以
56 外，从更普遍的角度来看，对于那些促进竞争但又与数据库制作者的排他性权利相冲突的使用行为，精心设计的强制许可值得尝试。事实上，欧盟委员会关于数据库指令的第一份提案甚至包含了一个更全面的强制许可制度的基础，这同样应成为进一步研究的对象。此外，毋庸置疑的是，关于数据库特殊权利的例外情况必须进行修改，至少要与欧共体法律中有关普通版权的例外情形保持一致。其他需要调整的内容还包括，数据库特殊权利十五年的保护期似乎过长，其与其他法律工具关系的界定也应更为清晰，这不但包括数据库特殊权利保护与成员国反不正当竞争法、《商业秘密指令》的重叠保护问题，还包括数据库特殊权利与隐私和个人数据保护的关系问题。因此，已经在一些更具体的保护制度中得到解决的数据可携带性和互用性等问题，在对该指令进行修订时也应

予以考虑。总之：前述问题在评估和修订《数据库指令》时，均应纳入考量范围。本文也试图就这些问题及其他有待澄清的技术性问题提出有针对性的解决方案。

对《数据库指令》的这种“技术性”修订尽管意义深远且非常翔实，但更根本的替代方案可能是将数据库特殊权利转变为一种须经登记的工业产权，其保护期限较短，登记和续展费用应随着时间的推移大幅增加，直至达到最高保护期限。然而，目前还不清楚这种变化所涉及的可能性(即有机会将数据库特殊权利的范围缩小到那些基本上需要矫正市场失灵和减少现有数据库市场中不可否认的信息问题的情况)是否真的超过了这种根本性变化的不可否认的风险(即额外的寻租和公共选择效应，最终甚至可能增加现有数据库特殊权利所造成的低效率并导致额外的交易和行政成本)。因此，这一方案值得进一步研究，但与此同时，在政策中进一步考虑这一选择之前就断言其效用显然也不可取。

前文提到的数据库特殊权利效率低下问题至少在其目前的法律形式
下仍然存在。此外，可能的搁置危险，特别是存在多个共同所有权的情 57
况下，二级市场取消回赎权和其他杠杆化的危险，行政和交易成本的增加及其他诸多问题，尽管有时可能被夸大了(特别是欧洲法院通过英国赛马案的判例法，[70]至少解决了唯一来源数据情况下的一些最紧迫的问题)，但依然不容否认。因此，对《数据库指令》实施和应用现状的彻底分析当然也应该平衡这些低效率与相对有限的案例和情形，数据库特殊权利确实有助于矫正特定领域的市场失灵，保护地理数据免受竞争对手系统和全面提取就是例证。[71]根据这一评估的结果，我们也可以考虑完全废除数据库特殊权利保护制度。笔者一直不愿意提出这种最激进的解决方案[72]且仍有犹疑。整篇论文基本上是尝试提出必要的改变，使数据库特殊权利最终在欧洲数据经济背景下获得成功。然而，如果不考虑并作出这些改变，为了给欧洲数据经济提供一个有效的法律框架，当前的数据库特殊权利架构在下一次立法评估中也将无立锥之地。[73]

注释

1. Directive(EC) 1996/9 of 11 March 1996 on the legal protection of databases [1996] OJ L77/20(Database Directive).

2. 相比之下，关于《数据库指令》的一般范围，即数据库被界定为任何独立材料的集合、以系统化或方法化的方法排列、可单独获取的材料的集合，大多数学者认为这一定义非常宽泛，任何大数据集合几乎都满足这一标准。See Ehmann，'Big Data auf unsicherer Grundlage—was ist wesentlich beim Investitionsschutz fur Datenbanken?' (2014) K&R 394，396；Zech，Industrie 4.0 'Rechtsrahmen für eine Datenwirtschaft im digitalen Binnenmarkt' (2015) GRUR 1151，1157；Wiebe，'Schutz von Maschinendaten durch das sui-generis-Schutzrecht für Datenbanken' (2017) GRUR 338，339 et seq. Indeed，this is correct as the originally wide definition of database (see Leistner，'The protection of databases' in Derclaye(ed.)，*Research Handbook on the Future of EU Copyright* (Edward Elgar 2009) 429) has been even further extended(in respect of the crucial condition of independency of the elements) by recent ECJ case law，such as in Case C-490/14 *Verlag Esterbauer* EU：C：2015：735.

3. Case C-203/02 *British Horseracing* EU：C：2004：695，paras 3U2.

4. Case C-444/02 *Fixtures Marketing v Organismos prognostikon* EU：C：2004：697，paras 40—53；Case C-46/02 *Fixtures Marketing v Oy Veikkaus AB* EU：C：2004：694，paras 3479；Case C-338/02 *Fixtures Marketing v Svenska SpelAB* EU：C：2004：696，paras 24—37.

5. 参见前注 2， Zech 文，第 1157 页以后；similarly the European Commission 'Staff Working Document on the free flow of data and emerging issues of the European data economy' SWD(2017) 2 final，20。

6. 参见前注 2，Ehmann 文，第 396 页。

7. 参见前注 2，Leistner，The protection of databases，第 438 页；类似观点但更倾向于欧洲法院在英国赛马案中没有真正遵循的附带原则可参见前注 2，Ehmann 文，第 397 页以后。

8. BGH in(2005) GRUR 857(HIT BILANZ)；cf also BGH in(2010) GRUR 1004 (Autobahnmaut)：该案之所以引人注目，是因为它实际上涉及一种附带情况，因为德国公路使用情况的汇编和数据保护基本上是为了运作公路收费系统，并非为了建立一个可供商业利用的数据库。不过，德国联邦法院认为，为获取数据所做的投资是相关的，并确认了对由此产生的数据库的特殊保护。参见埃曼(Ehmann)对该判决的批判，前注 2 Ehmann 文，第 398 页。

9. 前注 2 Verlag Esterbauer。

10. 特别是，这涉及机器“生产”、存储和传输实时操作数据的情况，而这些数据对机器的运行至关重要。在这种情况下，如果机器的操作与数据的测量、存储和传输是分不开的，而且这些数据除了机器的操作之外，没有任何其他方式可以获得，那么这些数据是由机器的操作“创造”的，其实并不牵强。事实上，这种情况处于英国赛马案确立的规则和附带利益规则(欧洲法院基本上拒绝了后者)之间的细小红线上。因此，面对此类案件，在欧洲法院于未来的判决中进一步澄清数据库特殊权利的范围之前，法律的不确定性将长期存在。

11. 前注 3 英国赛马案，第 35 段；see Leistner，‘Anmerkung zu EuGH’，Urteil v. 9.1.2004-Rs. C-203/02(British Horseracing)(2005) JZ 408，409。

12. Derclaye，‘Database Sui Generis Right：What Is a Substantial Investment? A Tentative Definition’(2005) IIC 2，20 et seq.；Leistner，‘Legal Protection for the Database Maker—Initial Experience from a German Point of View’(2002) IIC 439，448 et seq.；前注 2，Leistner，‘The protection of databases’，第 430 页。

13. See e.g. BGH in(2011) GRUR 724，para 18(Zweite Zahnarztmeinung II)；OLG Köln in(2007) MMR 443，444(DWD-Wetterdaten)；AG Rostock in(2001) MMR 631，632(Linksammlung als Datenbank)；with a tendency to stricter construction of the criterion：LG Koln in(2000) ZUM-RD 304，306(Kidnet.de).

14. 前注 2， Ehmann 文，第 398 页；Wettbewerbsfreiheit und Investitionsschutz für Dbanken(C.H. Beck 2011) 114 et seq.；already before in favour of stricte dards e.g. Westkamp，‘Protecting Databases Under US and European Methodical Approaches to the Protection of Investments between Unfair petition and Intellectual Property Concepts’(2003) IIC 772，780 et seq.。

15. 前注 2，Ehmann 文，第 400 页。

16. Case C-304/07 Directmedia Publishing EU：C：2008：552，paras 29 et seq.

17. Case C-202/12 Innoweb EU：C：2013：850，paras 37 et seq.

18. 见前注 3 英国赛马案，第 87 段以下。

19. 见后文第二(三)部分。

20. 前注 2，Ehmann 文，第 400 页以后。

21. European Commission，‘Building a European Data Economy’ COM(2017) 9 final，11 et seq(hereinafter ‘Data Economy Communication’).

22. Directive(EU) 2016/943 of 8 June 2016 on the protection of undisclosed know-how and business information(trade secrets) against their unlawful acquisition，use and disclosure[2016] OJ L157/1(Trade Secrets Directive).

23. 在未来实施《商业秘密指令》的过程中，其实也会出现类似问题。See Aplin，‘A Critical Evaluation of the Proposed EU Trade Secrets Directive’(2014) King's College London Law School Research Paper No. 2014-25 1，15. 〈ssrn.com/abstract=2467946〉 accessed 19. June 2017.

24. See Max Planck Institute for Innovation and Competition，‘Position Statement of 26 April 2017 on the European Commission's ‘Public consultation on Building the European Data Economy’(2017) Max Planck Institute for Innovation & Competition

Research Paper No. 17-08 1 et seq. 〈ssrn. com/abstract = 2959924〉 accessed 19 June 2017；前注 21，Data Economy Communication，第 9 页以后。

25. 在未来实施《商业秘密指令》时，同样会出现类似问题。参见前注 23，Aplin 文，第 15 页；Hauck，'Geheimnisschutz im Zivilprozess—was bringt die neue EU-Richtlinie fur das deutsche Recht?' (2016) NjW 2218，2221；'Stellungnahme des Max-Planck-Instituts fur Innovation und Wettbewerb vom 12.5.2014 zum Vorschlag der Europäischen Kommission für eine Richtlinie über den Schutz vertraulichen Know-hows und vertraulicher Geschäftsinformationen (Geschäftsgeheimnisse) vor rechtswidrigem Erwerb sowie rechtswidriger Nutzung und Offenlegung vom 28.11.2013，COM(2013) 813 final' (2014) GRUR Int. 554，555；Surblyte，'Data-Driven Economy and Artificial Intelligence：Emerging Competition Law Issues?' (2017) WuW 120，125—126.

26. See Gorbatyuk/van Overwalle/van Zimmeren，'Intellectual Property Ownership in Coupled Open Innovation Processes' (2016) IIC 262，290 with regard to comparable problems in connection with know-how in open innovation networks.

27. See already Leistner，Der Rechtsschutz von Datenbanken im deutschen und europdischen Recht：Eine Untersuchung zur Richtlinie 96/9/EG und zu ihrer Umsetzung in das deutsche Urheberrechtsgesetz(C.H. Beck 2000) 170.

28. See the proposal of Wikimedia Deutschland to convert the sui generis right into a registered right 〈meta. wikimedia. org/wiki/Wikimedia_Deutschland/Jahr esplanung_2017/Partizipationsphase/Schwerpunkt_4/Abstimmung〉 accessed 19 June 2017；already before with a more general approach Zech，Information als Schutzgegenstand (Mohr Siebeck 2012) 437—440 with further references：Zech thinks about the introduction of a registered right for digital information concluding that the introduction of such a right requires further research.

29. 参见前注 21，Data Economy Communication，第 13 页以后：除其他可能性外，欧盟委员会打算讨论“默示合同规则”和“指南”的可能性，以解决获取机器生成的数据的问题。

30. Directive(EC) 2009/24 of 23. April 2009 on the legal protection of computer programs[2009] OJ L111/16(Computer Program Directive).

31. Case C-128/11 UsedSoft EU：C：2012：407，paras 80 et seq.

32. Directive(EC) 2001/29 of 22. May 2001 on the harmonisation of certain aspects of copyright and related rights in the information society [2001] OJ L167/10 (Information Society Directive).

33. 关于需要确保数据获取的相关讨论，可参见 Drexl et al.，'Ausschließlichkeits- und Zugangsrechte an Daten：Positionspapier des Max-Planck Instituts für Innovation und Wettbewerb vom 16.8.2016 zur aktuellen europäischen Debatte' (2016)

GRUR Int. 914，917。

34. Case C-30/14 Ryanair EU：C：2015：10，paras 36 et seq.

35. 关于进一步研究的可能需求与缺陷参见前注33，Drexl et al.，第917页。

36. 见前注3英国赛马案，第54段以后。

37. Hoeren，‘Anmerkung zu EuGH，Urteil v. 9. 1. 2004-Rs. C-203/02 British Horseracing’(2005) MMR 29，35；前注11，Leistner，‘Anmerkung zu EuGH，Urteil v.9.1.2004-Rs. C-203/02(British Horseracing)’410。

38. 参见上文第一(二)部分。

39. 前注24，Position Statement on Public consultation on Building the European Data Economy，第11页以后。

40. European Commission，‘Proposal for a Council Directive on the legal protection of databases’ COM(1992) 24 final.

41. 然而，在这方面，可能需要进一步研究以确定特殊权利是否以及在哪些具体领域确实是必要的和有效的，以纠正可识别的市场失灵。

42. 这是因为，可能的替代方案，即免费的数据获取权，可能会导致在实际控制数据的情况下对许可成本进行“定价”，从而对那些不需要数据的人而不是对有需求的第三方主体进行有效“征税”；在并未实际控制数据的情况下，免费使用权有可能破坏数据库特殊权利的激励比率。如果这种激励比率在原则上受到怀疑，那么唯一一致的解决方案就是完全废除数据库特殊权利。然而，如果这种激励比率继续被接受，那么在数据经济中满足一般数据获取利益的唯一一致的解决方案就是强制许可，尽管在笔者看来，强制许可在有效性、行政成本和FRAND条款具体化的不确定性等方面仍然存在一些缺陷。然而，由于这一工具在许多领域(如标准必要专利)已经或将要产生现实需求，因此无论如何都应该进一步发展和细化强制许可制度，这是数据库特殊权利在未来进行革新的适当途径和实际任务。

43. 参见前注24，Position Statement on Public consultation on Building the European Data Economy，第11页。

44. 参见 Becker，‘Schutzrechte an Maschinendaten und die Schnittstelle zum Personendatenschutz’ in Büscher et al.(eds)，Marktkommunikation zwischen geistigem Eigentum und Verbraucherschutz：Festschrift für Karl-Heinz Fezer zum 70. Geburtstag(C.H. Beck 2016) 828 et seq.；Drexl，‘Designing Competitive Markets for Industrial Data—Between Propertisation and Access’ Max Planck Institute for Innovation & Competition Research Paper No. 16-13 18 et seq.；Fezer，‘Theorie des immaterialguterrechtlichen Eigentums an verhaltensgenerierten Personendaten der Nutzer als Datenproduzenten’(2017) MMR 3，3 et seq.；Ensthaler，‘Industrie 4.0 und die Berechtigung an Daten’(2016) NJW 3473，3473。

45. 在这方面，我们必须谨记，在许多情况下，对某些数据进行保密可能是一种合法的利益，事实上这甚至是在为功能性竞争过程服务。因此，仅仅废除所有可能的法律或事实上的信息流通障碍的目标不具有现实性。而且在任何一个案例中(特别是在商业秘密方面)，也需要有正当的理由。因此，《数据库指令》提案中的旧的强制许可条款只适用于公开的数据库。然而，在当前某些机器生成的数据确实在机器或设备的生产者实际控制之下，这种限定可能过于狭窄，原因是其他主体可能享有获取这些数据的合法利益。另见前注 33，Drexl et al.，第 915 页以后。

46. Regulation(EU) 2016/679 of 27. April 2016 on the protection of natural persons with regard to the processing of personal data and on the free movement of such data, and repealing Directive 95/46/EC(General Data Protection Regulation)[2016] OJ L119/1 (General Data Protection Regulation).

47. See on the general problem Mattioli，‘The Data-Pooling Problem’(2017) BTJL(forthcoming)〈ssrn.com/abstract=2671939〉accessed 19 June 2017.

48. Kur et al.，‘First Evaluation of Directive 96/9/EC on the Legal Protection of Databases—Comment by the Max Planck Institute for Intellectual Property, Competition and Tax Law, Munich’(2006) IIC 551，556 et seq.

49. 参见 Leistner，‘Anmerkung zu BGH，Beschluß vom 28.9.2006，I ZR 261/03—Sachsischer Ausschreibungsdienst’(2007) GPR 190，193 et seq.；with an overview of the current status ofthe debate whether the exception of German copyright law for ‘official’ copyrighted works can be extended by way of analogy：Vogel in Loewenheim/Leistner/Ohly(eds)，Urheberrecht：Kommentar(5th edn，C.H. Beck 2017) § 87b UrhG paras 67 et seq。

50. See Eickemeier，‘Anmerkung zu EuGH(Vierte Kammer)，Urteil vom 5. 3. 2009—C-545/07 Apis-Hristovich EOOD/Lakorda AD，Apis/Lakorda’(2009) GRUR 572，579.

51. 前注 48，Kur et al.，第 556 页以后。

52. European Commission，‘Proposal for a Directive of the European Parliament and of the Council on copyright in the Digital Single Market’COM(2016) 593 final，24.

53. See Leistner，‘Die deutsche Privatkopieausnahme nach den ACI Adam- und Copydan Bandkopi-Urteilen des EuGH’(2015) GRUR Int. 681，681 et seq.；also Stieper，‘Harmonisierung der Urheberrechtsschranken durch den EuGH?’(2012) ZGE 443.

54. 前注 48，Kur et al.，第 557 页以后。

55. 前注 24，Position Statement on Public consultation on Building the European Data Economy，第 11 页以后。

56. See Leistner/Roder，‘Die Rechtsprechung des EuGH zum Unionsurheberrecht

aus methodischer Sicht—zugleich ein Beitrag zur Fortentwicklung des europaischen Privatrechts im Mehrebenensystem’(2016) ZfPW 129，147 et seq.；Oliver/Stothers，‘Intellectual property under the charter：Are the court’s scales properly calibrated?’(2017) CML Rev 517.

57. 参见莱斯特纳对该问题进行的全面研究，前注 12，Leistner，‘Legal Protection for the Database Maker’，第 458 页以后。

58. See e.g. early Grutzmacher，Urheber-，Leistungs- und Sui-generis-Schutz von Datenbanken(Nomos 1999) 290 with further references.

59. 参见前注 57。

60. 关于这一理念的初步设想，参见前文二(一)部分。

61. Case C-604/10 Football Dataco EU：C：2012：115，paras 40 et seq.：in respect of copyright protection under the Database Directive；Leistner，Copyright at the interface between EU law and national law：definition of ‘work’ and ‘right of communication to the public’(2015) JIPLP 626，627.

62. 同上注，第 630 页；Rosati，‘Copyright in the EU：in search of(in) flexibilities’(2014) GRUR Int. 419，427—428。

63. 参见 Derclaye/Leistner 关于从根本上解决保护路径重叠问题的论述，Derclaye/Leistner，Intellectual Property Overlaps：A European Perspective (Hart 2011)。

64. 进一步的讨论可参见前注 48，Kur et al.，第 557 页以后；类似的讨论也可参见 Derclaye，‘Intellectual Property Rights on Information and Market Power—Comparing European and American Protection ofDatabases’(2007) IIC 275，297。

65. 前注 48，Kur et al.，第 557 页以后；前注 27，Leistner 文，第 343 页以后。

66. 前注 48，Kur et al.，第 557 页以后；前注 27，Leistner 文，第 344 页以后。

67. 参见前注 44，Becker 文，第 828 页以后。

68. 前注 44，Fezer 文，第 3 页以后；partially contra Hoeren，‘Dateneigentum—Versuch einer Anwendung von § 303a StGB im Zivilrecht’(2013) MMR 486，486 et seq。

69. 前注 33，Drexl et al.，第 915 页以后；Kerber，‘A New(Intellectual) Property Right or Non-Personal Data? An Economic Analysis’(2016) GRUR Int. 989，932 et seq.；Dewenter/Lüth，‘Big Data：Eine ökonomische Perspektive’ in Korber/Immenga(eds)，Daten und Wettbewerb in der digitalen Okonomie：Referateder 5. Göttinger Kartellrechtsgespräche vom 22. Januar 2016(Nomos 2017) 12 et seq。

70. Leistner，‘“Last exit” withdrawal?’(2007) K&R 457，465.

71. Case C-490/14 Verlag Esterbauer EU：C：2015：735；Leistner，‘Was lange

währt ...：EuGH entscheidet zur Schutzfahigkeit geografischer Karten als Datenbanken' (2016) GRUR 42，44.

72. Leistner，'Urheberrecht in der digitalen Welt' (2014) JZ 846，849；Ohly, Verhandlungen des 70. Deutschen Juristentages Hannover 2014 Bd. I：Gutachten Teil F：Urheberrecht in der digitalen Welt：Brauchen wir neue Regelungen zum Urheberrecht und dessen Durchsetzung?(C.H. Beck 2014) F 38—F 39.

73. 前注 21，The Commission intends to launch an evaluation of the Database Directive in 2017；前注 21，Data Economy Communication，第 12 页。

第三章　数字经济中的数据交易：商业秘密的视角 59

塔妮娅·阿普林[*]

一、引　言

本文认为，与《商业秘密指令》[1]相协调的商业秘密保护可以在“大数据”经济中发挥作用。这意味着与现有法律工具(例如数据库特殊权利[2])相结合的商业秘密保护，消除了引入数据生产者权的需要。

本文首先简要介绍欧盟委员会关于欧盟数据经济的目标；其次对《商业秘密指令》进行概括；继而详细探究该指令如何在“大数据”经济中得到利用，并指出它是具有实践价值(尽管是部分有用)的法律工具。该指令的不确定性或适用中的难题主要在于一般性说明尚不明确，数据生产者权的语境下同样有可能产生类似问题。

---

* 作者系伦敦国王学院教授，研究知识产权法。

二、 打造欧洲数据经济

60 欧盟委员会最近对支持数据经济发展表现出浓厚兴趣，并在“数字单一市场战略”[3]中得到充分体现，它指出“大数据”和“物联网”在促进经济增长和创新方面的潜力，但同时也发现了技术和立法方面的问题与障碍。[4]2017年1月10日，欧盟委员会发布《打造欧洲数据经济》[5]的报告以及随附的《内部授权职员工作文件》(以下简称《工作文件》)，[6]阐明了欧盟数据经济委员会的目标，实现这些目标的现实障碍以及可能的解决方案。

从广义上讲，委员会希望消除对数据自由流动的不合理限制，并确保数据市场中的公共机构和私主体“能够获取大量的多样化数据集”。[7]委员会建议成员国遵循以下原则：欧盟内部数据的自由流动。它同时认为不论本质上是个人还是非个人，很多数据都由机器生成。[8]委员会提案的重点是非个人的机器生成数据，原因是《通用数据保护条例》[9]将成为适用于个人数据的法律框架。[10]委员会强调了以下目标：(1)改善对机器生成匿名数据的获取；(2)促进和鼓励共享此类数据；(3)保护投资和资产；(4)避免泄露机密数据；以及(5)影响最小化；[11]此外，在《工作文
61 件》中探讨了实现这些目标的可能方法。与本文主题特别相关的是基于商业秘密、版权和数据库特殊权利的现有立法指南的建议，以及更具争议性的有关数据生产者权的建议。

《工作文件》认为，可以将一项新的数据生产者权利界定为一种物权，所有者将享有使用和许可他人使用数据的专有权。[12]或者，可以按照《商业秘密指令》中的思路将其构建为一种防御权，即针对某些未经授权使用数据寻求救济的权利。如果拥有物权，则所有权将由负责创建数据的投资人确定，并且可以成立共有权。如果选择了防御权路径，则合法拥有数据的事实上的持有人将有权获得救济。针对所有数据生产者

权的例外情况需要得到承认，委员会建议例外情况主要指向以下四种情形：一是机器或设备的制造商需要使用数据来改善产品设计；二是在某些情况下，出于公共利益的考虑，必须获取某些数据；三是公共机构在获取数据方面可能有合法利益；四是需要为进行公共资助研究的科学家获取和使用私人持有的受保护数据创建例外。委员会还提出，在可能出
现反竞争行为的情况下，应该对非个人的、商业上拥有的数据进行一定 62
程度的公开，并有可能通过建立许可义务来实现这一点。[13]

三、欧盟《商业秘密指令》概述

《商业秘密指令》旨在解决成员国在保护商业秘密方面的法律分歧。具体的变化包括保护商业秘密的法律机制、商业秘密的定义、商业秘密是否归类为知识产权、可利用的救济措施和可用于在诉讼期间保护机密性的程序机制。因此，该指令在实体法和程序法两方面协调了对商业秘密的保护。[14]根据该指令的鉴于条款第 1—4 条和第 8 条，协调欧盟立法的积极意义包括激励创新、跨境创新和知识共享，以及增强欧盟的商业竞争力。在保护投资和鼓励知识或数据共享方面，这些理论与委员会针对“数据经济”阐明的理论相一致。

下文对指令在协调实体法方面的努力与成效进行概括。指令第 2 条将商业秘密定义为秘密信息，亦即该信息是秘密的、具有商业价值，并且已经过合理的步骤以保护机密性。考虑到它反映了《与贸易有关的知识产权协议》(TRIPS 协议)第 39 条的要求，因此这是一个相对无争议的定义。侵占商业秘密是指非法获取、使用或披露商业秘密以及侵权商品。未经商业秘密持有人的同意，[15]获取、挪用或复制任何包含商业秘密的材料，或通过其他任何违反诚实商业惯例的行为进行的获取行为，即为非法获取商业秘密。[16]非法使用或披露商业秘密一方面是指未经商
业秘密持有人同意，获取、使用商业秘密的行为；另一方面是指违反合 63

同或其他不得披露或限制性使用商业秘密的义务而获取与使用商业秘密的行为。[17]如果第三方明知或应知商业秘密是直接或间接从非法使用或披露商业秘密的另一人那里获得，其进行的获取、使用和披露行为也将被界定为违法行为。[18]指令第4(5)条禁止交易侵权商品，根据第2(4)条，侵权商品是指“设计、特征、功能、制造过程或市场营销明显受益于非法获取、使用或披露的商业秘密的商品”。

但是，指令第3条指出某些情形下获取商业秘密的行为具有合法性，特别是独立的发现或创建以及反向工程。此外，关于“例外情形”的第5条规定，在某些情况下，例如基于言论自由的考量以及为了揭示符合一般公共利益的不当行为、不法行为或其他非法活动，获取、使用或披露商业秘密的行为，商业秘密所有人无权获得法律救济。这些规定被视为对举报人和新闻记者的特别重要的保护。[19]

指令在程序方面的规定主要体现于第9条，它旨在解决这样一个悖论，即商业秘密如果是秘密的且具有价值则可以受到保护，然而法庭诉讼不可避免的是开放和公开的。因此，试图提起诉讼的商业秘密持有人将不可避免地通过在法院诉讼程序中披露其商业秘密而破坏商业秘密的秘密性。因此，第9条规定成员国有义务确保在法院诉讼程序中保持机密性，同时应充分注意透明度和司法公开。第8条规定了可以提起诉讼的时效期限为六年，但是成员国可以自行决定时效期限的起算点。最后，第6—7条和第10—15条规定了在确立商业秘密盗用情况下必须提供的救济措施。这些措施涉及临时措施和最终措施，以及损害赔偿和司
64 法裁决的公布。一个重要的特征是，法院必须评估所给予的救济措施的相称性。

上述保护商业秘密的义务是最低标准，因此，只要满足某些实质性和程序性保障，成员国就可以提供更广泛的保护。[20]这些最低标准虽然与不正当竞争法产生了共鸣，但它们的起草是足够中立的，以便成员国在选择用于履行义务的民法机制方面有一定的灵活性。

重要的是，《商业秘密指令》排除了有关物权的设定。这在指令的

鉴于条款第10条有所体现："为了创新和促进竞争，本指令的规定不应对作为商业秘密受到保护的专有技术或信息创造任何独占性权利。"此外，鉴于条款第1条将商业秘密描述为"对知识产权的补充或替代"，而其自身并非一种独立的知识产权。因此，《欧盟强制执行指令》与商业秘密无关，鉴于条款第28条指出，在其范围与《欧盟强制执行指令》重叠的情况下，它是特别法。[21]为避免对商业秘密的保护采取产权方式而做出的政策选择是一个有益的路径，除了对拟议的数据生产者权的其他担忧外，还应考虑如果要推行该权利，采用物权化的路径是否合适?

四、《商业秘密指令》与数据经济的相关性

本部分将通过考察商业秘密概念的广度、商业秘密持有人的范畴以及商业秘密的保护范围，来探究该指令与数据经济的相关性。

(一) 商业秘密的定义 65

指令第2(1)条将"商业秘密"定义为满足以下三个条件的信息：

(1) 所涉信息是秘密的，应该作为一个整体或由各部分合成而存在，并不是该领域专业人员普遍知悉的信息，也不是普通劳动者在工作过程中获得的公共知识、技术和技能；

(2) 因秘密性而具有商业价值；

(3) 一直被其合法控制人通过合理的步骤在各种情况下加以保密。

上述规定从广义上界定了可以构成商业秘密的内容。指令鉴于条款第14条还强调了创建"商业秘密的同质定义而不限制防止盗用的主题"的重要性。因此，该定义足够宽泛以涵盖对商业上有价值的私人信息的保护请求。[22]在(大)数据经济的背景下，问题在于单个数据(如个人数据)、数据集(无论是原始数据还是已处理数据)或数据分析技术是否将落入该定义的范围之内。

对于个人数据是否构成商业秘密，委员会表示怀疑：由于互连的机

器和设备生成的个人数据缺乏商业价值，因此不足以构成“商业秘密”。[23]根据指令鉴于条款第 14 条，商业价值应理解为包括实际或潜在的商业价值。此外，该条将专有技术或信息的商业价值与因非法获取、使用或披露而对商业秘密持有人造成的损害联系起来(例如破坏“某人的科学和技术潜力、商业或财务利益、战略地位或竞争能力”)。实际上，这是一个宽泛的商业价值概念，因为它包含潜在价值并采用基于伤
66 害的方法来定义价值，对伤害的满足非常容易达成，而没有设定可量化标准。[24]因此，虽然鉴于条款第 8 条将“琐碎信息”排除在外，但原始数据可能具有商业价值，尽管价值很低。[25]商业价值的概念虽然过于宽泛，但将个人数据作为商业秘密进行保护也不在该指令的目标范畴之内。原因在于：一是指令第 2(1)(a)条是指“作为整体或由各部分合成而存在的”信息的保密性，这表明其保护的对象不是个人数据。二是个人数据保护与指令的原理不协调，因为很难想象将单独的个人数据作为创新、知识生成或共享的基础。

但是，数据或数据集能够较为容易地满足商业价值的宽泛定义。委员会认识到，在金融或商品市场、信用评分、天气和汽车出行等领域，存在着与数据有关的非个人数据市场。[26]地理位置数据也极有价值，可以通过多种方式加以使用。[27]当存在针对此类多样化数据的特定市场时，应直接表明非法获取、使用或披露数据集会破坏商业秘密持有人的经营或商业利益，或损害其竞争能力。即使在尚不存在数据市场的地方，也可能会建立潜在的商业价值。

数据或数据集获得商业秘密保护需要满足的另外两个要求是秘密性和采取合理措施维持秘密性。数据是否满足秘密性要求取决于将其视为来源开放还是来源封闭，并在某种程度上与其类型有关。对于开放数据运动中的数据集，显然不能视为具有秘密性。[28]但是，其他数据集可能
67 无法公开获取，在这种情况下，问题将是该数据是否不属于“该领域专业人员普遍知悉的信息，也不是普通劳动者在工作过程中获得的公共知识、技术和技能”。很难预测是否会发生这种情况，因为这很大程度上

取决于所涉数据集的类型，并且在大数据经济中，多样性、体量大、速度快是数据的典型特征。[29]由此，是否采取了合理步骤来维持秘密性的要求在一定程度上具有内在的模糊性，即应该根据特定商业秘密持有人的情况进行主观评估，还是根据特定行业中采用的标准保护措施进行客观判断。[30]即使这样，我们仍可能期望某些做法能够满足“合理步骤”的要求，例如数据获取级别的限制、使用技术保护措施以及谨慎的内部数据处理。

商业秘密定义中隐含的一个问题是需要识别信息。实际上，在评估未经授权的使用并确保补救措施(例如禁令救济)具有足够确定的范围时，识别商业秘密也是隐含的要求。[31]但是，在“大数据”和“物联网”社会中，收集和分析的数据量呈现出体量大、多样性和高速化特点，在某些情况下，划定数据集的边界可能会遇到挑战。

接下来是数据分析技术，它们通常由软件实现，因此其满足“商业秘密”的定义似乎没有问题。[32]但是，值得注意的是，某些数据分析技术是开放源代码的，例如 Apache Hadoop 或 Apache Spark 系统，在这种情况下，秘密性要件和维持秘密性要件的步骤将无法满足。

总之，有人认为，商业秘密的定义足够灵活，可以包含数据集和数据分析技术，而且基本上不会扩展到个人数据。[33]但是，在数据集和数
据分析技术的情况下，是否满足秘密性要件和合理的保密步骤要件将取 68
决于具体情况。尽管存在这种不确定性，但是可以说，《商业秘密指令》所规定的保护方法产生的问题要比拟议中的数据生产者权更少。首先，委员会几乎没有提及如何将“数据”的概念划定为保护的客体，除了指出权利应指向语法层面(即数据或代码)，而非语义层面(即思想或信息的汇编)。[34]这是泽奇(Zech)教授的观点，他建议权利对象应为“机器可读的汇编信息，仅由其代表字符(比特)定义，而不考虑其内容(在语法层面划定的数据)”。[35]他进一步建议，“通过自动测量流程、智力活动或简单的计算能力”创建数据可能会有一个门槛，并且可以排除智力创造。[36]但是，这种看似简单的定义可能会产生很大的不确定性。它是否

会扩展到个人数据、数据集和数据分析技术？[37] 此外，正如科贝尔(Kerber)教授指出的那样，“由于数据是汇编信息，因此很难在单独保护汇编信息(语法层面)和信息本身的内容(语义层面)之间划清界限”。[38] 例如，在数据分析方面，重点是通过搜索语法级别在语义级别上查找信息中的链接、模式或“新的含义”。[39] 因此，在语法和语义之间进行区分似乎是人为的。反过来说，将有可能在语义层面对信息产生事实上的排他性权利，以及与现有知识产权的重叠和冲突问题。[40]

69 **（二）商业秘密持有人**

根据《商业秘密指令》第 2(2)条，商业秘密持有人是“合法控制商业秘密的任何自然人或法人”。此定义包含一些固有的不确定性，目前尚不清楚“合法控制商业秘密”的人员是否可以扩展到被许可人、合资企业的参与者、受委托创建信息的人员、反向工程师或其他经同意而向其披露商业秘密的人员。[41] 在数据经济的背景下，还有其他不确定因素。例如，如果我们以设备或机器中嵌入的传感器产生的数据集为例，在这种情况下谁“合法地”控制数据？ 是包含传感器的设备或机器的制造商吗？ 是所有者吗？ 或是使用设备或机器的人？ 这些问题确实是在委员会提议的数据权利下产生的类似的不确定性。[42] 对于数据分析技术，识别创建该软件的人可能更直接，但是在这里，一般的不确定性都会发挥作用，例如被许可人是商业秘密持有人还是合法地对数据分析软件进行反向工程的人，第 2(2)条的范围不明确，这不是避免商业秘密保护的理由，而是强调了一个更普遍的观点，即这种统一的概念需要在欧盟层面加以阐明。

（三）保护范围

《商业秘密指令》第 4 条要求成员国确保商业秘密持有人可以寻求救济措施，以防止非法获取、使用或披露其商业秘密的行为。同样重要的是，某些行为被认为具有合法性(指令第 3 条)，并且存在“例外情
70 形”(指令第 5 条)。舆论批评商业秘密保护不适合数据经济，因为它仅仅是“对事实排他性在法律层面的进一步强化”。[43] 换句话说，它仅适

用于侵占商业秘密的行为，并未形成对商业秘密的独占性权利。虽然没有创设物权化的权利，但该指令所赋予的保护仍然相当可靠，商业秘密持有人可以使用各种执行机制。在某些情况下可能涉及第三方，并且在与侵权商品有关的情况下，对商业秘密的保护甚至是过度的(范围比专利法要广)，因为侵权商品的定义不需要在商品和未经授权的商业秘密使用之间建立事实联系。[44]该指令提供的保护虽然受限，但仍然非常重要，德雷克斯尔教授称其“更适合服务于数据经济的目的，因为它专注于第三方获取数据的特定方式，而非针对数据的使用提供保护”。[45]

重要的是，《商业秘密指令》规定了合法获取、使用或披露商业秘密的行为，这些行为扩展到独立的发现或创造以及反向工程。但是，根据泽奇(Zech)教授的观点，这意味着对数据的保护是不完整的，尤其是考虑到可以独立地重新存储数据的情况下。[46]但是，确保此类行为合法化是保持竞争和增强创新的重要手段。[47]确实，我们看到该政策目标得到了各种知识产权例外的支持，例如集成电路[48]和受版权保护的软件[49]中存在的反向工程例外，以及专利法中的个人使用[50]和实验用途[51]例 71
外，它们在某种程度上促进了反向工程。[52]《商业秘密指令》第 5 条列出的“例外”不是强制性的例外，而是特定情况下可以采取救济措施的例外。列出的几种情况可能与数据经济有不同的关联性(言论自由、出于公共利益披露不当行为或工人向其代表披露信息)；但是，有可能要依靠指令第 5(4)条的规定理解整个条文：“该条的目的是保护欧盟或成员国法律认可的合法利益。”

五、结　论

虽然不是非常适合数据经济，但我们不应该忽视商业秘密保护对数据集和数据分析技术的价值。确实，如果委员会提议的数据生产者权是建立在赔偿责任或所谓的“防御性”基础上，那么这将不会增加对《商业秘密指令》已经提供的保护。当然，我们不应该迅速争取建立专有数据权的立法干预。正如舆论所指出的那样，这项权利的经济理由并不具有说服力：根本没有必要激励数据的生产或收集，尤其是机器生成的数
72 据，也不需要专有的激励措施来使此类数据商业化或确保提供数据获取权限。[53]此外，(软件的)版权或商业秘密保护可能已经提供了创建数据分析技术的激励。立法引入专有数据权有可能引发严重的竞争问题，这可能对数据经济发展非常不利。[54]同时，在探索商业模式和其他方法来确保获取数据之前，[55]商业秘密保护与其他现有法律工具(数据库特殊权利、合同和竞争法)一道，为数据经济中的数据保护提供了坚实的基础。[56]

注释

1. Directive(EU) 2016/943 of the European Parliament and of the Council of 8 June 2016 on the protection of undisclosed know-how and business information(trade secrets) against their unlawful acquisition，use and disclosure[2016] OJ L157/1.该指令于 2016 年 6 月 8 日通过，7 月 5 日开始实施。

2. 莱斯特纳(Leistner)在本书中撰文讨论了数据库特殊权利的特别价值。可比照德雷克斯尔(Drexl)的观点：Designing Competitive Markets For Industrial Data—Between Propertisation and Access，MPI for Innovation and Competition Research Paper No.16-13，available at 〈ssrn.com/abstract=2862975〉，他在该文第 22 页指出，这种保护是不适当的。

3. 参见 European Commission，‘A Digital Single Market Strategy for Europe’ COM(2015) 192 final(hereinafter ‘DSM Communication’)。

4. 同上注，第 14—15 页。

5. European Commission，‘Building a Data Economy’ COM(2017) 9 final (hereinafter ‘Data Economy Communication’).

6. European Commission，‘Staff Working Document on the free flow of data and emerging issues of the European data economy’ SWD(2017) 2 final(hereinafter ‘Data Economy SWD’).

7. 前注 5，Data Economy Communication，第 4 页。

8. 同上注，第 7 页、第 9 页。

9. Regulation(EU) 2016/679 of the European Parliament and of the Council of 27

April 2016 on the protection of natural persons with regard to the processing of personal data and on the free movement of such data, and repealin Directive 95/46/EC(General Data Protection Regulation)[2016] OJ L119/1.

10. 前注 5，Data Economy Communication，第 9 页。

11. 同上注，第 11—12 页。

12. 泽奇(Zech)教授支持欧盟范围内的数据生产者权，参见 Zech，‘A legal framework for a data economy in the European Digital Single Market：rights to use data’(2016) JIPLP 460 and Zech，‘Information as Property’(2015) JIPITEC 192, 197。根据泽奇(Zech)教授在第 34 段的论述，数据生产者权的正当性基础“并非鼓励产生数据或创造数据市场……而是确保公平分配分析数据所产生的利益”。反对该权利并认为理由在于引入该权利缺乏经济基础的观点可参见：Kerber，‘A New(Intellectual) Property Right for Non-Personal Data? An Economic Analysis’(2016) GRUR Int 989，available at 〈ssrn.com/abstract=2858171〉。在美国，马蒂奥利(Mattioli)《公开大数据》(刊载于《明尼苏达大学法律评论》第 535 卷)一文建议使用新的“数据权”。马氏提出这项权利的理由是鼓励大数据生产者披露他们如何收集、组织和转换数据。大数据的出处和血统被认为对于如何有效利用它至关重要。

13. 前注 6，Data Economy SWD，第 33 页以后。

14. 另见 Aplin，‘A Critical Evaluation of the Proposed EU Trade Secrets Directive’(2014) IPQ 25。

15. 根据《商业秘密指令》第 2(2)条，商业秘密持有人系“合法控制商业秘密的任何自然人或法人”。

16. 《商业秘密指令》第 4(2)条。

17. 《商业秘密指令》第 4(3)条。

18. 《商业秘密指令》第 4(4)条。

19. Lapousterle/Geiger/Olszak/Desaunettes，‘What protection for trade secrets in the European Union? A comment on the directive proposal’(2016) EIPR 255，258.

20. 《商业秘密指令》第 1(1)条。

21. Directive 2004/48/EC on the enforcement of intellectual property rights[2005] OJ L157/45.

22. 前注 14，Aplin 文，第 262—263 页。

23. 前注 6，Data Economy SWD，第 20 页。有关数据市场的其他示例，参见第 25 页及以后。

24. 同样有观点认为尽管可能不如美国商业秘密法所规定的那么宽泛，但《商业秘密指令》对商业价值的界定仍非常宽泛。参见 Wennakoski，‘Trade secrets under review：a comparative analysis of the protection of trade secrets in the EU and in the US’(2016) EIPR 154，156—157。

25. 前注 12，Zech，‘Rights to use data’，第 465 页。

26. 前注 6，Data Economy SWD，第 13 页。

27. Mayer-Schönberger/Cukier，BigData：A Revolution That Will Transform How We Live，Work and Think(John Murray 2013) 89—91.

28. Siegel，PredictiveAnalytics：The Power to Predict Who Will Click，Buy，Lie，or Die(Wiley 2013) 75—76，referring to open data sets listed on 〈www.kdnuggets.com/datasets/index.html〉.

29. Executive Office of the President，Big Data：Seizing Opportunities，Preserving Values(May 2014) 4—5.

30. 前注 14，Aplin 文，第 262 页。

31. 英国法官强调了识别机密信息的重要性。参见 Ocular Sciences v AVCL [1997] RPC 289(Laddie J，359—360)。

32. 前注 12，Mattioli 文，第 552—553 页。

33. 前注 2，Drexl 文，第 23 页，其观点更加悲观。

34. 前注 6，Data Economy SWD，第 33 页以下。另请参见前注 12，Zech，‘Rights to use data’，第 469 页。

35. 同上注，Zech 文。

36. 同上注。

37. 前注 2，Drexl 文，第 39 页。

38. 前注 12，Keber 文，第 18 页。

39. 前注 2，Drexl 文，第 16 页。

40. 同上注，第 39 页。

41. 前注 14，Aplin 文，第 264 页。

42. 前注 2，Drexl 文指出，在一个价值网络中，有若干人对数据的产生有贡献，如果他们都被赋予所有权，将会产生问题。

43. 前注 6，Zech，Information as Property，第 196 页(第 26 段)。

44. 前注 14，Aplin 文，第 268—269 页。

45. 前注 2，Drexl 文，第 24 页。

46. 前注 6，Zech，Information as Property，第 196 页(第 26 段)。

47. Aplin，‘Reverse engineering and commercial secrets’ (2013) Current Legal Problems 1，4—6.

48. Arts 6(2) and(b) WIPO Treaty on the Protection of Intellectual Property in Respect of Integrated Circuits 26 May 1989；s 906(a) Semi Conductor Chip Protection Act 1984，17 USC 901；Art 5(3) and(4) Council Directive on the Legal Protection of Topographies of Semiconductor Products(87/54/EEC)[1987] OJL24/26.

49. 参见 Arts 5(3) and 6 Directive 2009/24/EC of the European Parliament and of the Council of 23 April 2009 on the legal protection of computer programs[2009] OJ

L111/16(Software Directive)，implemented as ss 50BA and 50B CDPA。另见 Sega Enterprises Ltd v Accolade Inc 977 F. 2d 1510(9th Cir 1992)和 Sony Computer Entertainment Inc v Connectix Corporation 203 F 3d 596(US Ct Appeals，9th Cir 2000)所适用的《1976年美国版权法》中的“合理使用”例外(在索尼案中，法院认定被告为了反向工程目的而对软件进行媒介复制是使其软件能够与 Playstation 的游戏一起使用所必需的合理使用)。可对比 Atari Games Corp v Nintendo of America 975 F 2d 832(Fed Cir 1992)(在该案中，被告提出的合理使用抗辩未被采纳，因为最终产品中复制了该程序，并且他们曾使用未经授权的副本进行反向工程)。

50. 私下进行的、完全出于非商业目的的行为。参见 s 60(5)(a) Patents Act 1977(PA 77) and SKF v Evans[1989] FSR 513。这种例外将使“好奇的”反向工程师受益。

51. 针对本发明主题的实验性行为，参见 s 60(5)(b) PA 77。这可以帮助创新的反向工程师，因为实验性用途可能具有商业目的，参见 Monsanto Co v Stauffer Chemical Co[1985] RPC 515(CA)。

52. Samuelson/Scotchmer，‘The Law and Economics of Reverse Engineering’ (2002) Yale LJ 1575，1584—1585，1603—1604，1613—1625.

53. 前注 2，Drexl 文，第 30 页以后；前注 12，Kerber 文。

54. 前注 2，Drexl 文，第 9 页。

55. 有关可能的替代方案，参见 Max Planck Institution for Innovation and Competition，‘Position Statement of the Max Planck Institution for Innovation and Competition of 26 April 2017 on the European Commission's “Public consultation on Building the European Data Economy”’ Research Paper No. 17-08 available at：〈papers.ssrn.com/sol3/papers.cfm?abstract_id=2959924〉。

56. 另见前注 2，Drexl 文，第 66—69 页。

独占权

第四章　知识产权法体系下的数据财产权：契合还是错置？[*] 75

P.伯恩特·胡根霍尔兹

一、引　言

随着“数据驱动经济”[1]的持续增长，要求引入新型数据财产权的呼声越来越高。为响应汽车产业的需求，[2]在一些德国律师和学者的推动下，[3]欧盟委员会在其 2017 年关于《打造欧洲数据经济》的报告中，初步提出了在欧盟范围内创立对世的“数据生产者权”(data producer's
right)来保护工业数据的设想。[4]欧盟委员会委员贡特 · 奥廷格(Günther 76
Oettinger)是“数据财产权”(德语为 *Dateneigentum*)运动的支持者，他曾在 2016 年之前领导欧盟通信网络、内容和技术总司。奥廷格先生在《法兰克福汇报》(Frankfurter Allgemeine Zeitung)上发表的一篇专栏文章揭示了这一革命性法律概念背后的观点和强大支撑。奥廷格认为，数据就是

---

* 本文基于刊登在 Kritika. Essays on Intellectual Property，Vol. III 的一篇文章形成。作者系阿姆斯特丹大学信息法教授。

“未来的黄金”，特别是在汽车领域，配备传感器的现代汽车会自动生成和收集大量的数据，包括交通和道路状况、发动机性能等。[5]这些机器生成的传感器数据具有巨大价值，例如在自动驾驶汽车的开发领域。但是，奥廷格也指出，目前这些数据的拥有者仍不明确：汽车制造商、车主，还是传感器设备的生产商？ 抑或不属于任何人？ 奥廷格认为需要在欧盟层面确定设立数据所有权的法律规范。[6]

显然，促使人们呼吁保护工业数据的原因在于，人们担忧，欧洲国家的宝贵资产会被美国大型公司盗用，这一点在新近的其他政策举措中也很常见。早前，谷歌“窃取”欧洲国家新闻带来的阴影使得欧盟(继德国和西班牙出台了类似规定后)正在商议一项关于新闻出版者邻接权的
77 提案。[7]1996 年欧盟对数据库制作者特殊权利的创设同样是因为欧洲对美国数据库行业的主导地位有所忌惮。[8]

尽管欧盟委员会设想的“数据生产者权”的整体概念和经济学基础都较为简略，但与数据库权(仍饱受诟病和争议)相比，这一权利也许会使欧盟对工业数据的保护达到更高水平。数据库特殊权利对数据的保护有双重条件：一是数据编排在一个“数据库”中，二是该数据库是“实质性投入”的产物，而数据生产者权将直接保护机器生成数据，不需要任何实质性的先决条件。

本文认为，设立这样一种全面的数据财产权将严重损害欧洲现有的知识产权法体系，也会与《欧洲人权公约》和《欧盟宪章》规定的基本自由相抵触，扭曲欧盟内部的竞争和服务自由，限制科学自由，并广泛削弱大数据在欧洲经济和社会中的前景。总而言之，这一观点非常不可取。

本文首先简要考察了拟议的数据生产者权的背景和宗旨：为什么会有为工业数据设立财产权的需求？ 权利客体和范围是什么？ 随后着眼于现有的知识产权制度，探究这些制度在多大程度上能够适用于数据，并推测数据领域的数据财产权会如何影响这些制度。继而从更广泛的基本权利和自由的角度出发详细分析数据财产权，最后总结全文观点。

创设一项数据财产权肯定也会对其他领域产生影响，尤其是信息隐私权(个人数据保护)，但本文的重点集中于知识产权法。因此，我们不会研究数据保护法是否已经涵盖了个人数据的财产权。[9]同时，也不应质疑民法中的私有财产权概念是否可以扩展(或已经扩展)到(已记录的) 78
工业数据，从而为数据集合提供替代保护。[10]我们还应避免讨论其他可能支持“数据财产权”的法律规则，[11]如刑法[12]或商业秘密法[13]，且不讨论与合同法和消费者法相关的“交易”个人数据以获取服务的问题，基于拟议的《欧盟数字内容指令》(EU Digital Content Directive)，这些问题毫无意义。[14]

最后，我们要提出一些一般性警示。虽然欧盟委员会现在已经提出了值得认真讨论的“数据财产”问题，但支持引入这种权利的政策论据并不完善，其轮廓也很模糊。因此，对数据财产权进行批判相当于向一个移动目标进行瞄准。

二、数据财产的理据何在?

引入“数据财产”权的支持者提出的论点大致可以概括如下。首先，工业数据具有巨大的经济价值。例如，据欧盟委员会估算，“2014年欧盟数据经济总值达 2 570 亿欧元，占欧盟 GDP 的 1.85%，2015 年增 79
长至 2 720 亿欧元，占欧盟 GDP 的 1.87%(同比增长 5.6%)。这一估算预测，若及时制定落实数据经济方面的政策和法律框架，其价值将在 2020 年增长至 6 430 亿欧元，占欧盟 GDP 总值的 3.17%”。[15]经济合作与发展组织(OECD)和欧盟委员会的研究成果也给出了同样令人难以置信的数字。[16]

机器生成数据价值的迅速增长可归因于多种因素：“智能制造”兴起，大量数据会在机器和机器人之间进行实时交换；大数据“挖掘”的经济潜力(即通过复杂的大规模数据分析提取信息)；[17]在物联网时代，机器可以半自主地与其他机器通信和交换数据，例如能够独立发送用电数据到能源公司的“智能”电表，无需操作就能够自动从线上超市订购牛奶和咖啡的冰箱。在奥廷格的专栏文章中，许多例子都来源于汽车产业，数据不仅成为汽车制造业和导航系统的必要投入，也是重要产出。[18]谷歌自动驾驶汽车可能超越欧洲汽车产业的竞争恐慌从未消散。

支持者在论证了数据具有巨大且不断增长的价值之后，继续指出，现行的法律制度，例如基于民法的传统财产所有权和现有的知识产权制度，无法保护或无法充分保护这些数据。诚然，合同保护和商业秘密保护等非财产所有权制度有时能起到作用，创设实际所有权地位的技术保护措施也有类似作用。然而，这些制度并没有创设普遍适用的权利，有
80 价值的数据仍有被盗用的风险，也无法开拓原始数据使用和交易(许可)市场。[19]因此，亟须一种能够保护工业数据的新型财产权。欧盟委员会在其报告中初步建议，作为《打造欧洲数据经济》的六大政策方案之一，“这一方案旨在明晰法律形势，给予数据生产者更多选择，让用户使用其数据成为可能，从而有助于发掘机器生成数据的潜能”。[20]

在这些激进的观点中，令人惊讶的是，支持数据财产权的经济学依据却鲜有提及。根据经济分析的标准范式，创设这种新型知识产权的正当性主要体现在两个方面：(1)通过经济激励数据生产，以解决公共利益问题；(2)促进数据的使用和交易。关于第一个论点，德国著名经济学家科贝尔(Kerber)教授认为“没有证据表明，在数字经济中，人们生产和分析数据的激励普遍不足”。[21]事实上，大量机器数据通常是作为工业生产或服务的副产品(几乎)自动生成的，数据财产权作为法律上的激励如何能起到增强的作用并不明确。[22]

至于第二个论点，科贝尔教授认为：“尽管无法排除数据交易和许可市场会出现市场失灵问题的可能，而且从实践上看，数据市场仍在发展，需要更多的监管，但是到目前为止，数据生产者和持有者似乎有数据商业化的充分潜力。”最主要的潜在市场失灵问题是一手买家可能转
81 售数据，但这似乎可以通过合同和技术的限制，或者通过相关数据服务

的销售策略来解决。[23]科贝尔教授的结论是："这一新型知识产权的引入没有令人信服的经济学论据。"[24]欧盟委员会联合研究中心最近进行的一项更为详尽的研究对此的质疑程度较低。[25]该研究表明数据所有权的法律不确定性可能会对数据市场的效率产生负面影响。然而，这项研究同样得出结论，认为目前并无有力的经济论据来支撑监管干预的提出。

然而，本文将不再对这一可能的数据财产权进行经济分析，而是将重点放在该权利对现有知识产权制度的影响上。为此，首先是初步了解这一权利可能涉及的内容。根据欧盟委员会报告的附件《职员工作报告》(Staff Working Paper)，[26]这一概述主要基于泽奇(Zech)教授的研究，[27]我们推测，数据生产者权的特征大致如下：它是一项关于"非个人或无主的机器生成数据"的对世权，包括"使用数据并许可使用的专有权。这包括了一系列除合同关系外对抗任何第三方的权利，从而避免无权使用数据的第三方对数据进行进一步使用，还包括对未经授权获取和使用数据的行为请求损害赔偿的权利"。[28]

欧盟委员会在原始所有权问题上仍未有定论，泽奇教授认为，该权利最初应归属于"对生成数据的设备负有经济责任的使用者(数据生产者)"。[29]正如欧盟委员会所承认的，由于生成数据的机器的拥有者、使用者和投资者往往各不相同，在实践中，权利的分配可能会是一大难题。[30]

鉴于其阐明的目的，这项权利应当是可转让的。[31]关于保护期限， 82
欧盟委员会并没有作出规定，但泽奇教授认为，"短期保护似乎是适当的，因为通过分析来使用数据相对较快"。[32]委员会将个人数据排除在新型权利的保护范围之外，"由于对后者的保护是关于个人数据的一项基本权利，根据这项权利，自然人应当有权控制自己的个人数据"。[33]否则，委员会的提案似乎涵盖了所有机器生成的数据。

关于该权利的具体客体，泽奇教授提出："权利客体可以定义为机器可读的编码信息，且仅由其代表性字符(比特)界定，而不考虑其内容

(在语法上区分数据)。”[34]这种界定方式在其预期的权利范围中有所反映。“保护的范围特指通过统计分析来使用数据，但不包括通过独立测算方式重新生成相同的数据。”[35]委员会似乎对这一界定方式予以肯定，或许是认为这种限制可以防止不正当的信息垄断。[36]本文将在下一部分研究语法和语义数据之间的区别。

总之，无论是就其预期的客体(数据、无形物)还是其保护范围(第三方复制和使用数据)而言，拟议的数据生产者权都可能成为一项知识产权。

83 三、知识产权体系下的数据

在进一步分析拟议的数据权利及其对知识产权法体系可能产生的影响之前，我们首先需要审查欧盟现行的法律制度对机器生成数据是如何规范的。本部分将重点探讨知识产权的相关立法，而不对有形财产权、合同和商业秘密等其他可能有关的法律机制进行讨论。虽然本部分的重点将放在与数据框架的保护最密切相关的两个知识产权制度上，即版权法和数据库特殊权利，但我们也会对邻接权制度进行简要介绍。

(一) 数据版权

数据是否有版权？ 教科书的答案是否定的。美国最高法院大法官沃伦 · 布兰代斯(Warren Brandeis)在 INS 案的异议意见中提道：“法治应体现为，知识、既定的真理、概念和思想等人类最崇高的成果，在与他人自愿地交流后，可以像空气一样自由地共同使用。”[37]这一公理反映了所谓的思想表达二分法(idea/expression dichotomy)，欧洲的版权学者更倾向于表述为，受保护的形式和不受保护的内容之间的二分法。这一规则已被广泛地规定在《美国版权法》(第 102(b)条)、《与贸易有关的知识产权协议》(第 9(2)条)和《世界知识产权组织版权条约》(第 2 条)中。欧盟法律体系下，我们在《计算机程序指令》[38]中找到了一条类似的规则，尽管仅适用于计算机软件。虽然这些规定没有明确提及“数据”，但一般认为，数据本身是版权的保护客体，无论是基于“思想表达二分法”，还是直接适用版权保护的要求即存在作者和具有创造性，这一点是毫无争议的。[39]

尽管上述数据因此不受版权保护，但数据汇编的版权问题更为复杂。《伯尔尼公约》保护“诸如百科全书和选集之类的文学或艺术作品的汇编”(第 2(5)条)，但未提及数据的收集，并明确否认“日常新闻或纯 84
属报刊消息性质的社会新闻”的版权(第 2(8)条)。《与贸易有关的知识产权协议》(第 10(2)条)更广泛地保护了“以机器可读形式或者其他形式存在的数据汇编或者其他资料汇编，因为对其内容的选择或者编排可以构成智力创作”。《世界知识产权组织版权条约》(第 5 条)也有类似的规定。根据这些现代公约，《数据库指令》[40]指示成员国为“由于对内容进行了选择或编排而构成作者本身智力创造的数据库”提供版权保护(第 3(1)条)。

在足球联盟赛程表案(Football Dataco and others)中，法院阐明了“作者本身的智力创造”(即独创性)的标准意味着数据的选择或编排是创造性的结果。依据第 3(1)条的第二句(“不得采用其他标准来认定保护条件”)，法院认为，仅仅投入大量的技巧和劳动并不能证明其独创性。换言之，该指令的原创性标准排除了仅基于投入或其他因素对数据库进行的任何(所谓的)版权保护。[41]法院的判决不仅结束了英国长期以来基于“技巧和劳动”(投入)标准对数据汇编实行版权保护的做法，也结束了其他成员国的类似规则。例如，荷兰“非原创作品保护”(geschriftenbescherming)作为保护非原创作品和汇编的标准在荷兰存在了一个多世纪，在足球联盟赛程表案之后于 2014 年正式废止。[42]

足球联盟赛程表案还排除了在没有任何人为干涉的情况下由机器生 85
成的数据汇编的版权保护。这与版权作者应当是人类的一般规则相符合。然而，值得注意的是，英国《1988 年版权、外观设计和专利法案》将版权保护的范围扩展到了机器创作的作品，“如果文学、戏剧、音乐或艺术作品由计算机生成，作者应当是对作品的创作作出必要安排的自然人”(第 9(3)条)。[43]这一规则能否与足球联盟赛程表案的规则并存还有待观察。欧洲法院认为，“如果一个数据库的建立是由技术考量、规则或限制决定的，以至于没有创造的自由空间”，就不具有独创性。[44]

《与贸易有关的知识产权协议》和《世界知识产权组织版权条约》都强调，数据汇编的版权“不及于数据或者资料本身”。与之类似，《数据库指令》(第 3(2)条)提醒数据库版权“不得及于其内容”，因此排除了对数据库中汇编数据的版权保护。数据库版权保护的范围仅限于数据库的原始结构(选择或编排)(《数据库指令》鉴于条款第 5 条)。在没有盗用数据库选择或编排的情况下，提取(部分)数据库的内容不侵犯数据库的版权。[45]

（二）数据库特殊权利

《数据库指令》第 7(1)条作为版权制度的一部分，要求成员国保护经定性或定量证明存在实质性投入的数据库。这一数据库特殊权利使得该指令在国际社会上褒贬不一。这里的实质性投入应当用于“获取、检验核实或选用数据库内容”(第 7(1)条)。“获取”指的是收集数据库中的
86 数据、作品或其他资料的行为。“检验核实”指的是检查、更正和更新数据库中的已有数据的行为。“选用”指的是诸如数字化(扫描)模拟文件或创建汇编等行为。德国联邦法院(Bundesgerichtshof，BGH)的一项判决表明，“实质性投入”的标准并不难达成。对一个数据库的任何投入“在客观标准下[……]不是完全无意义的，且不是任何人都可以简单完成的”，就能够满足条件。[46]欧洲法院尚未就该最低标准发表意见。

在涉及博彩公司未经授权使用体育赛事时间表(“定期体育活动”)的四个里程碑式的案件中，欧洲法院认为，数据库权利不保护在生成数据库数据或其他内容方面的投入。法院认为，“对获取(数据库)内容的投入”是指用于寻找现有资料并将其收集到数据库中的资源，但不包括用于创造数据库资料的资源。[47]这一区别的主要原因在判决中予以明确，即《数据库指令》的经济原理是促进和回报对数据库制作的投入，而不

是对生成新数据的投入。根据法院的说法，“《数据库指令》规定特殊权利保护的目的是促进现有信息存储和处理系统的建立，而不是创造能够在将来收集到数据库中的资料”。[48]

因此，这里的“投入”不包括“创造”数据的投入。然而，欧洲法院对于数据“创造”和“获取”之间在认识上的区别并不明显。[49]虽然法院排除了诸如赛马赛程和足球赛程等“创造”数据的特殊保护，但英格兰和威尔士上诉法院在随后的判决中认为，观察到的事实不是“创 87
造”出来的数据，例如足球的进球得分。[50]但是在纯粹人为创造的数据和“观察”到的数据之间，机器生成的数据应当置于何处？ 答案取决于机器处理的数据类型。例如，雷达系统或观测卫星产生的传感器数据更符合“观测”数据的条件，因此，在适用数据库权利时相关的投入可以纳入考量。相反，计算机生成的航班时刻表数据完全属于欧洲法院排除的“创造”数据的范畴。

鉴于这一特殊权利类似于数据集合的财产权，且因可能造成不良的信息垄断而受到了合理批评，[51]该指令的序言强调，此特殊权利“绝不构成版权保护对单纯事实或数据的延伸”(鉴于条款第 45 条)，以及“不应导致作品、数据或资料本身新权利的产生”(鉴于条款第 46 条)。

实际上，该数据库权利存在几项法定限制，以防止该权利的保护范围扩展到数据库中的数据。特殊权利保护数据库制作者不受他人就其数据库内容的整体或实质部分进行“提取”和“反复利用”的侵害(第 7 条)。换言之，未经授权获取非实质性数据的行为是被允许的。此外，正如欧洲法院在英国赛马案中所明确的，[52]特殊权利保护仅限于对实质性投入产生的数据(内容)的盗用行为。换言之，该数据库权利允许获取非实质性投入产生的(可能有价值的)数据。

另一个限制因素在于“数据库”的定义。《数据库指令》第 1(2)条将其定义为“经系统或有序的安排，并可通过电子或其他方式单独获取的独立的作品、数据或其他资料的集合”。虽然《解释性备忘录》将数据库的内容笼统地描述为最广义上的“信息”，[53]但汇编的数据或资料必 88

须是“独立的”，也就是说，“各资料相互分离，其信息性、文学性、艺术性、音乐性或其他价值互不影响”。[54]因此，单独的视听作品、电影作品、文学作品、音乐作品或录音制品不符合数据库的条件，即便它可以被视为数据的表现形式(鉴于条款第 17 条)。这反映出欧洲立法机构的明确意图，即避免数据库特殊权利与现有版权和邻接权之间的广泛重叠。[55]

最后，根据《数据库指令》第 1(2)条，数据库的各个元素必须“经系统或有序的安排”。这完全排除了版权或数据库权利对机器生成的原始数据(集合)的保护。

（三）录音制品保护

除了版权和数据库权利外，录音制品的权利(欧盟认可的四种邻接权之一)也有必要进行简单回应。《欧盟出租权指令》[56]和《信息社会版权指令》[57](Directive2001/29/EC)统一了录音制作者权的规定。这些《指令》保留了 1996 年《世界知识产权组织表演和录音制品条约》(WPPT)
89 对“录音制品”的定义。根据 WPPT(第 2 条)，“录音制品”系“除以电影作品或其他音像作品所含的录制形式之外，对表演的声音、或其他声音、或声音表现物所进行的录制”。通过包含“其他声音”和“声音表现物”，这一定义显然包含了存储(“录制”)在数字媒介上的原始音频数据。

欧盟法律尚未确定，录音制品权利的实质内容和范围的最低标准是否存在。在 2008 年 Metall auf Metall 案的判决中，德国联邦法院将邻接权保护的范围扩展到录音录制的每一个音符，因为录音制作人的投入反映在录音作品的每一部分中(甚至是很小的一部分)。[58]这表明该权利的适用没有门槛(没有最低投入)。然而，德国联邦宪法法院(Bundesverfassungsgericht，BVerfG)在一项后续判决中认为，德国联邦法院所称的没有保护界限的录音制品权利可能与德国宪法所保障的“艺术自由”相冲突(《德国基本法》第 5 条)。最近，德国联邦法院已经向欧盟法院征求关于录音制品权利范围和限制的指导意见。[59]

(四) 评价:数据财产权对知识产权法体系的影响

如本部分所述，版权和数据库权利并不延伸至数据本身。这两种制度有条件地保护因创造性选择和编排(版权)或实质性投资(数据库权利)而产生的数据汇编，但都不保护机器生成的原始数据。就版权而言，这源于一个原则，即只有人类的创作行为才受到保护。就数据库权利而言，这源于特殊权利的明确界限：只有编排于“数据库”中的数据才能获得保护。此外，特殊权利的实质性投入条件有一个(公认的相当低的)最低门槛。如果记录传感器数据的机器运作不需要实质性投入(例如， 90
低成本的数字化气象站或自行车码表)，则产生的数据库不受保护。法院在“体育赛事时间表”案的判决中，对机器生成数据的特殊保护增加了额外的障碍，即将“创造”的数据排除在保护范围之外，从而排除了机器生成的合成数据。

总而言之，如委员会在报告中所设想的，对机器生成的原始工业数据设立一项权利，将远远超出欧洲目前主要在数据和信息、版权和数据库权利领域存在的知识产权制度。

1. 破坏性的权利重叠

这对现有的知识产权法有何影响? 首先，为机器生成的数据创设的一项新的权利，在数字化机器生产的产品领域中会与版权和特殊权利产生广泛的破坏性重叠。例如，使用数码摄影机拍摄的电影不仅可以被视为受版权保护的作品，也可以视为受“数据生产者权利”保护的机器生成(传感器)数据。同样地，金融数据库中的股票市场数据集合将同时受到特殊权利和“数据生产者权利”的保护，因为该数据是由电子证券交易系统自动记录的。

欧盟的立法机构意图防止数据库权利与版权和邻接权领域重叠，而“数据生产者权利”却会导致广泛的重叠。因此，这项新型权利可能会导致多个所有权竞争性地对同一权利内容提出主张。继续用我们的第一个例子，即便电影的创作者(如导演、编剧和电影的其他创作者)可以主张电影作品的版权，但令电影制作者感到诧异的是相机的所有者或使用者也可以主张摄影数据(即电影的数字化表现)的“数据产权”。在数码照片或电子书方面也可能有类似的例子。在第二个例子中，数据库制作者可能会面临证券交易所或交易所的计算机服务公司对“数据产权”的主张。

这种广泛的重叠导致的另一后果在于，版权、邻接权或数据库权利
91 的法定限制和例外被数据生产者权利所“逾越”。例如，目前欧盟的版权和数据库权利都允许用户出于非商业的研究目的复制或提取数据库中的数据。除非“数据生产者权利”复制所有现有的相关例外，否则它将削弱这些基本的用户自由。

数据挖掘尤其如此。奇怪的是，虽然欧盟委员会关于《打造欧洲数据经济》的报告正在考虑设立机器生成数据的专有权，但在《数字单一市场指令》的提案中，在版权和数据库权利制度下设立非商业性研究组织对文本和数据挖掘的强制性例外作为提案的热点问题之一，目前引起了欧洲议会的激烈讨论。[60]

根据泽奇教授的建议，欧盟委员会在其《职员工作报告》中试图通过区分语法数据和语义数据来缓解广泛重叠的问题。拟议的“数据生产者权利”的构想是“只保护信息的语法层面，而不保护语义层面”。[61] 这里可能的含义是，原始数据将仅在其数字化表现层面(机器可读的位和字节，数字化文件中的“1 和 0”)受到保护，而不保护这些数据所传递的信息内容。因此，欧盟委员会希望，新型权利的范围不会延伸到思想和信息，不会成为“超级知识产权”。[62]

但这样的区分真的能够避免该新型权利与现有知识产权的广泛重叠吗？ 笔者不这么认为。问题在于，数字数据通常能够按照标准化规则和协议进行编码和解释。换句话说，(语法)数据层面和(语义)内容层面之间通常会有一对一的关系。回到数字电影制作的例子，电影的数字文
92 件(语法数据)的任何副本必然会导致对受版权保护作品(语义层面)的复制行为。因此，任何对数字化版权作品的数字复制(或流媒体传输)行为都会侵害这项新型数据权利。出于同样的原因，即使该新型权利的范围

仅限于语法层面，也将与数据库权利广泛重叠。上述录音制品权利说明了这一点。即使拟议的“数据生产者权利”的客体仅限于录制的信号(即语法层面的音频数据)，其权利范围也会扩展到语义领域。复刻音乐表演的CD唱片必然会复制其中的音乐作品和表演。

为防止数据权利成为一种总括性的“超级知识产权”，唯一的办法是直接排除所有(可能)成为传统知识产权制度保护客体的数据：不仅包括版权、数据库权利和邻接权，还包括外观设计权，甚至专利权。但是，由于种种原因，即使是不重叠的数据权利也会对知识产权制度造成严重的侵害。首先，这项权利会破坏知识产权所引导的经济激励。例如，特殊权利的主要理念是促进和奖励利用现有数据和其他资料建立数据库的投入行为。如果在机器生成数据领域并行存在一个约束力较小、没有门槛的权利，那么这种激励显然会被削弱。其次，更重要的是，该权利违背了知识产权的一般原则(无论是基于功利主义还是自然法理论)，即知识产权的保护应当仅限于创造、创新或其他有价值的投入。赋予机器生成的所有数据以数据权利除了在某些情况下可能会保护具有巨大经济价值的资产，没有任何其他价值。这尤其会在政治层面产生影响。随着知识产权法受到越来越多的抨击，欧盟和成员国的立法机构无论是捍卫现有制度还是引入新的权利，都需要强有力且令人信服的论据。在这种动荡的政治环境下，提议一个目的仅限于(更好地)保护汽车(或其他)行业经济资产的数据生产者权利，肯定会适得其反。这一提议不仅可能在立法过程中失败，还将(重新)引发对知识产权法正当性的广泛讨论。

2. 缺乏法律确定性 93

另一个更常见的反对数据产权的理由是，数据产权本身缺乏法律确定性。尽管数据权利还没有完全概念化，但很难想象其权利客体、范围和归属足够确定，并被纳入知识产权的行列。就客体而言，如果权利被赋予机器运作过程产生的数据，它会保护哪些数据？ 是机器在一定时间范围内(如一小时、一分钟或一秒钟)产生的所有数据？ 或者是由有限的机器运作过程产生的所有数据(如地球监测卫星收集的所有数据)?

诚然，数据库特殊权利也有类似的问题。由于数据库中的数据会不断更新，那么构成受保护的数据库的内容就会存在疑问。但是，在数据库法中，“数据库”定义本身和实质性投入的要求至少在某种程度上确定了权利客体和权利范围。然而，数据生产者权利却完全没有这种稳定性。问题在于，工业数据的生成大多是实时的。大数据的“速度”(即动态性)使得很难(即使不是不可能)确定一个稳定的保护对象。[63]因此，权利客体很不稳定。如果该权利要成为一项对世的完备的知识产权，就应该能够以充分的法律确定性确定其客体，并由此确定其保护范围。

一个相关的问题是如何分配权利归属。由于该权利是由机器操作产生的，因此，与版权不同，其与自然人之间不存在归属的因果关系。正如泽奇教授和欧盟委员会所建议的，该权利可能归属于生成数据的机器的所有者或使用者。然而，这并不是一个可靠的规则。经合组织在其关于“大数据”的开创性研究中指出，在数据生成和处理的过程中，无论是上游还是下游产业，都可能会有多个参与者或利益相关者声称享有数据的所有权。[64]

综上所述，拟议的“数据生产者权利”极有可能严重影响甚至扭曲
94 现有的版权、数据库权利及其背后的激励机制。此外，如果没有明确和可预测的规则来界定其客体、范围和归属，将导致严重的法律不确定性。这一结论本身就证明，欧盟立法机构有理由实行严格的限制，即使不考虑这项新型权利可能对信息社会兴起的基石之一——信息自由流通产生的不利影响。

四、数据财产权和信息自由流通

将数据本身排除在现有知识产权制度的范围之外不仅仅是本体论的问题。尽管老派作者权的学者可能会认为数据不是版权作品，因为数据

不是“创造的”，但这充其量只是对这种排除的部分解释。[65]更准确地说，知识产权法对数据保护的排除也暗示或明确反映了不保护数据的信息政策。反过来，这些政策又受到各种公共利益的价值和关切的影响。其中，首先是言论和信息自由，其作为基本自由规定在《欧洲人权公约》(第10条)和《欧盟宪章》(第11条)中。

正如《欧洲人权公约》的判例法和学说所示，这一基本自由应作广义解释。《欧洲人权公约》第10条的措辞与媒介无关，因此适用于新旧媒介时应作相同解释。“信息”(法语 informations)一词至少包括事实、新闻、知识和科学信息的交流。毫无疑问，它还包括语法数据；第10条的范围不仅限于(语义上的)言论，还扩展到用于交流的方式。该条款对商业言论的保护程度一直是一个有争议的问题。然而，欧洲人权法院明确表示，商业性质的信息确实受到保护，尽管其保护程度要低于政治言论。[66]

《欧洲人权公约》第10条禁止成员国对信息的自由流通施加限制，除非这种限制是“法律规定的和民主社会保护他人权利所必需的”。从这个角度来看，数据和信息必须自由流通，不被财产权或其他 95
成员国制定的限制所约束，除非能够确定一种迫切的社会保护需要(“民主社会所必需的”)。换言之，言论和信息自由使数据的知识产权成为违反自由权利的例外。[67]

这使我们又回到社会效益的问题上来。欧盟立法机构要负责证明，在社会层面和经济层面上，机器生成数据的财产权是对欧洲公民和公司自由获取和反复利用机器生成数据的自由的正当(“必要”)干预。鉴于政治性文献中对“大数据”[68]和大数据挖掘作为进步和繁荣的驱动力的大量赞誉，同时又缺乏令人信服的证据来支持机器生成数据的财产权，这一证明责任将难以达成。

更重要的是，言论和信息自由会与限制科学家获取数据的任何新型知识产权强烈冲突，因为欧盟立法机构明确希望非商业性研究机构在“文本和数据挖掘”方面可以保留这一自由。可以注意到，这种自由在

《欧盟宪章》第13条中也可以找到依据(“艺术和科学研究不应受限制，学术自由应被尊重”)。数据权利与言论和信息自由明显冲突的另一个领域是新闻业，其中，数据挖掘已成为调查性报道的重要工具。[69]

96 知识产权法排除数据本身保护的第二个政策性考量是竞争自由(在《欧盟宪章》第16条被称为“营业自由”)。这种经济自由历来会对知识产权加以限制，同时也是思想/表达二分法的基本原理之一。有关“大数据”经济潜力的文献表明，机器生成的数据既是创新性制造过程和增值服务中的投入，也是产出，因此就是经济增长的主要驱动力。这就要求采取促进数据获取和数据挖掘的措施，而不是通过针对数据创设财产权来实现数据的商品化。除非有广泛的例外情形和安全阀，否则在数据中引入新的财产权可能会造成不良的数据垄断，无法在这一发展迅速的欧洲“数据市场”中促进竞争，反而会起到阻碍作用。[70]在全球范围内，在欧盟设立数据产权也很可能导致反竞争的市场扭曲，因为在这种情况下，欧洲数据用户必须获得许可才能使用的数据，而在美国的竞争对手则可以免费获得。

最后，一项新型数据权利也将对服务自由(欧盟内部市场的四大自由之一)造成新的障碍。在关于《打造欧洲数据经济》的报告中，欧盟委员会将这种自由与设立自由认定为“欧盟内部数据自由流通原则”。[71]很难想象机器生成数据的新型财产权如何与这种自由相一致。

五、结　论

本文提出了反对设立数据产权的理由。如我们所见，反对这一提议的理由非常充分。机器生成数据的“数据生产者权利”会凌驾于现有的
97 知识产权制度之上。这将违反知识产权制度的基本准则之一，即数据本身“可以像空气一样被自由地共同使用”，只有创造性、创新性或其他有价值的投入才受到保护。该权利会损害知识产权的激励机制，因为它

会创造一个自动保护所有借助机器生成数据的基本权利。这一并行权利极有可能与其他知识产权制度广泛重叠，从而对现有权利(如版权和数据库权利)的使用造成不合理的障碍，这些制度所保障的用户自由也会因此受损。由于实时数据生成的“速度”特性，其权利客体、保护范围和归属很难甚至不可能被界定，因此该权利也会导致严重的法律不确定性。更普遍地说，机器生成数据的财产权将违反言论和信息自由，并对竞争自由、服务自由和“数据自由流通”构成新的障碍。

对于经济、科学，乃至整个社会而言，大数据的巨大前景在于这些资源可以被自由地开发利用。设立“数据权利”来防止未经授权的大数据访问恰好与此相矛盾。事实上，很难理解拟议的新权利将如何与欧洲立法机构在当前欧盟版权改革方案中提议的文本和数据挖掘相一致。

如果正如欧盟委员会认知的那样，“大数据、云服务和物联网是欧盟的核心竞争力”，[72]人们本应该期待新型数据生产者权利的支持者提出有力和令人信服的论点，来支持这一革命性的提议。但是，到目前为止，关于赋予机器生成数据财产权利的论证尚未完成。正如德雷克斯尔(Drexl)教授等所言，现有的商业秘密保护、合同和技术保护措施等法律工具为数据生产者提供了充分的手段，来确保法律上或事实上的排他性。[73]如果欧盟委员会采取干预措施，应把重点放在促进对大数据的获取上，而不是浪费时间和精力来创设一项数据生产者权利。[74]

幸运的是，设立“数据生产者权”只是欧盟委员会在其“欧洲数据经济”倡议中正在考虑的政策方案之一。正如本文所示，无数理由表明 98
欧盟委员会不应该采取这一方案。即便没有其他原因，欧洲在数据库特殊权利方面的经验也应该提供了采取极度审慎态度的理由。2005年，即在欧盟范围内设立数据库特殊权利不到十年的时间里，欧盟委员会公布了对《数据库指令》的第一次审查，这是一次非常显著的自我批评式评估。委员会认为，特殊权利对数据库制作的经济影响尚未得到证实。新制度是为了刺激欧洲数据库的制作而设立的，但没有证据证明会对数据库的制作产生影响。[75]欧盟委员会的报告还指出，该特殊权利并没有帮助欧洲在数据库产业减小其与美国之间的生产力差距。[76]它还指出了该特殊权利的其他一些缺陷，例如其权利边界不清晰，且与数据财产权类似，可能会对创新和经济增长产生负面影响。该报告将欧盟的法律状况与美国的法律状况进行对比，因为自具有里程碑意义的美国联邦最高法院 Feist 案[77]判决以来，美国不再基于“额头出汗原则”对数据库进行法律保护。然而，正如委员会讽刺得那样，“美国的数据库产量有显著增长，而在欧盟，设立‘特殊’保护似乎产生了相反的效果”。[78]

2005 年评估报告最后提出了四种可能的改进方案：

(1) 废止整个指令；

(2) 撤销特殊权利；

(3) 对特殊权利进行修订，以明晰其范围；以及

(4) 保持现状。

尽管最终结论较为严苛，但数据库特殊权利尚未被修改或废止。问题在于，从政治和立法上来说，删除(部分)指令比实质内容的统一化更
99 加复杂。撤销数据库权利将需要一项新的指令，来废除现有指令的主要部分，同时还要荒谬地指示成员国废止数据库特殊权利保护。不出所料，到目前为止，委员会评估中被实现的唯一措施是第 4 条：“什么也不做。”[79]

我们不应该忘记欧盟数据库实验[80]的经验教训。[81]设立新型的知识产权绝不应该是一时冲动。只有在进行了彻底的经济上的、证据充分的研究，证明有确实需求并预测其对整个信息市场和社会的后果之后，一项新的权利才应加以考虑。假设支持这项权利的理由确实令人信服，那么接下来就应该对新权利的轮廓和范围及其对现有知识产权制度的影响进行系统性的法律分析。欧盟的双层架构不允许在欧盟范围内进行法律实验。与数据库权利一样，“数据生产者权利”也将成为欧盟知识产权体系中最不受欢迎的客人。

注释

1. OECD, ‘Data-Driven Innovation: Big Data for Growth and Well-Being’ (2015).

2. Schulzki-Haddouti, ‘Wem gehoren die Daten im Auto?’ VDI Nachrichten, 15 April 2016, available at ⟨www.vdi-nachrichten.com/Technik-Gesellschaft/Wem-gehoeren-Daten-im-Auto⟩ accessed 23 August 2017. 然而德国工业联合会 BDI (Bundesverband der deutschen Industrie) 并不支持数据产权这一概念。See BDI, ‘Industrie 4. 0—Rechtliche Herausforderungen der Digitalisierung Ein Beitrag zum politischen Diskurs’ (November 2015) available at ⟨bdi. eu/media/presse/publikationen/information-und-telekommunikation/201511_Industrie-40_Rechtliche-Heraus forderungen-der-Digitalisierung.pdf⟩ accessed 23 August 2017. See also heise online, ‘BDI spricht sich gegen neues Eigentumsrecht an digitalen Daten aus’ available at ⟨www.heise.de/newsticker/meldung/BDI-spricht-sich-gegen-neues-Eigentumsrecht-an-digitalen-Daten-aus-3697626.html⟩ accessed 23 August 2017.

3. See, inter alia, De Franceschi/Lehmann, ‘Data as tradable commodity and new measures for their protection’ (2015) Italian Law Journal 72; Hoeren, ‘Big Data and the Ownership in Data: Recent Developments in Europe’ (2014) European Intellectual Property Review 751; Zech, ‘A Legal Framework for a Data Economy in the European Digital Single Market: Rights to Use Data’ (2016) Journal of Intellectual Property Law & Practice 460.

4. European Commission, ‘Building A European Data Economy’ COM(2017) 9 final, 13(hereinafter ‘Data Economy Communication’). See in particular: European Commission, ‘Staff Working Document on the free flow of data and emerging issues of the European data economy’ SWD(2017) 2 final, 33—38(hereinafter ‘Data Economy SWD’).

5. The German automobile association(ADAC) has conducted tests showing that modern automobiles produce, process, store and forward vast amounts of machine-generated data; available at ⟨www. adac. de/infotestrat/technik-und-zubehoer/fahrerassistenzsysteme/daten_im_auto/default.aspx⟩ accessed 23 August 2017.

6. Oettinger, ‘Wem gehoren die Daten?’ Frankfurter Allgemeine Zeitung, 14 October 2016.

7. European Commission, ‘Proposal for a Directive of the European Parliament and of the Council on Copyright in the Digital Single Market’ COM(2016) 593 final (hereinafter ‘DSM Directive’), Art. 11(Protection of press publications concerning digital uses).

8. Hugenholtz, ‘Something Completely Different: Europe’s Sui Generis Database Right’ in Frankel/Gervais(eds), The Internet and the Emerging Importance of New

Forms of Intellectual Property(Wolters Kluwer 2016)，205—222.

9. See Purtova，Property Rights in Personal Data. A European Perspective(Wolters Kluwer 2012)，reviewed by Dommering，(2012) Maandblad voor Vermogensrecht 22.

10. See Zech，'Daten als Wirtschaftsgut—Uberlegungen zu einem，Recht des Datenerzeugers'（2015) CR 137.

11. 请参阅潜在法律规则的全面概述 Dorner，'Big Data und，Dateneigentum'（2014) CR 617；Osborne Clarke LLP，'Legal study on Ownership and Access to Data，Study prepared for the European Commission DG Communications Networks，Content & Technology'（2016)，available online under 〈bookshop.europa.eu/en/legal-study-on-ownership-and-access-todata-pbKK0416811/〉 accessed 23 August 2017。

12. Hoeren，'Dateneigentum：Versuch einer Anwendung von § 303 a StGB im Zivilrecht'（2013) MMR 486.

13. See Drexl，'Designing Competitive Markets for Industrial Data—Between Propertization and Access，Max Planck Institute for Innovation & Competition Research Paper No.16-13(2016)，22—24.

14. European Commission，'Proposal for a Directive of the European Parliament and of the Council on certain aspects concerning contracts for the supply of digital content' COM(2015) 634 final；see Metzger，'Dienst gegen Daten：Ein synallagmatischer Vertrag'（2016) 216 Archiv fur die civilistische Praxis 817. On the proposal in general see Schulze/Staudenmayer/Lohsse，Contracts for the Supply of Digital Content：Regulatory Challenges and Gaps(Nomos 2017).

15. 前注 4，Data Economy Communication，第 2 页。

16. 前注 1，OECD；European Commission，'Towards a thriving data-driven economy' COM(2014) 442 final，2。

17. 此外，大数据分析可能会带来许多社会效益；see Federal Trade Commission，'Big Data：A Tool for Inclusion or Exclusion? Understanding the Issues'（2016) 5—8，available online under 〈www. ftc. gov/system/files/documents/reports/big-data-tool-inclusion-or-exclusion-understanding issucs/160106big-data-rpt.pdf〉 accessed 23 August 2017。

18. See Wiebe，'Protection of industrial data—a new property right for the digital economy?'（2016) GRUR Int. 878.

19. Zech，'Information as a tradable commodity' in De Franceschi(ed.)，European Contract Law and the Digital Single Market(Intersentia 2016) 51；另见前注 11，Dorner 文。

20. 前注 4，Data Economy Communication，第 13 页。

21. Kerber，'A New(Intellectual) Property Right for Non-Personal Data? An Economic Analysis'（2016) GRUR Int. 989，997.

22. See Hugenholtz，‘Program Schedules，Event Data and Telephone Subscriber Listings under the Database Directive The ‘Spin-Off’ Doctrine in the Netherlands and elsewhere in Europe’，Paper presented at Fordham University School of Law Eleventh Annual Conference on International IP Law & Policy New York，14—25 April 2003，available online at 〈www.ivir.nl/publicaties/download/spinofffordham.pdf〉 accessed 23 August 2017.

23. 前注 21，Kerber 文，第 998 页；另见前注 13，Drexl 文。

24. 前注 21，Kerber 文，第 989 页；另见前注 11，Dorner 文，第 625 页；前注 13，Drexl 文，第 30 页以下，第 66 页。

25. European Commission，Joint Research Centre(Duch-Brown/Martins/Mueller-Langer)，‘The economics of ownership，access and trade in digital data’ JRC Digital Economy Working Paper 2017-01.

26. 前注 4，Data Economy SWD。

27. 前注 19， Zech 文，第 74—76 页。

28. 前注 4，Data Economy SWD，第 33 页。

29. 前注 19， Zech 文，第 75 页。

30. 前注 4，Data Economy SWD，第 35 页。

31. 前注 19， Zech 文，第 76 页。

32. 同上注。

33. 前注 4，Data Economy SWD，第 33 页。值得注意的是在实践中进行这一区分并不容易。例如，汽车生成的许多机器数据都与个人有关，因此可以称为“个人数据”；见前注 5，ADAC Study。

34. 前注 19， Zech 文，第 74 页。

35. 同上注，第 75 页。

36. 前注 4，Data Economy SWD，第 34 页。

37. Brandeis J.，diss. opinion，International News Service v. Associated Press，248 U.S. 215(1918).

38. Directive 2009/24/EC of the European Parliament and of the Council of 23 April 2009 on the legal protection of computer programs[2009] OJ L111/16.

39. Hugenholtz，Auteursrecht op informatie(Kluwer 1989).

40. Directive 96/9/EC of the European Parliament and of the Council of 11 March 1996 on the legal protection of databases[1996] OJ L77/20.

41. Joined cases C-403/08 and C-429/08 Football Association Premier League Ltd and Others EU：C：2011：631.

42. See Hugenholtz，‘Works of Literature，Science and Art’ in Hugenholtz/Quaedvlieg/Visser(eds)，A Century of Dutch Copyright Law. Auteurswet 1912—2012 (DeLex 2012) 54. See also Hugenholtz，‘Goodbye，Geschrifenbescherming!’ Kluwer

Copyright Blog，6 March 2013，available at 〈kluwercopyrightblog. com/2013/03/06/goodbye-geschriftenbescherming〉 accessed 23 August 2017.

43. UK Copyright，Design and Patents Act1988(c. 48)，c. 1，s. 9(3)；see Perry/Margoni，'From Music Tracks to Google Maps：Who Owns Computergenerated Works?'(2010) Computer Law & Security Review 621.

44. 前注 19，Football Association Premier League Ltd and Others。

45. The Newspaper Licensing Agency & others v Meltwater & the PRCA[2010] EWHC 3099.

46. BGH in(2011) MMR 676.

47. Case C-46/02 Fixtures Marketing v Oy Veikkaus Ab EU：C：2004：694；Case C203/02 The British Horseracing Board and Others EU：C：2004：695；Case C338/02 Fixtures Marketing v Svenska Spel AB EU：C：2004：696；Case C-444/02 Fixtures Marketing v Organismos prognostikon agonon podosfairou AE(OPAP) EU：C：2004：697.

48. 同上注，British Horseracing，第 31 段。

49. Davison/Hugenholtz，'Football fixtures，horseraces and spin-offs：the ECJ domesticates the database right'(2005) European Intellectual Property Review 113.

50. Football Dataco & Others v Stan James Plc & Others and Sportradar GmbH & Others[2013] EWCA Civ 27.

51. See Reichman，'Database Protection in a Global Economy'(2002) Revue Internationale de Droit Economique 455.

52. 前注 47，British Horseracing。

53. European Commission 'Proposal for a Council Directive on the Legal Protection of Databases' COM(92) 24 final，19.

54. 前注 47，Fixtures Marketing EU：C：2004：697。

55. 另一方面，欧洲法院认为地形图中的地理数据具有足够的“独立性”，足以使地图成为受保护的“数据库”。法院认为，“第三方从地形图中提取的用于生产和销售另一幅地图的地理信息，在提取后仍保留了足够的信息价值，可归类为该条款所指的“数据库”的“独立资料”。Case C-490/14 Verlag Esterbauer EU：C：2015：735.

56. Directive 2006/115/EC of the European Parliament and of the Council of 12 December 2006 on rental right and lending right and on certain rights related to copyright in the field of intellectual property[2006] OJ L376/28.

57. Directive 2001/29/EC of the European Parliament and of the Council of 22 May 2001 on the harmonisation of certain aspects of copyright and related rights in the information society[2001] OJ L167/10.

58. BGH in(2009) GRUR403；BVerfG in(2016) NJW 2247.

59. BGH in(2017) K&R 576.

60. 前注 7，COM(2016) 593 final。《数字单一市场指令》草案第 3 条第 1 款规定："成员国应当在立法中明确关于信息社会协调版权及相关权利某些方面的指令第 2 条、数据库指令第 5(a)条和第 7(1)条和本指令第 11(1)条所规定权利存在例外情形，即允许研究机构基于其科学研究目的为开展文本与数据挖掘工作对作品等可合法使用的内容进行复制或提取。"

61. 前注 19， Zech 文，第 74 页；前注 4，Data Economy SWD，第 43 页。

62. 前注 4，Data Economy SWD，第 34 页。

63. 前注 13， Zech 文，第 15 页。

64. 参见前注 1，OECD 文，第 195—196 页；前注 13，Drexl 文，第 6 页、第 39 页。

65. 参见前注 19，Hugenholtz 文。

66. See e.g. Hertel v. Switzerland App no 25181/94(ECtHR，25 August 1998).

67. See (for copyright) Ashby Donald and Others v France App no 36769/08 (ECtHR，10 January 2013).

68. 前注 1，OECD；see also European Commission，'A Digital Single Market Strategy for Europe' COM(2015) 192 final，14："大数据、云服务和物联网是欧盟的核心竞争力。" Hargreaves et al.，'Standardisation in the area of innovation and technological development，notably in the field of Text and Data Mining' Report from the Expert Group to the European Commission(2014).

69. See Dammann v. Switzerland App no 77551/01(ECtHR，25 April 2006).法院认为："收集信息是新闻工作中必不可少的准备步骤，也是新闻自由固有的、受保护的内容。"令人惊讶的是，在《数字单一市场指令》提议的"文本和数据挖掘"例外中，出于新闻目的的数据挖掘似乎被忽略了。

70. Max Planck Institute for Innovation and Competition，'Data Ownership and Access to Data'，Position Statement of the Max Planck Institute for Innovation and Competition(2016) Max Planck Institute for Innovation & Competition Research Paper No.16-10，2.

71. 前注 4，Data Economy Communication，第 7 页。

72. 前注 68，COM(2015) 192 final，第 14 页。

73. 前注 13，Drexl 文，第 66 页。

74. 参见前注 13，Drexl 文，第 41 页以下；前注 66，Max Planck Institute Position Statement；另见前注 4，Data Economy SWD，第 36 页以下。

75. European Commission(DG Internal Market and Services)，"Working Paper：First evaluation of Directive 96/9/EC on the legal protection of databases' (12 December 2005) 5.

76. 同上注，第 22—23 页。

77. Feist Publications，Inc.，v. Rural Telephone Service Co.，499 U.S. 340(1991).

78. 前注 75，DG Internal Market and Services，第 24 页。

79. Note that the European Commission has launched a public consultation on a possible review of the Database Directive on 24 May 2017，see 〈ec.europa.eu/digital-single-market/en/news/commission-launches-public-consultation-database-directive accessed〉 23 August 2017.

80. Maurer/Hugenholtz/Onsrud，'Europe's database experiment' (2001) Science 789.

81. See in this respect the contribution by Reda，in this volume.

第五章　关于数据的财产权? 101

丹尼尔·齐默*

一、概　述

梅赛德斯新款E级轿车的驾驶员将享受到许多便利：该车配备了摄像头和雷达系统，使其能够根据相应的速度限制调整车速，并与前车保持预先设定的距离。路上的突然障碍物会触发紧急刹车或协助驾驶员小心躲避障碍物。当汽车内置的雨水传感器发出降水信号时，挡风玻璃上的雨刷会自动启动。[1]

这些操作都会生成数据，其中大部分数据通过加密链接发送给汽车制造商。加密是为了保护驾驶人信息不被泄露，例如，敏感的位置数据不被泄露给第三方。但这也符合制造商的利益，因为如果只有汽车制造商能够获取客户的数据，那么只有它才能将这些数据用于生产经营目的。

制造商与导航服务提供商TomTom合作，利用汽车移动的数据为驾

---

* 作者系波恩大学商法和经济法教授。

驶员提供尽可能准确的路线建议，并在交通堵塞时发出警告。此外，戴姆勒公司希望利用其客户未来驾驶习惯的数据，允许其内部汽车保险公司在个人基础上计算保险费：那些小心驾驶的人付的钱比其他被保险人更少。[2]此外，汽车制造商可以从汽车的维修状态信息中获利：当汽车需要保养时，制造商的内部车行可以向车主发送维修报价。来自整个车
102 群的雨量传感器数据的分析在未来可能比最好的常规气象服务提供更准确的天气预报。

不少市场主体都对所谓的用户数据感兴趣：除了汽车制造商的保险公司之外，其他保险公司也可能希望向驾驶人提供个性化报价。只要制造商将收集到的数据保密，这种竞争性的报价是不可能的——除非第二家保险公司能够说服潜在客户在汽车上安装第二个数据传输器，或者通过驾驶人的智能手机发送永久性的移动数据流。此外，不受某个制造商约束的独立车行可能对获取汽车传输的数据有兴趣，以便提供自己的维修服务。

对于公司来说，控制收集到的数据变得越来越困难，因为这些数据通常是无线传输的，比如我们在前文第一个例子中提到的汽车数据。在“工业 4.0”的发展过程中，越来越多的不同公司制造的技术仪器相互之间开始进行数字化通信。数据不是在收集数据的公司住所中保存，而是存储在“云端”。此外，许多公司引进外部服务提供商来处理他们的数据。由于第三方获取数据的可能性越来越大，业内人士开始呼吁对数据创设“财产权”。

二、讨　论

最近几个月，专家们同行业协会及学术界在布鲁塞尔和柏林举行会议，就数据方面建立产权的利弊交换了意见。这种讨论不仅是为了找到最适当的方法以解决具有挑战性的法律困境。它还涉及有形的经济利

益：由于数据在工业、贸易和服务业的潜在商业用途，许多评论员将其视为 21 世纪最重要的商品。[3]

欧盟委员会委员冈瑟 · 奥廷格(Günther Oettinger) 最近提议制定一部 103
“数据民法典”。[4]鉴于民法典对动产和不动产的财产权、占有权和租赁权设定了明确规则，奥廷格认为，我们现在需要一部适用于数字时代的民法典，以详尽无遗地规范围绕数据权产生的问题，该法典必须在欧盟层面实施。

在目前适用的法律中，没有关于数据的具体“财产权”规则。然而，那些收集数据的人并非没有保护。对于合同伙伴，公司可以通过协议保护自己的利益：在我们于前文提到的首个实例中，戴姆勒公司可以在与 TomTom 的合同中明确规定，在何种目的下导航服务可以使用传输的车辆移动数据，何种情形下不得使用这些数据。

就第三方而言，数据收集者的法律地位因不同的法律规定而有区别。在德国，刑法禁止对受到特别保护以防止未经授权获取的数据实施商业间谍行为。[5]反不正当竞争法禁止使用技术手段获取第三方的商业秘密或营业秘密。[6]这些规则使起诉通过“侵入”公司加密系统获取用户数据的人成为可能。这两项法律条款都通过惩罚威胁加强了公司寻求通过技术手段实现的事实保护，比如对其收集的用户数据进行加密处理。

加密数据并不是唯一受到保护的对象：德国联邦最高法院(Bundesgerichtshof，BGH)禁止一家出版公司使用另一家公司收集并每周发布的某些歌曲成功程度的数据(销量数字和电台播放率)来创建自己的排行榜。德国联邦最高法院根据保护数据库投资的条款作出禁令。[7]这
些法规所依据的《数据库指令》[8]的目标是激励人们创建用于保存和处 104
理现有信息的机制。[9]然而，法律专家们普遍认为，收集和保存数据的最初行为不属于数据库保护的范畴。[10]

如果汽车制造商戴姆勒不对其合作伙伴 TomTom 在处理传输的车辆移动数据方面施加任何特殊义务，那他也不能反对进一步使用这些数

据，例如，在创建交通流的元分析。同样，如果两家公司之间的合同没有这方面的条款，戴姆勒也不能对 TomTom 出售数据给其他人采取行动。因此，数据可能会落入与最初收集这些数据无关的公司手中。

当亚马逊这样的贸易公司保存其客户的购买历史数据时，情况也是如此。如果将客户以前的购买记录信息用于为将来的购买提供合适的建议，那么这些信息可能非常有价值。[11]但是，仅仅保存数据的行为现在不会而且迄今为止从未受到特别保护相关的法律所调整。

如果创设了一种新的数据财产权，“所有者”可以禁止他人使用其数据。在前文举示的 TomTom 与第三方共享数据的例子中，戴姆勒可以禁止这些公司使用相关数据。部分学者将通过类比有形财产以论证数据
105 财产权的正当性。[12]然而，这种类比并不合理。法律体系授予有体物(包括土地)财产权的原因是对有体物的竞争性使用通常是不可能的：如果有人吃了蛋糕，其他人就不能享受蛋糕。若有人在别人耕种的田地里收割，那投资播种的人就不再有产出了。为了避免这种冲突，法律以财产的形式规定了独占使用权。[13]

相比之下，数据只不过是机器可读形式的信息。一般说来，法律没有对信息赋予独占性财产权，其理由也非常充分：对信息而言，不会出现在有体物中产生的财产权冲突问题。数据可以通过点击鼠标进行复制且多人可以使用复制的信息而不会发生冲突。[14]如果某甲处理信息，并不能妨碍某乙、某丙和某丁同时使用同一信息。某甲不需要通过财产权来防止相关信息不被某乙、某丙和某丁使用以保留自行使用该信息的可能性。对于信息这种性质的商品，许多人同时进行消费而不需要额外成本，经济学家称其为非竞争性消费。[15]

一些法律学者将他们对数据财产权的呼吁建立在与版权类比上。然而，若认真审视，这种比较也不那么有说服力：作者因为他们的创造性行为而受到保护。[16]戴姆勒或亚马逊等公司收集用户数据的行为并不能与创造性行为等量齐观。[17]

如果某人对某一特定信息拥有独占性使用权，他可以禁止任何人使

用该信息。这种权利将不必要地排斥他人使用，从而可能减少社会福利。[18]对某些甚至所有数据的独占性使用权的无条件承认可能会导致客户关系的“垄断”。这就是争论的核心：一个新的财产权将创造一个具有绝对效力的专有权——其效力及于所有人——这将限制公司之间的竞争。[19] 106

现代数据保护法的演进主要体现为对个人数据的保护，为本文所述问题的解决方案提供了一个参照。然而，到目前为止，数据保护法一直被认为只是一部防御性法律：个人可以不受未经其许可收集、处理或使用其个人数据的行为的影响，还可以要求被告知哪些与其有关的个人数据已被保存。超出这一范围的请求(例如，要求获得被收集数据)则无从实现。[20]奔驰汽车的驾驶人不能要求制造商向他发送一份囊括了收集到的有关其汽车行驶、加速和刹车数据的文件。

其他公司收集的个人数据普遍缺乏“可携带性”权利，这使得公司垄断了客户关系：如果只有一家公司能向客户提供量身定做的服务，那么它就有客户。这意味着没有出现竞争，消费者支付的价格高于实际需要，社会福利随之减损。相反，如果创设个人数据可携带权(基于个人的数据保护法进一步发展的成果)，则消费者将能够触发竞争。

2018 年 5 月，《通用数据保护条例》(GDPR)[21]引入了数据可携带权。个人将有权要求以结构化、习惯性和机器可读的格式向其提供个人 107
数据。[22]在具备技术可行性的情况下，个人还可以将个人数据直接传输到另一家公司。数据可携带权促进了有利于实现消费者利益的竞争。它对竞争的积极影响能达到何种程度，将取决于可移植性概念的具体设计及其在实践中的应用——魔鬼往往隐藏于细节之中。[23]

三、结　论

本文的结论喜忧参半：一方面，就授权数据的商业使用而言，需要更多的清晰度和法律安全性。那些收集了用户数据的人实际上可以在很大程度上保护相关数据不被未经授权的人使用。加密和合作协议为此提供了基础。[24]但在细节上仍存在不稳定因素：例如，所谓的数据库保护的影响有多大？ 法律上的不安定性是经济生活机器中的沙子。国际上不一致的条款使得国内市场经济活动的成本畸高。这就是为什么我们应该赞成欧盟委员会的倡议，即制定统一和明确的欧盟数据使用规则。这种将商业数据使用法具体化的做法，将是对《通用数据保护条例》相关规定的合理补充。从 2018 年开始实施的《通用数据保护条例》的目标是保护人格权。

然而，我们必须警示仓促立法的危害。关于数据财产权假设可能会给竞争带来新的障碍。相比之下，目前的法律状况虽然在某些方面比较模糊，有待进一步改进，但总体上仍相当平衡。

注释

1. 这个例子，以及这篇文章的大部分内容，都是基于作者在报纸上的一篇文章。'Fragwürdiges Eigentum an Daten' Frankfurter Allgemeine Zeitung(18 November 2016) 16.

2. 另见 German Monopolies Commission，'Special Report No.68 Competition Policy：The challenge of digital markets'(2015) para 71。

3. 参见 Weber，'Information at the crossroads of competition and data protection law' (2014) ZWeR 169，171；同上注，German Monopolies Commission，recital 65；Körber，'Konzeptionelle Erfassung digitaler Plattformen und adaquate Regulierungsstrategien' (2017) ZUM 93，95 et seq。

4. Oettinger，'Wem gehoren die Daten?' Frankfurter Allgemeine Zeitung(14th October 2016) 19.

5. § 202a StGB.

6. § 17 UWG.

7. BGH in(2005) MMR 754；see also for a detailed analysis of property rights of database providers Zech，' "Industrie 4.0" —Rechtsrahmen fur eine Datenwirtschaft im digitalen Binnenmarkt'(2015) GRUR 1151，1156 et seq.

8. Directive 96/9/EC of the European Parliament and of the Council of 11 March

1996 in the legal protection of databases[1996] OJ L77/20.

9. See Recital 39 et seq., as well as Arts 3 and 7 of the Database Directive.

10. Ensthaler, 'Industrie 4.0 und die Berechtigung an Daten' (2016) NJW 3473, 3474—3475; Leistner, 'Urteilsanmerkung zu EuGH BHB v William Hill' (2005) JZ 408, 409; v. Gerlach, in Killian/Heussen(eds), Computerrechts Handbuch(33rd edn, C.H. Beck 2017) sec. 1, part 5, copyright, at A. II. para 44; Zech, 'Daten als Wirtschaftsgut—Überlegungen zu einem 'Recht des Datenerzeugers' (2015) CR 137, 143; Zieger/Smirra, 'Fallstricke bei Big Data Anwendungen' (2013) MMR 418, 419—420. See also Ehmann, 'Big Data aufunsicherer Grundlage—was ist "wesentlich" beim Investitionsschutz fur Datenbanken?' (2014) K&R 394, 397.

11. See Holzweber, 'Daten als Machtfaktor in der Fusionskontrolle' (2016) NZKart 104, 106.

12. Grosskopf, 'Rechte an privat erhobenen Geo- und Telemetriedaten' (2011) IPRB 259 et seq.; Hoeren, 'Dateneigentum—Versuch einer Anwendung von § 303a StGB im Zivilrecht' (2013) MMR 486 et seq. See also Dorner, 'Big Data und "Dateneigentum", Grundfragen des modernen Daten- und Informationshandels' (2014) CR 617, 619 et seq; Ensthaler(n 10) 3475 et seq.

13. Zech, Information als Schutzgegenstand(Mohr Siebeck 2012) 276 et seq. See also Ellger, Bereicherung durch Eingriff(Mohr Siebeck 2012) 515; 前注 10, Zech 文，第 140—141 页。

14. 前注 10，Zech 文，第 139 页。

15. Schepp/Wambach, 'On Big Data and Its Relevance for Market Power Assessment' (2016) JECL&P 120, 121.

16. See § 2(2) UrhG.

17. See Haberstumpf, 'Der Schutz elektronischer Datenbanken nach dem Urheberrechtsgesetz' (2003) GRUR 14, 22; Wiebe, 'Schutz von Maschinendaten durch das sui-generis-Schutzrecht fur Datenbanken' (2017) GRUR 338; 前注 10, Zech 文，第 138、141 页。

18. 前注 2，German Monopolies Commission，第 106 段；前注 15，Schepp/Wambach，第 121 页。

19. Drexl et al., 'Ausschließlichkeits- und Zugangsrechte an Daten—Positionspapier des Max-Planck-Instituts fur Innovation und Wettbewerb vom 16.8. 2016 zur aktuellen europäischen Debatte' (2016) GRUR Int. 914, 915.

20. BGH in(2009) NJW 2888, 2891；另见前注 7，Zech 文，第 1154 页。

21. Regulation(EU) 2016/679 of the European Parliament and of the Council of 27 April 2016 on the protection of natural persons with regard to the processing of personal data and on the free movement of such data[2016] OJ L119/1.

22. 见《通用数据保护条例》第 20 条。

23. 前注 2，German Monopolies Commission，第 105—106 段。对具体问题更细致的分析参见 Julicher/Rottgen/v. Schonfeld，'Das Recht auf Datenubertragbarkeit—Ein datenschutzrechtliches Novum' (2016) ZD 358；前注 3，Weber 文，第 178—179 页。

24. 前注 19，Drexl et al.，第 915 页。

第六章　数据权：经济学视角下的《打造欧洲数据经济》 109

沃尔夫冈·科贝尔*

一、引　言

2017年1月，欧盟委员会发布了《打造欧洲数据经济》的报告[1]以及附随的《职员工作报告》(以下简称《数据经济 SWD》)。[2]这是致力于解决欧盟市场的法律和监管框架[3]如何应对新型数字经济问题的政策方法的一部分，在数字经济中数据被视为创新和福利的关键资源。尽管该报告涉及欧盟内部数据的自由流通、法律责任、数据可携带性、数据互用性和数据标准等问题，但主要问题是“数据获取和传输”，欧盟委员会认为大部分数字经济中生成的数据没有得到充分共享和使用。报告不关注受欧洲数据保护法保护的个人数据，而是聚焦非个人属性的机器生成数据(特别是原始数据，例如通过传感器生成的数据)，这些数据将在智能制造和物联网中发挥越来越重要的作用。由于财产权通常不能保护

---

* 作者系马尔堡大学经济学教授。

此类数据，因此直接引发相关学术讨论：在(非个人属性的)机器生成(工
110 业)数据之上创设新型特殊知识产权的设想。[4]由于大部分数据仅在企业
内部使用，未与其他公司共享和重组，报告提出了许多针对性的政策建
议，包括引入独占性的“数据生产者权”以及对私主体持有数据的强制
获取权。[5]可以说，欧盟委员会引领了关于“数据权”讨论的前沿话题。

本文旨在从经济学角度分析报告中的核心问题、正当性理由和政策
建议。[6]本文聚焦新型数据权利的定义问题，特别是在数据生产者权是
否应为专有财产权的同时，还应对数据获取权予以关注。在某种程度
上，本文的观点在报告发布之前的论文中已经形成，[7]当时笔者从经济
角度分析了是否需要在数字经济中创设针对非个人数据的新型知识产
111 权。在该文中，笔者的结论是，根据目前的理论和经验知识，无需为非
个人数据引入新型知识产权，这种新的独占权甚至可能对法律确定性、
数字经济中的竞争和创新产生严重的负面影响。但是，“数据权”这个
更具普遍性的问题非常复杂，到目前为止还没有得到充分的解释。本文
打算通过以下两种方式从经济学角度展开分析：(1)分析和评估报告中有
关数据经济问题的理由以及欧盟委员会的政策建议；(2)尝试阐明和扩展
有关数据所有、数据权和数据治理的讨论，并为必要的研究方向提供指
引。欧盟委员会提出的政策问题是经济政策问题，这意味着数据是否需
要新财产或数据获取权的问题必须从以下方面切入：市场失灵的存在以
及何种法律规则和权利可以帮助矫正这些市场失灵并促进市场发展。从
法律的角度看，这是一种实用性方法，使用经济学作为分析工具，以更
好地理解关于竞争、创新和福利方面的有关数据的不同法律法规和权利
的影响。

本文的结构如下：第二部分简要介绍报告中有关数据获取问题的主要论点、目标和政策建议(包括对建议的“数据生产者权”的说明)。第三部分聚焦有关数据的基本经济特征(非竞争性和排他性)的论证，探讨缺乏数据生成激励问题的原因。第四部分将讨论数据交易潜在的市场失灵问题以及报告中的相应政策建议。由于“议价能力不平等”，欧盟委

员会对数据的合同安排颇为忧虑，因此第五部分将试图阐明这一问题并
讨论数据生产者权是否有助于解决这些问题。第六部分通过引入对私有 112
数据的获取权来解决数据获取问题，特别是存在多方利益相关者的情况下，数据获取权可能在更广泛的数据治理解决方案中扮演重要角色。第七部分给出结论：不能推广数据生产者权，但是受限定的数据获取权可能是特定部门进行数据治理解决方案中的重要组成部分，这些解决方案还需要开展更具体的研究。

二、报告中的数据获取权和数据生产者权：概述

由于大多数机器生成数据的持有者不会允许对其数据的获取，而只是自己(内部)使用它们，这就导致欧盟委员会最关切的问题，即如何充分实现数据经济繁荣的愿景难以实现。从实践经验来看，数据共享和数据再利用的实例并不多见，数据市场也只是缓慢出现且未被广泛使用。[8]在其他经济环境下，允许进一步获取这些数据以进行再利用，将在数字经济中带来更多收益并促进创新。因此，报告的主要目标是增加对机器生成数据的获取和共享。[9]但是，欧盟委员会还发现一个问题，即用户购买设备的制造商通常实际上控制着该设备产生的数据，并防止用户授权他方使用数据。[10]因此，未来的欧盟数据获取框架[11]应该实现的目标更为广泛。报告列举了五个目标，从经济角度可以将其归结为三个不同的主要目标：[12]

1. 便利获取和共享机器生成数据；

2. 保护投资、资产和机密数据，并确保对促进创新的投资带来公平 113
回报；

3. 确保在价值链中的数据持有者、处理者和应用程序提供商之间公平地分享利益，并解决公司和私主体(特别是中小企业和初创企业)议价能力不平等(例如“锁定效应”)的问题。

第一个目标涉及非竞争性数据再利用的经济利益，第二个目标涉及数据和创新投资的间接激励，第三个目标似乎集中于数据利益的公平分配问题，尤其是在 B2B 和 B2C 背景下，如何解决市场议价能力不平等的问题。

根据这些问题和目标，报告讨论了许多特定的政策选项。仔细分析六项建议措施可得出三组主要的策略：[13]

(1) 第一组可以解释为通过合同促进数据共享和交易的措施(指导合同中如何处理数据控制权、促进可靠识别和交换数据的技术解决方案，以及可以作为数据相关合同基准的默认规则)。[14]但是，他们不仅打算降低交易成本，而且还希望处理谈判公平和谈判地位不平等的问题(例如，通过 B2B 合同关系中的不公平性控制)。[15]

(2) 第二组措施旨在通过对私有机器生成数据引入强制获取权来解决数据获取问题。这种数据获取权包括公共机构出于“公共利益”和科学目的实施的行为，但报告还建议私主体(例如基于 FRAND 条款)强制性获取私人拥有数据的权利，实际上是“强制许可”[16]解决方案。[17]

114 (3) 第三组措施即引入新的“数据生产者权”，该独占性权利赋予(数据生产)设备的所有人或长期用户对相应数据的独占性使用并授权他人使用的权利。这项权利的主要目的是澄清法律状态，对数据生产者利用其数据提供更多选择，并有助于化解机器生成数据的锁定效应问题。[18]

因此，报告采取的措施致力于增加可获取的数据，一方面降低数据交易和数据许可的成本(提升数据获取便利性的法律)，另一方面设定有关数据获取权的强制性法规以及对机器生成数据引入新的独占性权利。

由于欧盟委员会深知“数据生产者权”潜在的长远影响，因此《数据经济 SWD》全面讨论了这个问题。[19]该权利涵盖非个人或匿名的机器生成数据，但是，该信息仅应在语法层面(作为“符号”的数据)受到保护，而不应在语义层面(数据的意义)受到保护，即数据仅应作为汇编信息进行保护。需要强调的是，不应将其视为“超级知识权利”。[20]一个棘手的问题是应向谁授予这种新型数据生产者权。欧盟委员会提出了几个标准，特别强调在数据创建方面投入资金的主体，同时也提到设备的制造商和经济运营商。令人惊讶的是，报告明确将设备的所有人或长期用户识别为应授予专有权的数据生产者。[21]但也应该有例外情形，特别是“制造商或公共机构应提供数据的非排他性获取”。[22]有趣的是，《数 115
据经济 SWD》明确讨论了将数据生产者权设定为绝对权(类似于物权)还是仅作为一项纯粹的防御性权利来保护数据持有者事实上的“占有”，例如，类似于保护商业秘密的技术诀窍来防止数据的非法盗用。报告中未提及该选项，但与许多法学学者所主张的选择不引入独占性财产权而是依靠并可能改善当前的法律状况相似，该选择本质上已经为数据事实上的持有人提供了一些(防御性)权利(主要也是通过商业秘密保护)。[23][24]

三、数据的经济特征：非竞争性、排他性和缺乏激励(的谜题)

报告中明确或暗含的关于数据和数据经济性的基本经济论证是什么？ 一个关键问题涉及数据的经济特征。数据的使用是非竞争性的，因此应尽可能多地使用，这是报告中的核心假设之一。该假设基于以下经济学观点：对允许尽可能多地获取数据有利于产品和服务的创新(数据驱动的创新)。[25]从这个角度来看，考虑到许多公司收集的数据没有使 116
用或仅在内部使用，并且没有提供给其他公司使用的现实，引起了可能出现的市场失灵问题。因此，欧盟委员会将重点放在数据获取、数据共享和数据传输问题上无疑是切题的。但是，在解决这些问题之前，我们必须先考察这些数据的生产问题。

可以将数据视为非竞争性的无形商品这一事实，导致学术讨论中出现了这样一个问题，即是否应采用类似于知识产权的方式来保护数据。[26]这是因为数据的非竞争性特征不支持对物理属性的类比，而使用中的竞争性为有形财产授予独占性权利提供了主要依据。但是，对创新成果和独创性作品提供独占性知识产权保护的主要理由一直是有必要解决生产这些无形商品的激励问题，由于通过知识溢出(或直接复制)进行模仿的行为将会使得创新或创意作品的付出得不到充分的回报，因此需要进行激励。从经济学的角度来看，这是有关数据产权讨论中令人惊讶的表现之一，没有人声称存在激励问题，即由于太快的模仿或复制而导致生产数据的激励不足。有趣的是，从经验上看，似乎不存在类似于众所周知的受知识产权保护的数字商品方面的严重的数据复制问题。尽管《数据经济 SWD》简要提到了有关数据的投资，[27]但它从未回应数据经济是否会因为激励不足而影响数据生产，进而需要数据产权来解决这种激励问题。欧盟委员会似乎暗中假设：与学术界关于数据所有权的讨论非常一致的是，在生产数据的激励机制方面不存在市场失灵，问题
117 主要在于对现有数据的获取和共享。但是，如果确实不存在数据生产的激励问题，那么对于非竞争性的无形商品来说，支持独占性知识产权的经济原理就无法奏效，支持“数据生产者”的这些理由也就无法成立。[28]

笔者同意一种普遍性的看法，即所生产的数据呈指数增长的经验证据，也可以预期在未来持续甚至加速增长(尤其是通过物联网的传感器数据)，[29]这种现实并不支持对数据经济遭受生产数据缺乏普遍激励问题的严重关切。然而，为了正确理解数据经济和建议的政策措施的效果，有必要澄清为什么这种激励问题似乎并不存在：如果数据生产者的收益大于成本，就会生产数据。一种可能的解释是，生产数据的成本为零或非常低。如果数据是其他生产过程的副产品，这种解释可能属实。如果数据生产具有很大的经济规模和范围，那么至少生产额外数据的边际成本可能接近于零。然而，在大多数情况下，数据收集有相当大的固定成本，例如生产和安装传感器，或提供“免费”服务以换取从用户收集数据的可能性。在最近的讨论中，还强调了“整理”数据可能会花费大量成本，即确保数据质量、记录数据来源并将其转换为允许使用这些

数据的格式(互用性)[30]的成本。就个人数据而言，必须征得同意并妥善
保存，同时对个人数据进行有效的匿名化也将产生成本。因此，不能假
设生产数据集的成本通常为零或非常小。相反，我们可以预期，数据生
产的成本可能会大不相同，具体取决于数据的类型以及它们所处的经济
和技术环境。数据生产的这些成本也可以应用于有关数据投资保护的讨 118
论中。[31]

如果数据制作不是没有成本的，那么缺乏一般性激励的问题就意味着数据生产者可以从这些数据中获得足够的收益来弥补成本，亦即通过自己使用数据或让他人通过数据共享来使用、交易和许可这些数据。确保收入可能性的重要前提是数据的第二个经济特征，即数据持有人通常能够排除他人使用其数据(可排他性)，特别数据保密(例如加密)。从实践经验来看，如果数据在内部存储和使用，对数据保密似乎不成问题。[32]数据持有者可以将其数据商业化，例如通过使用它们来创新或改进自己的产品，或用于向其客户出售其他服务(例如，预测性维护和数据分析)。另一个重要的选择是，生成的数据仅在内部用于开发和向其他公司提供基于数据的服务(例如，定向广告)。因此，不能将数据直接提供给其他公司并不能得出以下结论：这些数据中的信息没有提供给数据经济中的其他公司。通过谷歌和脸书的定向广告服务，许多广告商可以使用这些公司庞大的数据集中的信息，而无需直接获取这些数据。因此，我们也应该保持谨慎，如果这些公司自行持有数据且并未确立对数据的直接获取，并不得直接得出相应数据使用充分的结论。

获取已生产数据收益的另一种途径是将数据直接出售或许可给其他公司使用，这将把数据生产的激励问题与数据交易问题联系起来。如果数据市场存在严重的市场失灵，那么出售或许可数据的收入过低可能导致数据生产的激励不足，从而导致数据生产的不足。销售或赋予数据获取权(许可)的潜在市场失灵问题之一是，购买者(或被许可人)不应将数据转售给他人。这再次提出了一个问题：数据的排他性能否得到保证？

也就是说，如果数据持有人通过数据交易向其他公司授予对数据的获取
119 权，它就可以控制数据的使用。技术和合同限制均可用于解决此问题(前提是这些限制有效)，数据持有者就能确保其对数据的实际控制，即是在允许其他公司直接获取数据的情况下亦是如此。在第四部分的讨论中，我们将发现到目前为止，没有任何经验证据表明技术和合同限制不能足够有效地确保在数据交易的事实控制(并因此而具有排他性)。所有这些都得到了以下事实的支持：我们没有发现严重的数据复制问题。

这项分析得出什么结论？ 尽管存在数据生产的成本，但并不存在一般性的激励问题，事实上的数据“所有权”(通过“事实上的排他性”)似乎能够让企业从它们的数据中获得足够收益，这就排除了通过独占性财产权进行保护的必要性。但是，该结果还意味着——由于数据生产的成本——这种对私人持有的数据进行事实上的控制对于维持数据生产的激励是必要的。这对评估有关强制获取这些数据的政策建议是一个重要的启示。

但是，对数据经济学的深入分析将表明，在不同的经济和技术环境下，数据生产的成本和收益条件可能会非常不同。此外，在数据生产的成本和收益方面也可能会存在相当大的正负外部性，这一方面导致数据生产的私人成本和社会成本之间存在差异，另一方面导致数据的私人收益和社会价值存在差异。根据这些情况，对数据生产的激励可能过度或不足。因此，我们在经验上认为不存在因激励措施不足而导致的普遍性数据生产不足，但这并不意味着激励措施总是最优的，也并不意味着不存在多种不同类型的数据，对这些数据的激励措施要么不足，要么过度，导致某些种类的数据生产受到相应影响。因此，我们也不能排除由
120 于数据生产方面的激励问题而导致的市场失灵。[33]无论是报告还是《数据经济 SWD》都没有提出这样的问题：对于某些种类的数据，是否会有生产数据的激励问题？ 这是否会成为一个影响数据经济繁荣的问题？对这一问题的回应显然需要更深入的研究。

四、 关于数据交易的市场失灵？ 一个开放的问题

在学术讨论中，对机器生成的非个人数据引入独占性财产权的最重要论据是增强其在市场上的可交易性。我们从关于传统知识产权的讨论中判明，专利和版权可以帮助减少销售和许可创新成果与独创性作品的交易成本。因此，这种交易成本论证也可能为“数据生产者权”提供理据。[34]为了回答这个问题，我们必须从经济角度分析数据的交易和许可市场是否遭受阻碍市场效率的市场失灵。从经验上看，这些市场尽管迅速扩张，但仍处于欠发达和分散状态，这引起了进一步的关注。从这个角度来看，《数据经济 SWD》首先对有关数据和数据市场共享的认知进行调查无疑是恰当的。然而，问题在于，尽管一些关于数据交易和数据市场的首次实证研究为数据交易问题提供了一些启示，但是到目前为止，我们还没有对数据市场的交易问题进行全面分析。因此，在《数据经济 SWD》中，只描述了数据市场的现状以及数据共享和数据交易的程度，而没有分析数据市场上真正的交易问题以及市场失灵问题，这毫无奇怪。[35]然而，这种分析对于制定能够使数据市场更加有效的政策措施是必要的。

我们对数据市场的问题了解多少？ 首先，数据交易可以非常不同 121
的形式实现，例如通过数据经纪人、数据市场以及具有许多不同的商业模型和合同安排。在库特鲁比斯(Koutroumpis)等人关于数据市场的理论研究中，数据交易被分为四类：“一对一”(双边交易)，“一对多”(分散市场)，“多对一”(数据收集，例如向单个买方提供“免费”服务的数据)和“多对多”(多边市场)。[36]数据交易的收益正在迅速增长，但是在美国和欧盟都没有完备的(多边)数据市场供数据的买卖双方直接进行交易。[37]这与库特鲁比斯等人的观点一致，即特别是“多对多”市场似乎存在很大的交易问题。[38]迄今为止，针对欧盟的少数实证研究并不支持

以下论点：数据所有权或数据排他性的法律问题是数据市场的主要问题。这些研究中提到的问题是：对数据的需求不足(源于对数据价值的认识不足)，互用性问题和缺乏标准、数据定价方面的问题、缺乏数据共享的开放平台，以及熟练的数据工作者数量不足，[39]在最近的讨论中还出现了数据质量和数据来源的问题。数据对买家的价值在很大程度上还取决于数据的质量和来源。这包括有关数据类型、其正确性和完整性、是否被合法收集(符合隐私保护的法律或进行适当的匿名化处理)以
122 及其产生的背景和方式(即使用哪种方法)的明确信息。[40]如果这些方面的信息不披露(或无法核实)，则数据市场由于信息不对称(如逆向选择)而可能遭受典型的市场失灵问题。卖方或数据市场(如果他们提供数据核验服务的话)的声誉是否可以解决这些问题依然悬而未决。

尽管关于数据交易的经验和理论见解的马赛克式画面正在慢慢出现，但是仍然缺少对市场失灵问题的全面分析。[41]针对我们是否需要独占性的数据生产者权，决定性的问题是这些卖方或数据市场是否可以确保(例如，通过监测或数据可追溯性)购买者不会通过泄漏商品或服务给第三方而违反其数据许可合同。如果事实证明这是一个严重的问题，并且通过技术限制和数据可追溯性无法解决，那么具有可能起诉此类第三方的独占性财产权可能会再次成为一种有趣的政策选择。但是，目前尚不清楚报告中建议的“数据生产者权”如何帮助解决其他交易问题(例如数据质量问题)。[42]

然而，所有这些问题都需要更多的理论和实证研究。这也使得我们难以评估报告中有关促进数据交易的其他政策建议。促进性措施非但没有问题，反而有可能提供帮助，例如指导如何在合同中处理非个人数据控制权或制定新的默示合同规则，因为这两者都提供了有助于降低交易
123 成本的机会。然而，在没有对交易问题进行明确分析的情况下，这种指导和默示合同规则应该如何设定，以及委员会或立法者是否真的能够提供比公司和律师(作为交易成本的工程师)在市场上通过开发数据方面的标准合同而逐步实现的更优化的解决方案，依然是一个开放的问题。报

告中的简要解释表明，指导意见和默示合同规则似乎更多的是为了解决公平问题，而不是真正关注交易成本。[43]更有趣的是，对于整个讨论的一个重要贡献是关于促进发展可靠识别和数据交换的技术解决方案的建议。数字经济的一个巨大的(但尚未充分讨论)问题是关于数据合同履行的可验证性。通过授予他人对这些数据的获取权来出售数据的公司如何检测获取数据的购买者是否仅以合同中约定的方式使用数据，尤其是不授予其他公司获取这些数据？ 如果无法检测和验证对合同的履行情况，那么数据交易就缺乏必要的信任。因此，“数据来源的可追溯性和清晰识别”的技术解决方案[44](例如通过“水印”)可能是实现数据交易和共享的有效市场的非常重要的前提条件。[45]这也与互用性和标准化问题(必然可以促进数据交易)以及有关应用程序接口(APIs)的讨论有关。[46]总体而言，这些政策选择可能有助于解决交易问题并降低交易成本，但是只有在仔细分析了真正的交易问题之后才能给出明确的政策建议，而针对不同类型的数据，这些问题也可能大不相同，在这一过程中全新的政策选择可能会出现并具有现实意义。

五、关于数据的分配和公平问题? 124

报告中反复提到的一个重要问题是，市场解决方案一方面可能受制于企业之间，另一方面是私人或其他企业(尤其是中小型企业)之间的“不平等的议价能力”。[47]欧盟委员会强调，促进共享机器生成数据的解决方案应考虑到市场参与者之间议价能力的可能差异，并且保证“在价值链中的数据持有人、加工者和应用程序提供者之间公平分享利益”。[48]关于政策解决方案，建议在 B2B 合同关系中引入不公平条款的法律控制，并结合默示合同规则，这些规则也可以作为与数据相关的合同的公平解决方案的基准。尽管也有可能将此问题与增加数据共享和交易的目标联系起来，但在报告中，该问题似乎被视为一个独立问题。这显然与学术文献中的类似观点有关，即私人主体和中小型企业可能无法通过市场上的合同安排获得数据收益的公平份额(或回报)。[49]此外，它还涉及一个更普遍的问题，即谁应该从相应情况下收集/产生的数据中受益。

问题在于，无论是报告还是《数据经济 SWD》，都无法对这种“不平等的议价能力”状况做出清晰的分析。[50]对于一篇文章来说，这是一个复杂的话题。但是，区分三组不同的问题可能有助于体系化讨论。第一组包括由于明显可确定的市场失灵问题而使一方比另一方弱势的情况。在某些情况下，根据竞争法的定义，相应公司拥有市场支配力。然后，由于缺乏竞争，就会出现“议价能力不平等”的情况。在这些情况下，拥有市场力量的公司也许有能力与私人或其他公司(尤其是中小型企业)缔结有关数据的合同，会导致对数据的实际控制或重新分配方面
125 产生“不公平”的结果。[51]议价中一方相对弱势的其他原因是信息不对称和行为偏见(尤其是在针对私人)。这可能会通过信息和行为问题导致更为普遍的市场失灵，而这些问题通常由消费者保护法(对于个人数据，也由数据保护法)处理。对于此类案件，存在解决这些问题的完善法律规则(竞争法、消费者保护法、数据保护法等)。

这些法律规则可能并未被视为能够解决所有问题。例如，根据《欧盟运行条约》第 102 条的规定，构成市场支配的标准较高。因此，政策制定者可能还会寻找能够应对较弱形式的市场力量的法律规则。在德国竞争法框架下，《德国反对限制竞争法》第 20 条还允许控制公司之间双边关系中的市场力量。欧盟委员会以及许多法学论著都考虑将《不公平条款指令》[52]中的不公平控制适用于 B2B 合同，为涉及数据的合同安排中“不公平”结果提供救济。[53]但是，我们应该怀疑该解决方案在多大程度上能够奏效。其主要问题是缺乏明确的适用标准，这可能会导致法律上的不确定性和对市场进行过多干预的危险，并且可能会产生错误的乐观态度，即这些政策选择(尤其是将不公平控制扩展到 B2B 合同)可以解决现有的问题。在建议之外，似乎有一个更广泛的共识，即对数据引

入独占性财产权(作为“数据生产者权”)不能通过对这些市场失灵的克服来解决“不平等的议价能力”问题，因为这些权利在一方有市场权力或信息不对等(或存在行为偏见)的情况下很容易被排除在合同条款之外。[54]因此，这组“不平等的议价能力”问题应首先通过针对这些市场失灵的常规政策方案来解决，即竞争法、消费者保护法和数据保护法。

第二类问题是特定数据由几个通常可以明确定义的利益相关者同时 126
生产或使用的情况，亦即多方利益相关者问题。例如，在智能制造、智能农业、智能能源、智能健康以及智能汽车领域通常会出现这种情况。[55]此时，各主体通常会共同为数据的生产作出贡献或需要相同的数据来改进其产品(和服务)并进行创新。决定性的一点是，在此类涉及多个利益相关方的情况下，“所有权”解决方案(其中只有一方可以唯一控制这些数据)可能无法发挥预期效果。重要的是，一方的这种独占性所有权是基于私人持有数据“事实上的排他性”还是基于明确的独占性财产权(如数据生产者权)并没什么本质区别。在一个复杂的多方利益相关者的情况下，在事实上或法律上赋予一个私主体对特定数据的排他性地位的问题在于，这种垄断性控制使其相对于其他利益相关者具有很强的议价能力。这样的地位可用于向其他利益相关者索取高昂的许可费或其他利好，它们都是“不公平”的(如数据留存)。我们将在下一部分结合数据获取权和形成更复杂的数据治理解决方案更为深度地讨论这一问题。但是这里已经可以得出一个重要的结论：授予一方专有的数据生产者权而非坚持目前数据持有者在事实上的排他性并不能解决这个问题。

但是，可能还会出现第三组问题，此处只能点到为止。这是一个独立于前两个问题之外的更具普遍意义的问题，即谁应该从分配的角度获得在数字经济中使用数据产生的利益，数据权利的结构可能会影响巨大的潜在利益分配。在有关数据所有权的讨论中，这也可能与市场关于谁获取数据(收益)的“不公平”预期结果相联系。对数据授予类似于财产的地位是否以及在何种条件下会影响数据利益的分配，必须从经济学角
度深入分析。这对于个人数据也很重要，因为欧盟数据保护法赋予个人 127

数据的权利在某种程度上类似于独占性权利。

六、 数据获取问题和数据获取权

报告在其分析中恰当地指出，可能存在如下问题：数据的私人持有导致无法充分获取和进一步使用数据。促进数据交易和许可是一种可能的解决方案。另一组解决方案包括直接措施，例如引入强制性数据获取的解决方案(或促进开放数据方案)使其他主体能够获取数据。为了进行更深入的分析，区分两组不同的情况可能会对回应为什么数据的独占性“事实控制”存在问题提供帮助：

1. 前者基于这样一个普遍的论点：如果非竞争性数据的使用不充分，效率就不高，尤其是在完全不同的经济环境(大数据和跨行业商业模式)中。在这种情况下，促进交易(和许可)和一般的强制性数据获取方案也可能是具有可行性的政策选择，例如出于公共利益(公共机构、公共统计、科学研究)的数据强制许可使用。

2. 后一组情形涉及多方利益相关者，要么由多方当事人共同为数据生产作出贡献，或有几方当事人具有获取同一数据的巨大经济利益诉求。前文已经提出数据权利的唯一所有权(无论是通过事实上的控制还是通过明确的财产权)可能不是最佳的“数据权利”解决方案，因为该
128 “唯一所有者”有可能利用这种垄断状态，架空其他利益相关者。[56]这不仅会导致上述通过不平等的议价能力产生的公平问题，而且还会导致高昂的交易成本(各个利益相关方的冲突)，从而抑制公司间基于价值链和价值网合作进行的投资。这同时意味着对经济效率和数字经济的创新产生负面影响。

关于多方利益相关者的情况，让我们简要考察两个例子。在智能农业中，来自农业机械的传感器数据对于农民和机械制造商(可能还有其他专业服务提供商)都非常重要。对于农民而言，获取不同制造商的所

有机器的传感器数据对提高其农业生产水平很有价值，对于制造商而言获取其生产的所有机器生成的数据对改进产品也颇为有益。[57]其他情况下的多方利益相关者可能要复杂得多。对智能汽车而言，利益相关者对其产生的大量不同类型的数据有浓厚兴趣。利益相关者包括车主、汽车驾驶员(和其他乘客)、汽车制造商、汽车零部件供应商、保险公司、独立维修服务和零件生产商、公共机构(交通执法和道路维护)，以及愿意向汽车乘客提供服务(例如媒体内容等)的各种公司。此外，(就像在许多未来的物联网应用程序一样)这些数据中也包含许多个人数据，根据数据保护法，个人享有相应的权利。[58]无论从法律角度还是从实际情况出发，对所有这些数据设定唯一的独占性财产权可能都不是最佳解决方案。因此，就有关谁应该对这些数据拥有何种权利而讨论更为复杂的解决方案也就不足为奇，尤其类似于智能汽车这样的复杂情形。当然，在智能家居设备(如有关能源效率的数据)或健康数据领域，也会出现类似问题。

解决此类多个利益相关方问题的一种重要方案是授予(非排他性的) 129
特定利益相关方以数据获取权。报告还建议将数据生产者利益与某些非独占性数据获取权(作为限制)结合起来，以解决如果一方被授予独占性数据生产者权时出现的问题。[59]但是，决定性的一点是，对于此类解决方案，我们不需要独占性的数据生产者权。在多利益相关方的背景下，也可以直接定义特定利益相关者的数据获取权，它可以对某些数据的事实所有者强制适用。对于独立维修服务的有关维修和保养信息的获取就是这种情况。[60]这也是马克斯-普朗克创新与竞争研究所建议的解决方案，作为引入数据生产者权的替代方案。[61]报告认为，解决此类问题的方法并不在于数据生产者权，而在于恰当规定特定利益相关者的数据获取权。[62]但是，从经济学角度看，不同的多方利益相关者在健康数据和农业数据、智能家居数据、能源数据等方面的技术和经济条件差异较大，部分原因与个人数据有关。因此，对于某些利益相关者的特定数据获取权是否能够发挥作用，需要对这些不同情况进行深入的法律和经济

130 分析。因此，针对此类多方利益相关者的最佳治理解决方案可能非常复杂且需要针对不同部门而有所区别。

但是，我们还应谨慎克制，防止在这种多利益相关者的情况下建议法律引入特定的强制性数据获取权。从经济学角度来看，竞争市场上的公司具有向客户和业务合作伙伴提供解决这些问题的数据治理方案的动机，例如，主动向最重要的利益相关者提供数据获取权。因此，也有必要表明为什么我们不能期望市场竞争会导致适当的解决方案。在通过授予特定的数据获取权介入市场之前，我们还必须在这种多利益相关方的情况下寻找市场失灵问题。在这方面，农民/机器制造商的示例可能与智能汽车的示例存在显著差异，因为后者的复杂性可能比前者大得多。可以假定，随着利益相关者的数量和种类以及使用数据的动机方面的复杂性不断增加，可能会在多利益相关方的情况下(由于高昂的交易成本)增加市场失灵的可能性。但是，这也正是未来研究的主题。

最终，数据获取权的问题也回到了我们关于数据生产激励问题的讨论之中。如果我们接受第三部分的结论，亦即缺乏一般的激励问题取决于使用和商业化数据的可能性(而不是无成本的数据生产的必然结果)，所有专注于对授予私有数据获取权的解决方案都必须平衡各方利益，如果授予数据获取权，可能会带来新的激励问题，这与通常允许获取某些数据(例如，通过公共统计信息或常规的强制获取方案)的解决方案以及多利益相关者的特定数据治理方案有关。因此，在讨论作为解决方案的数据获取权时，再次出现了(被广泛忽略的)数据生产激励问题。这并不意味着，如果数据持有人必须允许他方获取数据，就应该为他所控制的数据获得合理报酬的设定总是非常重要。对于传统的知识产权，经济学家和律师都同意，创新者应该从其创新成果获得足够收益，从而为创新提供激励，但是也不宜提供过度的激励。相同的逻辑也适用于数据生产，如果数据生产成本非常低甚至为零，则获取数据即使在没有报酬或
131 报酬较低的情况下也可能不是问题。但是，如果我们认为某些类型的数据生产成本很高，那么授予针对此类数据的强制获取权(或者要求高额

报酬)就应该更为谨慎。[63]

七、类型化数据治理方案，而非一般化的数据财产权和数据获取权

通过《打造欧洲数据经济》的报告，欧盟委员会引发了一场非常重要的讨论，即针对智能制造(工业 4.0)，智能汽车和其他“物联网”设备中产生的大量机器生成的非个人数据(和匿名化的个人数据)，有必要进行立法并形成相应的监管框架。特别是“数据所有权”问题是一个极其复杂的问题，导致了许多令人困惑的争议。正是由于数据的几个特征(数据作为汇编信息、使用中的非竞争性、缺乏一般性的激励问题的排他性以及作为大数据和创新输入的数据)，使得数据成为一种非常复杂的经济产品，不适合传统的经济和法律分类，市场上的数据交易和共享似乎也是一个复杂的问题，我们尚未很好地理解其实质。从这个角度来看，报告试图探索数据经济的潜在问题以及什么样的政策方案能够奏效，甚至取得意想不到的效果。由于主要关注数据获取和数据共享，欧盟委员会肯定选择了一种非常适合数字经济基本功能逻辑的视角。然而，主要的问题是，我们对数据经济重要特征和问题的理论和实证研究还处于起步阶段，因此，对如下问题应该非常谨慎地得出结论：是否存在市场失灵以及何种类型的市场失灵、哪些政策措施可能适合于解决这些问题。总体而言，我们甚至还不清楚在多大程度上存在问题，或者在
当下非个人数据的法律和法规框架数字经济市场是否运作良好。值得注 132
意的是，美国还没有类似的政策讨论。

报告中最具争议的建议是引入独占性的“数据生产者权”。考虑到目前的认知，该提议不能从经济学角度得到支持。由于数据既是非竞争性商品又是排他性商品(没有严重的数据复制问题)，因此不需要任何独占性财产权来确保激励数据生产。到目前为止，我们也没有证据表明数

据市场上的交易问题是由缺乏财产权引起的。此外，数据生产者权既不能解决与数据有关的合同磋商中的“议价能力不平等”的问题，也不能解决多利益相关方情况下的数据获取问题。此外，如果考虑到在数字经济中引入独占性的数据生产者权对法律的确定性、促进竞争和创新会带来很多成本和危险，那么就不宜引入数据生产者权。[64]这并不排除进一步的研究，对于特定种类的数据，例如，我们有确凿的证据表明存在原本无法解决的复制问题，因此存在激励问题，这样的专属产权可能是合适的政策解决方案的一部分。关于对私人持有数据的获取权提议，数据的非竞争性以及获取数据对数字经济的极端重要性，从经济学角度看似乎有利于数据获取权的设定。虽然在某些涉及公共利益和科学研究的情况下，数据获取权的解决方案相对来说没有问题，但应该非常谨慎地对待其他私主体对私人持有数据强制性获取的一般规定，即使表面上看这可能对竞争和创新有积极影响。需要非常仔细地分析哪种数据和哪种情况下这种义务可能是合适的，特别是从激励生产这些数据的角度。

这在特定行业或几个或许多利益相关者在个人和非个人数据方面存在复杂关系的情况下可能是不同的。当前讨论的许多示例(智能汽车、
133 智能能源、智能家居、智能农业和智能制造)都可以归入这一类别。在此，可以假定我们需要专门针对数据量身定制的复杂法律规则和权利。此类“数据治理制度”可以看作是涉及特定行业中数据的收集/生产、处理、存储、使用/分析、保护、获取和交易/共享的整套法律规则和权利。由于利益相关者的利益和成本以及经济和技术条件(以及某些与隐私有关的规范性问题)在不同行业存在较大差别，因此从经济学角度来看，最佳的数据治理解决方案也会有很大不同。然而，经济学家还期望，在许多行业中，市场可以自发地找到合适的数据治理方案，并通过与各种利益相关者的合同来解决问题。然而，在复杂的情况下(如智能汽车)或存在其他严重市场失灵的情况下，可能还需要通过监管或立法措施建立适当的数据治理方案。从这个角度看，经济论据可以支持法律讨论中已经广泛流传的观点。下一步，我们应该重点关注分析特定行业的特定数

据问题，并针对相应问题制定适当的数据治理方案。[65]如果我们在数据治理问题的特定行业分析方面获得了足够的知识和经验，则有可能制定更普遍的解决方案。这样的策略必然符合《打造欧洲数据经济》的基本理念和目标。

注释

1. European Commission, ‘Building a European Data Economy’ COM(2017) 9 final(hereinafter ‘Data Economy Communication’).

2. European Commission, ‘Staff Working Document to the Communication “Building an European data economy”’ SWD(2017) 2 final(hereinafter ‘Data Economy SWD’).

3. See the Communications from the European Commission, ‘Towards a thriving data-driven economy’ COM(2014) 442 final and ‘A Digital Single Market Strategy for Europe’ COM(2015) 192 final.

4. 相关讨论可参见：Dorner, ‘Big Data und “Dateneigentum”, Grundfragen des modernen Daten- und Informations handels’ (2014) CR 617；Drexl, ‘Designing competitive markets for industrial data：Between propertisation and access’ (2016) Max Planck Institute for Innovation and Competition Research Paper No.16-13；Kerber, ‘A new(intellectual) property right for non-personal data? An economic analysis’ (2016) GRURInt 989；Wiebe, ‘Protection of industrial data—a new property right for the digital economy?’ (2016) GRURInt. 877；Zech, Information als Schutzgegenstand (Mohr Siebeck 2012) 412—440；Zech, ‘Daten als Wirtschaftsgut—Uberlegungen zu einem “Recht des Datenerzeugers”’ (2015) CR 137；Zech, ‘Data as a tradeable commodity’ in De Franceschi(ed.), European Contract Law and the Digital Single Market(Intersentia 2016) 51；Zech, ‘A Legal Framework for a Data Economy in the European Digital Single Market：Rights to Use Data’ (2016) JIPLP 460—470。

5. 关于本报告的公众咨询于 2017 年 4 月 26 日结束。截至本文完成之日，公众咨询的结果还未公布。

6. 有关从法律角度对报告的评估，请参见 Drexl, ‘Neue Regeln fur die Europaische Datenwirtschaft? Ein Pladoyer fur einen wettbewerbspolitischen Ansatz’ (2017) NZKart 339(Part 1) and 415(Part 2)；Wiebe, ‘Von Datenrechten zu Datenzugang—Ein rechtlicher Rahmen fur die europaische Datenwirtschaft’ (2017) CR 87；Zech, ‘Building an European data economy—The proposal of the European Commission for a data producer’s right’ (2017) ZGE(forthcoming)；此外，可以在互联网上找到许多作为报告咨询程序组成部分的文件。

7. 前注 4，Keber 文。其他从经济学视角展开的重要文献可参见 OECD，'Data-driven innovation：Big data for growth and well-being' (OECD Publishing 2015) available under 〈www.oecd.org/sti/data-driven-innovation- 9789264229358-en.htm〉 last accessed 25 August 2017；OECD，'Maximizing the economic value of data：Understanding the benefits and challenges of enhanced data access' DSTI/CDEP(2016) 4；Duch-Brown/Martens/MuellerLanger，'The economics of owner，access and trade in digital data' (2017) JRC Digital Economy Working Paper 2017-01。

8. 前注 1，Data Economy Communication，第 8 页；更多细节性内容可参见前注 2，Data Economy SWD，第 12—19 页。

9. 前注 1，Data Economy Communication，第 8 页。报告在第 9 页针对非个人数据和匿名化个人数据两个层面解决了该问题。

10. 同上注，第 10 页。

11. 同上注，第 11 页。

12. 同上注，第 11—12 页。

13. 同上注，第 12—13 页。

14. 关于合同概念的主题，请参见本书中 Drexl、Janal、Graf von Westphalen 以及 Dolžan 的论文。

15. 前注 1，Data Economy Communication，第 12 页。

16. 关于强制许可的主题，参见本书中 Grützmacher、Mezzanotte 和 Weber 的论文。

17. 前注 1，Data Economy Communication，第 12—13 页。

18. 前注 1，Data Economy Communication，第 13 页。

19. 前注 2，Data Economy SWD，第 33—36 页。

20. 同上注，第 3—4 页；有关信息的语法层面和语义层面之间的重要区别，请参见前注 4，Zech 文，第 462—463 页。

21. 前注 1，Data Economy Communication，第 13 页；从经济角度来看，谁在投资这些数据并不清楚。如果一个制造商在竞争中可以提供更低的价格，因为他可以使用设备的数据，那么是制造商投资了这些数据，而不是设备的购买者/使用者。对于谁应该得到数据生产者权利这个难题的讨论请参见前注 4，Zech，'Daten als Wirtschaftsgut'，第 142—144 页；前注 3，Wiebe 文，第 883 页；Bundesminis terium fur Verkehr und digitale Infrastruktur，' "Eigentumsordnung for Mobilitatsdaten?" Eine Studie aus technischer，ökonomischr und rechtlicher Perspektive' (2017)。在《数据经济 SWD》中，对这一问题的讨论更为开放。特别是在许多情况下，将权利授予某一特定的公司或个人可能完全不适宜。参见《数据经济 SWD》对 OECD 相关报告的引用，前注 7，OECD，'Maximising the economic and social value of data'，第 25 页。

22. 前注 1，Data Economy Communication，第 13 页。

23. 参见前注 4，Doner 文，第 617 页；前注 4，Drexl 文，第 17—26 页。

24. 然而，为保护事实上的“占有”数据而制定的一束纯粹的防御性权利的概念，与《数据经济 SWD》中的理解不同。这里建议的民法救济措施集中于起诉他人未经授权使用的可能性上，这与保护“排他性”的想法很接近。相反，为事实上的数据持有者提供一束防御性权利可以被更宽泛地理解为一束旨在反对破坏、损害、阻挠对数据的获取和某些形式的盗用的权利。参见前注 4，Keber 文，第 998 页。

25. 参见前注 7，OECD，‘Data-driven innovation’；前注 7，OECD，‘Maximizing the economic value of data’，第 9 页，其中，数据被视为大数据和数字经济的“(通用)基础设施”。

26. 参见前注 7，Zech，‘Daten als Wirtschaftsgut’，第 137 页；前注 4，Wiebe 文，第 877 页。

27. 仅在前注 2，Data Economy SWD 第 22 页(与缺乏对此类投资的法律保护有关)和第 35 页(作为分配数据生产者权利的标准)中可以找到对数据收集的投资。

28. 更深入的讨论参见前注 4，Kerber 文，第 993 页。

29. 参见前注 7，OECD，‘Data-driven innovation’，第 133—143 页。

30. 有关这些成本，请参见上注第 191—198 页以及前注 7，OECD，‘Maximizing the economic value of data’，第 21 页。

31. 如果没有数据成本，那么就不会对必须保护的数据进行投资。

32. 但是，肯定存在“黑客”和网络安全问题。

33. 因此，对于某些类型的数据，也有可能用激励理论来证明独占性财产权是合理的(例如某类数据存在严重的复制问题)。对涉及数据的市场失灵(如数据所有权的碎片化)可能性的进一步探讨可参见前注 7，Duch-Brown/Martens/Mueller-Lange 文，第 29—32 页。

34. 参见前注 4，Zech，‘Data as a tradeable commodity’，第 77 页。

35. 前注 2，Data Economy SWD，第 12—19 页。

36. 参见 Koutroumpis/Leiponen/Thomas，‘The (unfulfilled) potential of data market places’ (mimeo，15 May 2017) 19；他们还提供了最新研究成果的文献综述。

37. 参见 OECD，Data-Driven innovation，2015，44；上注，Koutroumpis/Leiponen/Thomas 文，第 3 页。

38. 相关分析见上注，Koutroumpis/Leiponen/Thomas 文。

39. See Carnelley et al.，‘Europe’s Data Market Places. Current Status and Future Perspectives (European Data Market SMART 2013/0063 D 3.9)’ (2016) 26—27；Cattaneo et al.，‘D8 Second Interim Report (European Data Market SMART 2013/0063)’ (2016) 52—58；OECD，Data driven Innovation，2015，95—97.

40. 前注 34，Koutroumpis / Leiponen / Thomas 文，第 11—18 页；根据对数据科学家和其他专家的采访，马蒂奥利(Mattioli)甚至认为这些数据质量和来源的问题非常严重，他建议授予类似知识产权的数据权利，以激励披露所有关于数据来源和质量的相关信息。参见 Mattioli，‘Disclosing Big Data’ (2014) Minnesota Law Review 535。

41. 另见前注 7，Duch-Brown / Martens / Mueller-Langer 文，第 36—41 页。

42. 在这方面，报告和《数据经济 SWD》均未提供明确的理由。唯一明确的论点是，这种权利可以通过澄清法律状况来减少法律不确定性。但是，关于这种数据生产者权的具体要求和分配的争议性讨论(参见前注 4，Wiebe 文，第 883 页)使人们不清楚，引入这种权利是否会真正减少法律上的不确定性并降低交易成本。关于这一权利在阻碍创新方面危险性的讨论，参见前注 4，Kerber 文。

43. 前注 1，Data Economy Communication，第 12 页。

44. 同上注，第 12 页。

45. 对于采用“分布式账本技术”的分散式多边数据市场场所的新概念以及“区块链技术”潜在作用的讨论请参见前注 34，Koutroumpis / Leiponen / Thomas 文，第 31—42 页。

46. 前注 1，Data Economy Communication，第 16 页。

47. 同上注，第 12 页。

48. 同上注，第 11 页。

49. 参见前注 4，Zech，‘Daten als Wirtschaftsgut’，第 145 页。

50. 实际上，在《数据经济 SWD》中有关数据获取和传输的部分中根本没有分析“议价能力不平等”的问题。

51. 根据《欧盟运行条约》第 102 条的规定，这可能构成剥削性滥用。

52. Council Directive 93/13/EEC of 5 April 1993 on unfair terms in consumer contracts[1993] OJ L95/29.

53. 前注 1，Data Economy Communication，第 12 页。另见本书中 Dolzan 和 Graf von Westphalen 的论文。

54. 参见前注 6，Drexl 文，第 342 页；前注 4，Kerber 文，第 996 页。这一重要见解也可以在《数据经济 SWD》中找到，参见前注 2，Data Economy SWD，第 36 页。

55. 这些是通常讨论的“物联网”示例；参见前注 2，Data Economy SWD，第 25—28 页。

56. 这种架空问题在理论上可以直接与威廉姆森(Williamson)的治理方法中众所周知的在有特定交易投资被“架空” 情况下的“机会主义行为”问题联系起来。参见 Williamson，‘Transactioncost economics：The governance of contractual relations’ (1979) Journal of Law & Economics 233。

57. 有关智能农业的讨论，参见前注 2，Data Economy SWD，第 28 页。

58. 有关智能汽车的讨论，参见 Hornung/Goeble，‘“Data Ownership” im vernetzten Automobil’(2015) CR 265—273；C-ITS Platform，‘Final report’(January 2016)。

59. 前注 1，Data Economy Communication，第 13 页。

60. Arts 6 and 7 Regulation(EC) No.715/2007 of the European Parliament and of the Council of 20 June 2007 on type approval of motor vehicles with respect to emissions from light passenger and commercial vehicles(Euro 5 and Euro 6) and on access to vehicle repair and maintenance information[2007] OJ L171/1.

61. See Max Planck Institute for Innovation and Competition，‘Position Statement of Max Planck Institute for Innovation and Competition of 26 April 2017 on the European Commission's Public Consultation on Building the European Data Economy’ accessible online under 〈www.ip.mpg.de/fileadmin/ipmpg/content/stellungnahmen/MPI_Statement_Public_consultation_on_Building_the_EU_Data_Eco_28042017.pdf.进一步的论证可参见前注 6，Drexl 文，第 342 页；关于数据非排他性(财产)权的更深入讨论，以及这些数据获取权的可交易性问题，请参见前注 6，Zech 文。

62. 在几个公司为生产数据作出贡献的情况下，也可以使用治理方案，其中一个公司拥有事实上的控制权，其余公司拥有对这些数据的获取权，而不是数据的共有或集体产权形式。

63. 从经济学角度对提供更多获取权的积极效果和保护数据生产激励的必要性之间进行权衡的讨论，可参见前注 7，Duch-Brown/Martens / Mueller-Langer 文，第 25—27 页。

64. 本文未讨论数据生产者权的问题、风险和成本。参见前注 4，Kerber 文，第 996 页；尤其重要的是对法律确定性和公共领域安全性的威胁，参见前注 4，Wiebe 文，第 883 页。

65. 参见前注 6，Drexl 文，第 419 页。

强制许可

第七章　通过强制许可改善数据经济? 137

罗夫·韦伯*

一、概　述

(一) 强制许可:术语和概念

“强制许可”一词由法律现象“许可”和定语“强制性的”构成。到目前为止，许可主要适用于知识产权法领域。通常被区分为两种主要形式：[1]

合意许可：权利(通常是独占权)人可能将使用权许可给第三人，从而促进和优化权利的商业化。在现实生活中，许多许可协议存在于专利权人或版权人与在不同地理区域和商业部门推销被许可权利的个人或企业之间。

附条件许可：法学理论上区分了“法定许可”(即法律条文中直接规定的许可)和“强制许可”(即法院或监管机构根据一般法律规则对某些权利人施加的义务)。即使相关术语存在一些模糊地带，在下文中也

---

* 作者系苏黎世大学荣誉教授，执业律师。

将适用这一基本分类。

法定许可和强制许可之间很难划出清晰界限，因为义务最终包含在法律规则之中，但需要由行政机关根据具体情况设计和细化义务的范畴。

138 **（二）强制许可的经济学基础**

传统上，强制许可被认为是防止竞争扭曲的对策。知识产权法通常将独占性权利授予权利持有人；这种垄断地位原则上与自由市场机制相违背，因为在反垄断法适用的情况下，独占性权利人可能会通过收取过高价格或对某些市场参与者附加歧视性条件的行为滥用其市场支配地位。因此，附条件许可是一种通过打破独占性权利持有人利用垄断地位，矫正不公平市场竞争秩序的措施，即附条件许可对不理想的市场结构提供补救。[2]

鉴于强制许可具有促进竞争的功能，其适用范围不应超出竞争考量所要求的范围。因此，许可只能使“受益人”(即被许可人)以竞争者的身份利用该权力，而不给予其任何额外的优待。

（三）法律规范中的强制许可

如前所述，强制许可主要出现在知识产权领域中。最早的法律规范可追溯到 1883 年《保护工业产权巴黎公约》，其第 5 条规定了一种含糊其词的强制许可，其适用条件是专利权人不使用其独占性权利(即未对专利进行商业化)。这一原则在《与贸易有关的知识产权协议》第 31 条中得到了扩展和进一步完善。《与贸易有关的知识产权协议》是世界贸易组织(WTO)三大支柱之一，于 1995 年 1 月 1 日生效。2005 年 12 月对《与贸易有关的知识产权协议》第 31 条进行了修订，标题为“未经权利人授权的其他使用”。该条款非常详细，并根据个体特征设置了一系列要求；潜在使用者必须在以合理的商业条件获得权利人的授权方面做出
139 努力；使用的范围和使用持续时间应限于授权的目的；考虑到“授权”(强制许可)的经济价值，该使用应是非排他性以及不可转让的，权利持有人应获得合理的报酬。[3]

《与贸易有关的知识产权协议》第 31 条的详细规定促使大多数国家的立法者调整其本国专利法。强制许可通常在特定情况下被纳入法律规定。[4]例如(1)依赖性许可；(2)由于缺乏权利执行而获得许可；(3)基于公共利益的许可；(4)半导体领域的许可。

根据所适用的法律规定，法院普遍承认强制许可的概念。但是，许可的受益人通常要满足某些条件，不存在“空白”强制许可之类的东西。因此，从法律规范的角度来看，强制许可没有获得重要的实践价值。

二、场景：强制许可的法律环境

(一) 需要协调性的法律框架

欧盟委员会关于《打造欧洲数据经济》[5]的报告提出了许多繁荣数据经济的建议。由于一些显而易见的原因，讨论的不同方案不适合统一执行。此外，部分方案可以具有替代功能，并且存在相互依存关系：如果引入较为宽泛的数据所有权，则强制许可可能会发挥与知识产权法中相似的作用。如果对数据的实际控制占了上风，则强制许可可能成为某些数据获取权的法律依据。

因此，强制许可制度依赖于其他法律工具是否在数据“控制者”掌 140
控下。由于报告发布后有关“数据所有权”的讨论结果目前看来非常开放，尚不能合理地得出一个确切的强制许可制度设计。但是很明显，只有一个协调性的法律体系才能为数据经济的繁荣作出贡献。

(二) 数据的所有和控制

数据是无形财产，几乎在所有国家，传统法律所规定的所有权和占有都是以有形财产为基础，知识产权是一个重要的例外。大约 150 年前，人们就认为在法律上增加一个所有权类别以便保护个人和企业的智力活动是合理的。这种保护始于专利法，随后是版权法，在过去的几十年中，无形财产的保护范围一直在扩大。一个相对较新的例子是对投资进行保护的数据库所有者的独占权，欧盟在 1996 年的数据库指令创设了这一权利。[6]

近年来越来越多的机器生成数据在没有人工直接干预的情况下，通过计算机加工、应用程序或服务，或通过传感器处理从设备、软件或计算机接收的信息被创建，这些信息既有虚拟的也有真实的。因为缺乏治理贡献或足够高的原创性，知识产权法(专利或版权)不能对此类数据提供充分保护。[7]

因此，鉴于数据在个人和商业生活中的重要性日益提高，“数据所
141 有权”的研究主题在最近几年受到了广泛关注。一些学者提议创建一种新型所有权，[8]但是到目前为止，该提议获得的支持有限。通常情况下，应当对诸如数据获取权或数据可携带权等特殊问题进行规范，并且似乎没有必要建立一个全新的法律机制。

鉴于法律上的“所有权”概念薄弱，对数据的事实控制变得越来越重要。[9]这种对数据的实际控制可能是由于引入了技术保护机制而引起的，通常只有有权限的主体才能获取数据或相关信息。另一种方法是建立大数据库专有的数据孤岛(特别是通过运用大数据分析的方法)。此外，实际控制可以通过市场支配地位和格式合同相结合的方式实现，从而使较为弱势的市场参与者失去合理的议价能力。此种情况下，由于特定信息的广泛适用性，数据或数据库的实际控制者可能因此具有竞争优势。

（三）具体的保护制度

1. 商业秘密保护

新的《商业秘密指令》[10]最终可以作为可能的数据“所有权”的规范依据。该指令包含“关于禁止非法获取、使用和披露商业秘密”的规则。从法律上讲，问题在于与数据相关的事实上的排他性控制是否属于指令规定的范畴。

商业秘密的定义相当广泛：数据不仅具有秘密性，因为其具有秘密

性还使得数据本身代表了一定的商业价值。通常情况下，生成的数据 142
不是绝对的“秘密”。除此以外，有关信息还可能由于其具有秘密性反而没有价值。此外，该指令并不是专门为规范数据驱动型经济而设计的。[11]

但是，数据集或数据组合可以满足《商业秘密指令》的要求。即使是可以公开获得特定信息，数据汇编整体上也可以视为商业秘密。因此，数据集或数据组合的“所有者”最终可能依赖于该指令获得保护。

2. 数据库保护

《数据库指令》的基础理论是：由于数据库的创建通常涉及大量投资，因此特定的保护将是适当的。[12]

欧盟的做法仍然是一个单一的概念，尚未被其他国家采纳。在对数据库指令的首次评估中，欧盟委员会得出的结论是，特殊保护已接近将数据作为财产进行保护，但是该权利带来的经济影响尚未得到证实。[13]尽管如此，欧盟委员会仍决定以给定的方式保留该指令；[14]目前，新的数字经济环境和持续的数据生产者权的讨论激励了欧盟委员会提出对数据库指令的修订法案。

(四) 排除个人数据的可能性 143

涉及数据获取、共享和传输的关键问题经常被忽略，它关系到个人数据与非个人数据之间的区别。鉴于数据来源的多样性、数据类型和处理方式的不同以及数据去匿名化或重新识别的技术可能性，很难在个人数据和非个人数据之间画出明确的界线。[15]在汽车数据方面可以看到一个很好的例子：许多数据是非个人的(例如燃料消耗)，但通常也涉及个人信息。

对于个人数据，可以根据给定的透明性框架和适用的数据保护法律中包含的对个人数据的获取规则，评估数据收集和处理的状态。在欧盟内部，通过《通用数据保护条例》[16]已实现一定程度的协调。[17]但是，在《通用数据保护条例》适用的区域之外，并无一致性法律规则。个人被告知数据如何处理和存储的权利取决于国家法律规定。然而，由于可以事先对法律规定进行评估，法律不确定性问题并没有那么迫切。

对于非个人数据或通过大数据分析从非个人数据衍生出的数据集，法律较少有明确规定。这并非不重要，因为这种类型的数据往往具有更高的价值。数据的“控制者”作为其“原始”生成者可能会对保持数据秘密性并在其独有的数据孤岛中进行数据分析感兴趣。[18]因此，需要对原始数据(即自记录以来未经过处理或更改的数据)获取和转移问题进行更多实证研究，因为机器生成数据是繁荣数字经济必不可少的条件。

144 以大数据分析为主要表现形式的科技发展，使得个人数据和非个人数据之间的界限越来越模糊。去匿名化和重新识别技术有助于将机器生成的数据转换为个人数据。[19]这一实际情况可能不会成为应放弃对个人数据和非个人数据的不同处理的解释，但是，不同的规则应在一个系统性的法律框架中协调一致。

三、强制许可的理由

（一）新的数字经济规则原理

即使信息是无所不在的和非竞争性的，但是特定数据“控制者”可以决定有权限获取数据的主体及数据获取的范围。“控制”并不一定意味着具有“所有权”，更多是对事实状态的一种反映。如果获取数据的请求被拒绝，数据潜在的内在价值就无法实现。通常，数据控制者的排他性地位也会影响相关市场。

在网络世界中，数据的共享和传输至关重要。如果数据有价值，数据的获取有助于数据在利益相关者之间流通，数据的共享和传输是数字经济的关键组成部分。[20]

因此，在 2017 年 1 月 10 日发布的报告中，欧盟委员会提出的以下目标对构建数字单一市场非常重要：[21]

——提升对机器生成匿名数据的获取；

——促进和激励这些数据的共享;

——保护投资和资产;

——避免泄露机密数据;

——使锁定效应最小化。

如果没有进一步的法律干预，这些目标可能无法实现。但根据一种 145
普遍接受的经济观念，只有在市场失灵的情况下，政府干预才应该发挥作用。最近的研究表明，市场失灵通常不会在数据经济中发生。[22]这一评估必须在关于是否引入新的法律工具的讨论中被考量。

强制许可可以在规范性条款授予的独占性权利和反垄断法原则之间架起一座桥梁。如前所述，强制许可试图纠正与竞争性环境原则相抵触的垄断情况。然而，鉴于这一功能，强制施加的许可不应扩大反垄断法利益的范围。因此，许可方的积极支持义务(例如交付专有技术)只有在特殊情况下才有正当理由。

(二) 以数据获取为起点

数据共享和数据传输的前提是数据获取。实践中，数据生成者和控制者可以决定对部分存储在结构化存储器中的各种数据集的获取权。仅当获取数据时，才可以进行诸如信息共享和信息传输之类的交易。由于可以重复使用获取的数据，欧盟委员会将获取私有和受控制的数据视为繁荣数据经济的关键。因此，基于这一充分理由，数据获取权被视为数据生产者权的替代品。[23]

如果数据获取被拒绝，强制许可制度的问题就会成为讨论的主题。就目前而言，强制许可的概念在某种程度上并不十分精确，因为现实中没有强制许可的概念，而是提出了关于授予某些数据使用权的规则。这
一结论的得出，忽视了数据本身的价值非常小，而数据获取增加了数据 146
价值这一事实。

欧盟委员会认为，授予数据获取权可以在不损害投资于数据收集的市场参与方经济利益的情况下，产生提升福利的效果。[24]数据共享是描述对某些数据的非歧视性获取的概念。这种方法既不是旨在实施“开放

数据”的方法，也不是在没有报酬的情况下授予数据获取权的方法。[25]

强制许可制度必须限于非个人或匿名的商业数据，因为获取个人数据已经受到数据保护法的限制。此外，还应考虑到数据生成需要付出一定成本，而且数据可能有价值，受监管的获取最终需要被限制在特定类别的数据中。此外，即使数据是非竞争性的，并且可以重新利用，也必须注意数据质量的潜在损失；“公共利益数据”的概念已被引入法国数据公开立法之中。[26]

欧盟委员会的提议仍然相对模糊，但其附带的《职员工作报告》提到一些领域已经实施强制许可制度，例如欧盟《关于不受限制和标准化地获取车辆维修和保养信息的指令》《关于支付服务的指令》(PSD II)、《关于注册的条例》以及《化学品的评估和授权》(REACH)。[27]

欧盟委员会也意识到将要预见到许可条件的事实，参考了欧盟的其他法律规范和成员国立法中的一些规则。[28]

147 **（三）数据共享背景下的强制许可**

到目前为止，关于数据共享的讨论还没有数据传输那么热烈。原因可能是相关的事实和法律问题似乎更复杂。转让是一种商品或服务从一个主体到另一个主体的直观变化，其法律基础可以是买卖、租赁、借贷等。相比之下，共享需要合作形式，最终导致与网络结构相关的棘手法律问题。

可以获取原始数据的强制许可制度可能促进随后的数据共享，因为数据的可得性，即知识和信息是共享的先决条件。然而，引入强制许可的干预制度需要考虑允许数据共享的现有安排，以及鼓励企业共享数据的其他激励措施(例如，在特定数据平台上，市场参与者之间有利于竞争的数据共享)。这种替代性的安排可以存在于数据支付、合作概念以及特定的复制权的协商一致的解决方案。

1. 双方合意下的数据支付

如果数据代表经济价值，那么数据也可以视为支付手段。在这种情况下，数据可以代替金钱作为一种补充性的报酬。

在欧盟,《数字内容指令(草案)》[29]第一次试图反映这种方法。数字内容的购买者可以提供可供使用的个人数据来代替金钱(除金钱外的个人数据或其他数据，第 3(1)条)。[30]

在合同解除的情况下，卖方必须将数据在合理的期限内以通用格式 148
回传给客户，不得向客户收取相应的服务费用。存在的问题是建议中的措辞与《通用数据保护条例》中的相应规定有所不同。[31]

目前，双方合意数据支付的方式只存在于《数字内容指令(草案)》中的消费者合同。然而，将这个概念扩展到 B2B 业务似乎是可行的。数据作为 B2B 合同的内容已成现实，但是法律框架到目前为止还没有建立起来(特别是在恢复数据方面)。具体的规定可以增加法律的确定性。

2. 合作理念

在大数据分析的背景下，合作理念的思想得到了特别的发展。[32]一个实践中的例子就是卫生部门。如果个人将个人数据传输到中心卫生数据库，其好处可能在于有可能从该数据库中获取信息以供自己使用。[33]

在大数据分析方面，有关财富最大化的讨论也涉及保险业。有人声称，保险公司和被保险人都能够从大数据分析产生的大型数据库中受益。[34]

合作概念常被称为共享财富战略：这种概念的前提是数据控制者向
个人提供以可用格式获取其数据的权利；同样，应允许个人利用应用程 149
序，使他们能够分析自己的个人数据并从中得出有用的结论。[35]如果协议未达成，立法者将有可能通过立法规定各方义务。

3. 复制权

在瑞士，一名议会成员提议邀请联邦委员会评估引入复制权的可取性。例如复制个人数据以供再次利用的权利。个人应该被赋予一项特定的权利，使他能够将其个人数据商业化利用。经济上的合理性体现在个人在重复使用某些数据时所能实现的潜在价值上。[36]

联邦委员会的第一反应是消极的。[37]在这种情况下，议会是否能够更加开放仍值得怀疑，因此，像复制权利这样的权利很可能不会被写入瑞士法律中。

（四）数据传输环境中的强制许可

与数据共享类似，数据传输也依赖于数据的可获取性或相关信息的知识。数据能否转移取决于相关人员/实体对转移数据内容的评估。在这种情况下，可以考虑以下法律概念。

150 1. 知识产权

知识产权法建立了实际上的所有权，在权利保护方面有独占性地位。权利的商业化可以通过签订合同(双方合意许可)实现，在某些特殊情况下也可以通过强制许可实现。近年来，知识产权法已成为实施强制许可的主要领域。[38]

2. 生产者权利

使用权和授权他人使用非个人数据的权利，可以通过设立特殊的数据生产者(即数据的所有者或长期持有者)权来实现。该权利将反映一个新的所有权类别，因为数据生产者有权使用数据并有助于解锁机器生成的数据。

欧盟委员会在报告中提出了数据生产者权：其范围比传统的保护专有技术的权利范围更广，并且不符合如数据库指令中所述的投资保护的概念。然而，相较于完整的所有权，其有更多的限制。[39]

3. 合同权利

数据的“所有者”或控制者有可能订立合同，将数据的使用权转让给第三人；通常，开发的权利是基于一份双方合意的许可协议，协议中要求被许可方遵守某些条件和要求。

151 4. 数据可携带权

数据可携带性一词是指个人和企业有权利将他们的数据从一个系统转移到另一个系统。在实践中，如果转换成本较低，且不存在阻碍数据传输的反竞争障碍，数据的可携带性就可以实现。数据可携带权源于个人应该对他的数据保持控制的理念。[40]

数据的可携带方法与强制许可体系不同，因为数据可携带权不是要求对受管理的数据获取权限，而是数据“所有者”有权将其数据从一个服务提供者转移到另一服务提供者。尽管如此，它们还是有一些相似之处。因此，似乎有必要更详细地讨论数据可携带权。

四、 数据可携带性可以作为类比模型吗?

多年来，可携带性一直是反垄断法探讨的一个话题。[41]最近，数据可携带性也成为数据保护法中的一项法律规范。[42]

(一) 反垄断法

传统上，可携带性因为与已安装软件的锁定效应有关一直作为反垄断问题被广泛讨论。另一个例子涉及相关信息的传输。原则上，反垄断法中有各种各样的规范可以加强数据的可携带性，但实践中的障碍是不可忽视的。

(1) 竞争法仅能在数据的控制人具有市场支配地位的情况下得以适用(《欧盟运行条约》第 102 条)。在数据领域，认定满足市场支配地位的要求引起了重大问题。[43]如果不以非常狭隘的方式界定市场，市场支 152
配地位就难以被认定。此外，欧洲法院以前的做法是以个案分析的原则，处理个别和特定的侵权标准(主要在 Magill，IMS Health 和 Microsoft 等案中)，即法院判决中可明确识别和界定的信息或数据。[44]在机器生成(大)数据的情况下，可携带性涉及的数据在体量上要大得多，并且在内容上未知且未详细说明。

(2) 反垄断诉讼通常耗时耗力。一般情况下，正如许多针对微软和谷歌的诉讼显示的那样，一项新技术在管辖法院作出判决之前就已经开发出来了。

(二) 数据保护法

为了克服反垄断法的压力，《通用数据保护条例》现在包含了一个引入数据可携带权的具体条款。显然，原始生成的数据是不相关的；可携带性义务也包括传感器收集的数据(如智能电表)。经历了很长一段历史，最后的表述确定为，数据控制者必须“以结构化且机器通常可识别的形式”将个人数据传输给数据“所有者”指定的服务提供者。该传输的发生应该不受数据控制者的阻碍，并且不会对数据“所有者”产生任何费用。

这一规定受到了严厉的批评，来自业内人士的批评尤甚。[45]如果被要求数据传输，服务提供商除了要承担额外费用外，还认为政府干预在没有对其经济理由进行明确评估的情况不适当地增加了。

153 **（三）在线内容服务的跨境可携带性**

2015年12月，欧盟委员会提交了一份关于确保内部市场在线内容服务跨境可携带性的条例的提案。[46]同样，如同《通用数据保护条例》第20条规定的个人数据一样，个人应能够将数据移动到另一个地方或在另一个地方使用特定服务。实际上，该建议性法规的主要驱动力是住所国和临时居住国的平等待遇原则。新规则出台的理由可以从2011年英超联赛的版权案中看出来，欧洲法院在此案中裁定在一个国家合法分发的终端设备可以在欧盟范围内自由移动。[47]

该法规的目的在于授予消费者在其被许可的区域以外的地区临时存取某些数据。该法规除了界定个人权利外，还结合了用户与互联网服务提供者之间的合约关系，以及互联网服务提供者与内容提供者(权利人)之间的合约关系。通过新采取的法律规范，[48]服务提供商将能够为消费者提供更具吸引力的服务。[49]

154

五、强制许可制度的实际实施

（一）水平方式还是垂直方式

欧盟委员会提出了一种横向监管方法，即引入一项允许实施强制许可制度的一般规则。[50]通常，横向适用的许可概念将有利于涵盖范围广泛的实际情况和实现平等待遇原则。此外，通用规则可以以清晰易懂的方式制定，而不必包含太多的细节性规定。然而，数据经济的复杂性是否在一般规则中得到充分反映仍然是存在的问题。

另一种选择是构建针对特定行业的法规。汽车行业需要其他规则，例如涉及健康或保险行业的规则。特定行业式的立法缺点在于规则种类繁多，具体规范的设计往往不太一致。欧盟委员会指出，欧盟法律中多个部门法包含了强制许可的概念。[51]然而，只有具体到特定行业的法规才容易反映市场、企业结构和消费者需求的差异。即使引入一般性规则，在适用环境方面的具体化也不可避免。

鉴于数据经济的不同特征，在强制许可制度的具体设计方面，针对特定部门的建立规范方法似乎更具有可行性。此外，这种方式也有利于克服强制许可制度在“遵守自由经济活动的基本权利”方面引起的宪法关注。[52]

（二）强制许可的条件 155

欧盟委员会在报告中明确表示，强制许可必须将市场环境与具体条件相结合。《职员工作报告》参考了若干规定，进一步缩小了强制许可的实施范围。[53]

(1) 定价规则：如果数据的控制者有义务开放某些数据的获取权限，那么被授权获取数据者通常需要支付一定的费用，因为数据反映了价值；然而，量化数据的价格是一项困难的工作，人们似乎普遍认为，数据本身没有内在价值，数据的潜在价格取决于数据的使用情况和数据交互环境。[54]在最近的一份报告中，经合组织认为，数据的价格并没有遵循基本的市场规则，或多或少地趋向于需求和供给的交汇点，因为有两个因素似乎更直接地影响数据的价值，即数据的准确性和时效性。[55]如果可以完全克服这一困难，显然可以证明采用针对特定行业的方法构建规则是更加合理的，因为数据的价值与预期的重复使用情况直接相关。

(2) 强制许可制度必须界定授予数据获取权的数据量。根据合理许可制度的概念，数据仅能强制许可给无法通过其他方式收集该数据的第三方，提供的详细程度取决于数据经济的相关部门。

(3) 强制许可制度必须界定数据被再次利用的范围。由于强制许可本该用于矫正市场失灵，特别是滥用市场支配地位，说明可以将许可的
156 数据用于什么目的规则似乎是合理的，类似于 PSI 指令第 10 条[56]及其修订版所包含的原则。[57]

(4) 许可条件需要阐明数据的传输可以捆绑到何种程度，这是反垄断法中众所周知的问题。如果权利持有人使用与商品或服务相关的打包数据，相应搭售行为导致竞争对手被排除在市场竞争之外，则捆绑销售与捆绑交易将成为反垄断法问题。[58]

在反垄断法中，许可条件的设计是一个众所周知的问题。通常讨论围绕着 FRAND(公平、合理和无歧视)条款讨论。[59]带有 FRAND 条款的强制许可在实践中主要适用于专利权利人实施特定策略的情况(例如专利伏击和专利架空等方式)；现实情况对 FRAND 条款的实际实施以及法院实践中对 FRAND 条款的合理设计提出了挑战。[60]从反垄断法的角度来看，如果一个占市场支配地位的企业正在滥用市场支配地位，扭曲市场竞争，则会引起重大关注。[61]

关于特定行业的许可条件规范仍需制定。为了协调不同行业间强制许可制度的适用，有必要考虑拟订许可示范协议。

必须谨记，根据规范性概念，强制许可涉及非个人(机器生成的)数
157 据；但是，将这些非个人数据个人化并不困难，因此必须保留有关数据保护法的适用。[62]

(三) 执法的问题

2016 年的两个决定显示了反垄断法实际执行的高难度和耗时性：

(1) 经过三年的调查，欧盟委员会于 2016 年通过了一项决定，接受由国际互换与衍生品协会(ISDA)和信息服务提供商 Markit 公司分别提供的具有法律约束力的为信用违约互换提供输入许可的承诺。[63]因此，所有交易场所都能从 ISDA 和 Markit 所拥有的数据和知识产权的公平、合

理和无歧视性许可中受益。这一决定可能为投资者带来更多的选择和更低的交易成本，也将增加市场稳定性。

(2) 经过两年的诉讼，欧盟法院在 2016 年晨星公司(Morningstar)案中决定，在全球整合实时数据馈送市场的问题上，欧盟委员会接受汤森路透(Thomson Reuters)做出的承诺将允许对数据进行合理的访问。[64]晨星公司的投诉被驳回，因为市场参与者可以适当使用路透工具代码(Reuters Instrument Codes)。当然，法院重申必须始终遵守比例原则。

六、 综合评价

毫无疑问，数据共享和数据传输的重要性正在与日俱增。数字单一
市场背景下的数据经济发展需要一个促进数据交换的法律框架。引入所 158
有权的方法是不是一种前瞻性的机制，仍然值得怀疑，因为所有权可能不是处理数据的最佳方式。[65]强制许可制度可能是一种更为适当的监管办法，因为这样可以确保数据获取，并为数据共享和数据转移提供便利；当然，似乎需要更多的实证研究来证明这种新框架的合理性。

所有权和强制许可的讨论面临着数据定价的重要问题，数据本身没有内在价值，数据的潜在价格取决于使用和处理模式(特别是在大数据分析的情况下)。与所有权和定价有关的关注同样适用于强制许可：一般性规范或义务可能不足以满足实践中数据共享和数据传输制度的合理需求。

必须设计出具体的法律规范，将强制许可制度设置相对狭窄的适用范围：至少出于宪法中经济活动自由的考量，这种方法不应在数字经济中扮演主要工具的角色。

此外，将目前的讨论从谁拥有数据这一问题转移到什么类型的数据是合理的。[66]产生、收集、交换和使用的数据类型应成为关于数据共享和数据转移等数据“控制”制度的关键。因此，即使法律制度的一致性

是一个重要的监管目标，但不应忽视个人数据需要建立区别于机器生成的非个人数据的不同的法律处理方式。

注释

1. See Hilty，Lizenzvertragsrecht(Stämpfli 2001) 197 et seq.

2. Julian-Arnold，'International Compulsory Licensing：The Rationales and the Reality'(1992—1993) IDEA 349.

3. 相关综述参见 Ford，'Compulsory Licensing Provisions Under the TRIPs Agreement：Balancing Pills and Patents'(2000) American University International Law Review 941。

4. 前注 1，Hilty 文，第 203—236 页。

5. European Commission，'Building a European Data Economy' COM(2017) 9 final(hereinafter 'Data Economy Communication').

6. 1996 年 3 月 11 日欧洲议会和理事会《关于数据库法律保护的指令》(96/9/EC)，[1996]OJ L77/20。

7. 相关综述参见 Thouvenin/Weber/Früh，'Data Ownership：Taking Stock and Mapping the Issues' in Dehmer/Emmert-Streib(eds)，Frontiers in Data Science(CRC Press Boca Raton 2017) 130—131。

8. 参见 Zech，'Data as a Tradeable Commodity' in De Franceschi(ed.)，European Contract Law and the Digital Single Market(Intersentia 2016)74—78。但是，泽奇(Zech)作为数据所有权的早期推动者，在他的最新作品中似乎已偏离了这种方法。

9. De Franceschi/Lehmann，'Data as tradeable commodity and new measures for their protection'(2015) The Italian Law Journal 51，54.

10. 2016 年 6 月 8 日欧洲议会和理事会《关于保护未披露专有技术和商业信息(商业秘密)免受非法获取、使用和披露的指令》((EU) 2016/943)，[2016] OJ L157/1。

11. Max Planck Institute for Innovation and Competition，'Data Ownership and Access to Data—Position Statement of 16 August 2016 on the Current European Debate'(2016) Max Planck Institute for Innovation & Competition Research Paper No.16—10，paras 23—24.

12. 有关更多详细信息，请参见本书 Leistner 的论文。

13. DG Internal Market and Services Working Paper，'First evaluation of Directive 96/9/EC on the legal protection of databases'(12 December 2005) 24—25.

14. 同上注，第 27 页。

15. See Weber/Oertly，'Aushöhlung des Datenschutzes durch De-Anonymisierung

bei Big Data Analytics’ (2015) Weblaw Jusletter IT of 21 May 2015，paras 9 et seq.

16. 2016年4月27日欧洲议会和理事会《关于保护自然人处理个人数据和该等数据自由流动的指令》((EU)2016/679)，并废除《关于处理欧盟境内的一般数据指令》(95/46/EC)，[2016]OJ L119/1。

17. 《通用数据保护条例》第12条规定了透明度要求，第13—15条包含关于信息和个人数据获取的规则。

18. 前注5，See also Data Economy Communication，第9—10页。

19. 前注15，Weber/Oertly 文，第9页。

20. 前注5，Data Economy Communication，第8页。

21. 同上注，第11—12页。

22. 前注7，Thouvenin/Weber/Früh 文，第119—122页。

23. See Max Planck Institute for Innovation and Competition，‘Position Statement of 26 April 2017 on the European Commission’s ‘Public consultation on Building the European Data Economy’ paras 20—25.

24. European Commission，‘Staff Working Document to the Communication “Building a European data economy”’ SWD(2017) 2 final，37(hereinafter ‘Data Economy SWD’).

25. See also Wiebe，‘Von Datenrechten zu Datenzugang—Ein rechtlicher Rahmen fur die europäische Datenwirtschaft’ (2017) CR 87，92.

26. 前注24，Data Economy SWD，第37页。

27. 更详细的论述参见上注，第38页。

28. 更详细的论述参见上注，第39页。

29. European Commission，‘Proposal for a Directive of the European Parliament and of the Council on certain aspects concerning contracts for the supply of digital content’ COM(2015) 635 final.

30. Zoll，‘Personal Data as Remuneration in the Proposal for a Directive on Supply of Digital Content’ in Schulze/Staudenmayer/Lohsse(eds.)，Contracts for the Supply of Digital Content：Regulatory Challenges and Gaps(Nomos 2017) 179 et seq.

31. Weber，‘Data Protection in the Termination of Contract’ in Schulze/Staudenmayer/Lohsse(n 30) 195—196.

32. Weber，‘Big Data：Sprengkörper des Datenschutzrechts?’ (2013) Weblaw Jusletter IT of 11 December 2013，paras 31 et seq.

33. 例如，MIDATA.coop 通过帮助公民建立和拥有 MIDATA 合作社，使公民能够安全地存储、管理和控制对其个人数据的访问：参见〈www. midata. coop/〉。

34. See Weber，‘Big Data in the Insurance Industry’ (2016) Weblaw-Jusletter of 12 December 2016，paras 7 et seq.

35. Rubinstein，‘The End of Privacy or a New Beginning?’(2013) International Data Privacy Law 74，81.

36. Postulat 15.4045 Derder：‘Recht auf Nutzung der personlichen Daten. Recht auf Kopie?’ available under 〈www. parlament. ch/de/ratsbetrieb/suche-curiavista/geschaeft?AffairId=20154045〉accessed 24 August 2017.

37. Eidg. Justiz- und Polizeidepartement，‘Erlauternder Bericht zum Vorentwurf uber das Bundesgesetz uber die Totalrevision des Datenschutzgesetzes und die Anderung weiterer Erlasse zum Datenschutz’(21 December 2016) 38：〈www.bj.admin.ch/dam/data/bj/staat/gesetzgebung/datenschutzstaerkung/vnberd.pdf〉accessed 24 August 2017.

38. 参见上文一(三)部分。

39. 前注 5，Data Economy Communication，第 12 页；有关最近的重要评估，参见前注 23，Position Statement on Public consultation on Building the European Data Economy，第 8—19 段。

40. See Weber，‘Data Portability and Big Data Analytics. New Competitive Policy Challenges’(2016) Concorrenza e Mercato 59，66.

41. Monopolkommission，Wettbewerbspolitik：Herausforderung digitale Märkte (Nomos 2015) 201.

42. 一般性的讨论参见前注 40，Weber 文，第 59 页。

43. See Weber，‘Information at the crossroads of competition and data protection law’(2015) Zeitschrift fur Wettbewerbsrecht 169 et seq.

44. 前注 11，Position Statement on Data Ownership and Access to Data，第 35 段。

45. 相关综述参见前注 40，Weber 文，第 69—70 页。

46. COM(2015) 627 final.

47. Joined Cases C-403/08 and C-429/08 Football Association Premier League and Others EU：C：2011：631.

48. 欧洲议会和理事会于 2017 年 6 月 14 日发布的(EU)2017/1128 条例，关于内部市场中在线内容服务的跨境可移植性法规[2017] OJ L168 / 1，于 2018 年 4 月 1 日生效。

49. 更详细的论述参见，Pfeifer，‘The Proposal of the EU Commission for a Regulation on Ensuring the Cross-Border Portability of Online Content Services in the Internal Market’，另见前注 9，De Franceschi 第 171—172 页。

50. 前注 5，Data Economy Communication，第 12 页。

51. 参见上文三(二)部分的前注 27。

52. 更详细的论述参见前注 25，第 92 页。

53. 前注 24，Data Economy SWD，第 39 页。

54. IDC，‘Data Ownership and Access to Data—Key Emerging Issues’(29

January2016) 30.

55. OECD，‘Data-Driven Innovation for Growth and Well-Being：Final Report’(Paris 2015).

56. 欧洲议会和理事会 2013 年 6 月 26 日第 2013/37 / EU 号指令，该指令对关于重新使用公共部门信息的第 2003/98 / EC 号指令进行了修订[2013] OJL175 / 1。

57. 前注 24，Data Economy SWD，第 39 页。

58. Weber，‘Competition Law versus FRAND—Terms in IT-Markets’(2011) World Competition Law and Economics Review 51，68—69.

59. 同上注，第 55—56 页。

60. 更详细的论述参见 Drexl ‘Designing Competitive Markets for Industrial Data in Europe—Between Propertisation and Access，Max Planck Institute for Innovation & Competition Research Paper No. 16—13；Ménière/Thumm，‘Fair，Reasonable and Non-Discriminatory(FRAND) Licensing Terms’，Research Analysis of a Controversial Concept(2015) JRC Science and Policy Report 2015。

61. 前注 58，Weber 文，第 65—68 页。

62. 参见上文第二(四)部分。

63. European Commission，‘Press Release：Antitrust：Commission accepts commitments by ISDA and Markit on credit default swaps’(20 July 2016).

64. Case T-76/14 Morningstar v Commission EU：T：2016：481.

65. 另请参见本书中 Drexl 的论文。

66. 另见前注 54，IDC 文，第 29 页。

159 第八章　数据获取：同意与许可制度的功能

弗朗切斯科·梅扎诺特[*]

一、引　言

“最大化数字经济的增长潜力”是“欧洲数字单一市场战略”的关键支柱之一。自 2015 年 5 月 6 日发布报告以来，欧盟委员会将这一目标建立在三个补充措施之上：打造数据经济、通过增强互通性和标准化提升竞争力、支持包容性的公民和企业可以从相互关联的多种语言的电子服务中受益的数字社会。[1]

针对与数据驱动型经济所立足的数据相关的分配和交易问题的合规监管，是将所有这些政策选择联系在一起的关键部分。在 2017 年 1 月 10 日《打造欧洲数据经济》的报告中充分体现了这一考量，该报告基于对欧盟所规定的四项基本自由的保护，提出数据自由流动是建立运转良好的、有活力的市场的先决条件，有利于促进跨境数字服务的运营和不断发展。[2]在这种情况下，数据不仅应被视为构成物联网(IoT)支柱的复

---

* 作者系罗马第三大学助理研究员，研究私法。

杂互联设备的产品(输出端)，而且越来越被视为创新技术的关键组成(输入端)，能够提升产品和改进流程，并支持公共机构和个人的决策(首先 160
是企业和客户)。[3]

因此，增强大量和多样化数据集的可用性对于所传递信息的价值最大化显得至关重要，这不仅是为了公共利益和科学目的，而且也是为了促进市场参与者之间的竞争。与此同时，欧盟委员会也承认，[4]在工业4.0的商业实践中，数据生产者将数据保密会导致数据的“茧房分析”风险，这极大地限制了数据的潜能、优势、共享和再利用。[5]这些评价显示了获取数据是繁荣数据经济的一个关键因素，因此需要对获取数据进行仔细的政策评估。

从这些前提出发，《打造欧洲数据经济》[6]的《职员工作报告》重点列出了可能采取的立法措施的详细清单，旨在促进数据在公共机构、市场参与者和其他利益相关者之间流通。在这里，我们可以对这些监管解决方案进行初步调查，将它们分为非自愿数据转移的三个主要体系。

(1) 为公共利益目的数据获取制度，即在满足公共利益要求的情况下，公共机构可以获取私人行为生成的数据。该制度模仿了成员国(例如法国[7])最近推行的举措，预计将使公共部门机构能够利用商业上掌握的信息显著改善其决策，尤其是出于公共卫生政策、空间和城市规划、 161
自然和技术风险管理以及能源供应或环境保护的原因。[8]

(2) 基于报酬的数据获取制度，即在某些条件下，特定的第三方根据公平、合理和无歧视原则获得数据，但其具有对数据持有者支付一定费用的义务。该制度与市场背景下基于标准制定组织和相关必要专利而制定的标准相似(FRAND 许可)。[9]

(3) 强制转移系统或对“数据生产者权”施加的例外与限制的数据获取制度，该制度根据学术建议起草，[10]作为一种物权化权利，可对应独立于合同关系的任何一方，从而能够防止无权使用该数据的第三方进一步使用该数据，[11]包括就未经授权获取及使用数据行为要求赔偿损失的权利。该方案初步看有违直觉，但这种方法表明，在数据领域建立一种新的知识产权是合理的，可以将其视为一种有利于促进无形资源开发和交易的监管平台，从而加强数据的传输和市场参与者获取数据的机会。[12]

这一方案旨在审查非协商一致的数据获取机制，该机制可以有效支持数据自由流动的目标。分析的出发点是承认根据目前的法律，似乎没
162 有依据来统一确认数据的专有权，这在逻辑上应该是本文第二部分论及的任何披露战略的起点。这为三种分配选择开辟了空间，每一种都需要不同的旨在促进数据流通的立法措施。本文第三部分探讨涉及机器生成数据的无限制获取制度的结果，作为一种政策选择将促进数据存储和传输工具与格式的标准化和互用性。第四部分重点关注与分配策略相关的数据获取措施，分配策略向数据持有者授予一定程度的独家控制权，并为构建一个灵活的、目的导向的数据获取体系提出建议。第五部分总结全文分析的结论。

二、 获取机制和初始分配策略

毫无疑问的是，任何与数据权利的二次流通有关的获取制度，在没有初步考虑其初始分配的情况之前，都无法对其进行适当分析，从而明晰谁首先有权(或应该有权)享有和处理它们，以及在什么条件下可以享有和处理数据。[13]

(一) 工业数据在当前法律框架下的独占权?

从这个角度来看，个人数据和工业数据概念之间的区别虽然在数字经济商业模式中的边界模糊，但在理论和实践中仍然有一些相关性。简而言之：由物联网驱动的数据集也可能涉及个人信息(这引起了有效监
163 管问题)，[14]尽管如此，仍有必要区分不同类别的数据并建立法律规范性框架，将原始数据的控制权授予适当的法律主体。

一方面，根据《通用数据保护条例》在欧洲引入的统一规则，[15]个

人数据有明确的信息保护客体，已识别或可识别的自然人免受非法外部干扰。根据《欧盟基本权利宪章》第 8(1)条规定的一般原则“每个人都有权保护与自己有关的个人数据”，[16]主观权利的原始权利人就明确了。[17]目前的争论不可能被全面分析，集中在不同的隐私法律功能的演变问题上，其经常被认为不仅仅是一种防御规则，同时也作为一种能够促进积极参与数据经济开发的规则。[18]的确，虽然不能与美国法律体系中演变出来的公开权相提并论，[19]《通用数据保护条例》似乎抛弃了严 164
格的“不可剥夺性规则”的保护模式：它促进数据处理的形式独立于相关人员的许可。在功能上可与流通制度中的“责任规则”相提并论[20]——而且似乎倾向于支持以市场为导向的根据数据主体同意[21]的基于“财产规则”的数据转让制度。[22]

另一方面，安装在机器和电子装置上的计算机软件、应用程序和传感器能够收集性质不同的编码信息，这不仅是因为个人可能根本没有参与被监测的活动，还因为数据收集过程可能会将个人数据转化为匿名数据。[23]在后一种情况下，将排除隐私保护法的适用，这就开启了建立对这些信息权利分配的规范制度的探索。

在这方面，尽管不可能在这里深化这个主题，但欧洲学者似乎都认 165
可，当前法律中没有一个现有的知识产权制度本身倾向于授予对这些数据集的独占性权利。[24]

即使从《数据库指令》的角度分析工业数据，[25]这种考虑似乎也是正确的，并且乍一看可能是最合适和最直接的保护模式。众所周知，《数据库指令》定义了两种不同的制度：版权，专用于“数据库，由于其内容的选择或安排，构成作者自己的智力创造”；并表明“数据库的生成者在质量或数量上，在获取、验证或介绍内容方面的大量投资”，赋予其“防止提取或重新使用，定性或定量评估该数据库内容的全部或实质性部分的使用”的权利。

这两项权利的主要问题源于这样一个事实，正如《数据库指令》第 3(2)条所示，将数据库称为数据的集合，并且不授予对其内容的语义级别的控制。[26]此外，版权保护模式下机器生成数据集[27]的情况通常缺乏智力性投入，这种特殊的知识产权保护直接用于获取和呈现信息的大量
166 投入。[28]后者的要求十分重要：它不仅使人们对将数据库权利的范围扩展到那些仅仅是工业 4.0 中商业模式发展的副产品的数据集中产生了严重的怀疑，还因为它从根本上将个人和消费者排除在任何可能形式的保护之外。[29]

如果将工业数据视为商业秘密保护的对象，可以做出类似的评论，不管这种防御技术与知识产权结构是否存在明显的区别(鉴于商业秘密保护虽然关注的是信息的语义层，但并没有授予其持有者任何专有权，而只是保护他免受某些非法盗用)。[30]为了符合《商业秘密指令》的条件[31]从而获得保护，相应信息必须满足如下条件：

(1) 一般不为通常处理这类数据的业内人士所知或容易取得；

(2) 具有商业价值；

(3) 采取在当时情况下看来合理的措施和步骤保密。

可以看到，这些条件中没有一种是完全符合工业数据的一般收集和管理方式的。具体而言：(1)在许多情况下，信息可以被不同的主体同时获取(例如智能汽车在可自由通行的道路上记录的数据)；[32](2)特别是基于非密集测量活动的数据，可能看起来只是“琐碎的信息”，因此被排
167 除在商业秘密之外；[33](3)在工业 4.0 的网络环境中，对信息保密似乎越来越困难，特别是在考虑到让第三方对其进行分析利用确有必要的前提下。[34]

总结：假设“目前的法律框架没有为数据提供任何形式的类似于知识产权的保护”。[35]可以推断，对机器生成数据的排他性控制在技术上只能通过数据收集者自己的防御措施来实现，从而只能作为一种事实上的财产客体。

(二) 数据控制权分配的折中法

尽管基于事实控制的解决方案似乎在当前的学术辩论中受到欢迎，与饱受批评的新型“数据生产者权”相比，[36]作为一种更有效的方式来

促进这些资源的合意开发。需要指出的是，对工业数据集事实属性的识别也是一种非中立的选择。

从这个角度来看，与《信息社会指令》[37]中可检测到的数字版权管理规则的比较非常具有相关性。[38]在后一种情况下，技术措施仅针对受 168
版权保护的客体，未经知识产权人事先授权的使用行为也受到约束(《信息社会指令》第 6(3)条)；[39]相反，在处理工业数据时，无条件执行数据控制人所设置的技术限制意味着承认数据的独占权，而这种独占权在系统中没有其他正式的法律根据。[40]

正如学者所强调的那样，被保护的技术措施“与法律有不止一种潜在的关系”[41]：他们当然可以行使法律权利，但它们也可以取代、超越甚至建立对立法者尚未正式认可的无形财产的独占控制的新形式。[42]倾向于默认一个“由技术实现的私人治理体系”——不是通过法律——规范被授权用户行为——或者可能更准确说法是可以执行的治理体系，这是对数字经济中发展起来的防御策略的重要认可。[43]

在立法者没有作出明确的权利划分选择时，对信息的专有权利的确认，仅仅因为其在技术上受到了保护，似乎与知识产权制度的一般原则
相冲突。[44]《商业秘密指令》第 2 条中关于“商业秘密”定义的条件明 169
确表明，数据控制人为保密所作的努力和投入(“合理方案”)本身并不是法律保护的相关理由(甚至不只是像授予商业秘密持有人那样的防御性质)。从这个意义上说，通过技术保护措施人为创造的财产，不能与通过合法行使公认的主观权利间接实现对无形财产排他性控制相混淆(例如，通过对主办体育赛事实体场地的所有权，实现体育赛事的视听利用)。[45]

当提到有形资源(也作为获得所有权的一种方式)时，作为其物质稀缺的必然结果，事实控制(即“占有”)在规范上是相关的。[46]相反，无形财产的非竞争性质通常被理解为知识产权的保护理由。[47]这一原则赋予立法者对信息专有权分配过程的垄断性控制，同时限制私人自治在划定私人财产边界中可能发挥的作用。[48]因此，在开发基于知识的资源方

170 面，个人被赋予了恒定的自由，在强制性违约制度下的共享使用，只能受制于具体法律规范的有限的例外情况。[49]

这些考虑将扩大欧盟委员会为支持数据自由流动倡议而提出的政策选择的范围。最近提出的所有数据获取机制都隐含地假定了某种程度上有利于数据收集者的排他性控制，或者有利于以防御性权利的形式保护(模仿商业秘密保护)，[50]或通过认可知识产权保护(新的“数据生产者权”)。[51]在此框架中，很明显，非合意的数据传输系统是迫使有利于第三方(例如：公共机构、研究机构、竞争对手、客户等)数据流通的唯一可用方案。[52]一种更中立的方法揭示了(至少)第三种可能的解决方案，在什么情况下，对数据的不受限制的获取是信息资源公共领域性质的自然推论，不是任何合法或实际持有人可强制执行的权利对象。[53]

本文的其余部分将专门分析可以从这些不同的权利分配选择中发展出来的替代性数据获取政策：(1)“不受限制的数据获取”(数据作为公共领域资源)；(2)“防御性权利”和“知识产权”(对数据的排他性控制)。

171

三、 方案1：对数据没有权利——不受限制的数据获取制度

关于数据在数字经济中的作用，科研机构和学术辩论已经提出了一些论点，可以用来支持对机器生成数据集进行公共领域的监管。

首先考虑的是数据的公共利益性质：鉴于这些资源作为无形财产，允许非竞争性消费(每个主体都有可能使用一条信息，而不阻止对任何其他主体的潜在利用)，似乎有理由得出这样的结论：作为一种政策选择，将数据商品化，通过法律规范对其开发权和处置权进行有效分配，缺乏基本的合理性。[54]

在传统的知识产权方法中，激励范式通常克服了后一种论点：人为

的信息垄断权具有市场模仿功能，[55]有利于鼓励对创新的投资，否则创造者不可能将其发明商业化，对创新的投入会降低(参见阿罗(Arrow)对信息悖论的阐述[56])，转而从易于复制的商品中获取利润。[57]

但是，这些问题似乎与工业数据无关。[58]首先，实证研究表明，在
工业 4.0 时代，汇编信息的产生和收集成本通常很低，是核心业务活动 172
的附属品。[59]此外，数字经济市场参与者的竞争优势似乎并不仅仅来自海量数据的可获得性，关键取决于处理数据的能力，从而取决于能够从汇编数据中提取数据价值的算法和数据分析软件。[60]在这方面，垄断权在大数据集上扩散，特别是当排他性被授予无法获取其最大价值的个人或实体时，可能出现低效的结果，比如“反公地悲剧”[61]所预测的那些结果。这可能导致在生物医学研究和网络空间监管等领域中已经发生的分配效率低下的情况。[62]

将数据定性为公共领域资源的政策选择的直接必然结果是一种默认机制，没有人可以声称对所传递的数据享有权利：这显然意味着，在没有任何排他性的情况下，数据获取制度的实施不需要政策制定者为强制性披露、许可义务、例外和限制等规定设置条件等。与此同时，必须强调的是，对数据的“不受限制的获取”并不一定意味着没有任何监管干
预，可能反而有必要对数据的开发增强其(法律认可的)包容性。[63] 173

从这个意义上说，有必要区分最明显的情况，即公共领域的商品实际上对社区的所有成员都是可用的，从不同情况来看，尽管这些数据被正式规定为一种非排他性资源，但附带的数据事实上只能提供给有限的实际控制人。

关于前一种假说的一个很好的例子是关于“全景自由”(panoramafreiheit)在整个欧洲的争论，关于在有形财产的有形部分的权利分配标准(例如，拍摄他人财物外表的法律制度[64])。如果该物体——可移动的或不可移动的——被排除在公众视野之外，则可以通过合法行使授予财产所有人的权利间接限制对其形象的访问。[65]相反，欧洲法律界和学术界似乎有一种共识，即当一种商品对公众是自由可见的(例如露天广场上的建

筑物)，所有者的权利集合不包含对其形象的专有控制，因此，任何旁观者都可以利用这一点，不需要任何监管干预，以促进或便利访问。[66]

174 通过对欧盟《关于不受限制和标准化地获取车辆维修和保养信息的指令》的特殊解释，[67]关于欧洲统一的车辆维修和保养信息法律制度，可以有效地说明相反的情况。旨在改善国内市场的运作，特别是在货物的自由流动方面，在汽车行业建立和提供服务的自由，[68]作为分配选择的第一步，在车辆维修和保养信息领域(即制造商提供给其授权经销商和维修商的诊断、服务、检查、定期监测、维修、重新编程或重新初始化所需的所有信息，包括该等信息的所有后续修订和补充信息[69])引入不受限制的数据获取制度。

法规规定的不受限制获取数据的资格与已经过仔细审查的知识产权法原则相一致：该法规未提及任何公认的专有权类别所涵盖的数据，甚至有资格获得商业秘密保护的数据(通常供应给官方经销商和修理工)。汽车制造商偶然拥有的关于这些数据的事实上的可用性并不会改变其分配制度；相反，它向法律体系施加了一种监管干预，这种干预倾向于允许第三方合法地访问并享有这些数据。

由此逻辑推论，汽车制造商提供非歧视性数据获取[70]的义务不能被解释为“许可的义务”(根据无人知晓不存在事物的规则)。最近欧盟委员会提出一个不同的结论[71]：可以从该法律规定第 7 条的措辞推断“汽
175 车制造商有权对获取汽车维修和保养信息收取费用”。同一法律规定的其他语言版本表明对该规则有更一致的理论解释，不能与“许可费用”混淆。[72]在这里，数据的事实控制者被赋予了一种监管功能，监管功能的履行允许信息实际上被授予所有受益的第三方，作为一种补偿，目的只是为了弥补私人方因其“数据获取的授权者或数据流动促进者”的角色而承担的成本和费用。

综上，可以得出结论，在将数据界定为公共领域的立法框架中，要执行的主要政策是通过能够保护公共权利的补救措施来维护资源的包容性。[73]特别是标准化和互用性是“数据治理”[74]的关键策略目标。立法

建议的目标是促进欧洲工业数据储存和传输工具和格式的统一化、正规化，从而降低为履行其监管职能而对信息控制者施加的成本，消除实施“无限制的数据获取机制”(这里设想为数据的一个可能的初始分配选择)的技术障碍。[75]

四、 方案2：数据的排他性控制——非自愿的数据获取制度

从数据自由流动建议的角度来看，防御性权利和知识产权解决方案 176
似乎是一致的，[76]因为这两种策略都有意将数据控制分配给特定的个体(分别为事实上的“所有人”或合法的“所有人”)，以便保护数据不受非法的外部干涉。这迫使任何希望合法获得数据权利的人与数据持有人进行自愿交易。如果把重点放在欧盟委员会的明确提议上，即不仅提供数据生产者权，还提供防御性权利，以设定一系列标准的财产救济规则，那么这个结论就十分明确，例如，“有权寻求禁令，阻止无权使用数据的第三方进一步使用数据”，和“根据市场商业化排除的盗用数据制造产品的权利”。[77]

因此，双方合意下的数据转移制度是数据流通的普通方式，[78]相反，促进数据共享和交换的政策目标，无论是为了公共利益还是为了促进市场竞争，都应基于在特定条件下强制非自愿获取数据的监管制度。

(一) 非自愿数据获取制度的基本要素

相较于“结构性公共领域”的解决方案，开放性显然源于数据的法律地位(没有任何相关的私人权利的支持)。任何非双方合意的数据流通制度都必须设定条件，使权利所有者的排他性权利变成“法律上的相反立场”，使第三方对数据的利用合法化(理论上可以称为权利、特权或豁免)。[79]

最近对这一主题的分析指出了在“一般性”制度(在不同的市场部门有效)和“独立”“特定行业”制度之间的基本政策选择。[80]无论采用

177 何种立法技术来具体界定选定的免费使用范围，它们在功能上具有同质性，与促使数据资源非合意流通的目标相联系，使人们可以初步确定所有的不同形式的规范性获取数据制度所共有的基本要素。

第一个条件是通过限制权利人的司法地位进一步促进政策目标的确定。[81]通过对支持数据获取的一般利益的抽象认知可以满足此要求：保护基本权利(例如健康、言论和信息自由、教育等)，支持某些社会、政治或文化目标；促进商业目标(例如增强竞争、调节市场失灵等)。或者，立法所促进的目标可能间接地来自对规范干预受益者的分析(例如，公共机构、文化和研究机构、医疗中心、消费者等)。

第二个条件是对利用制度范围的界定：可以参照获取的目的或通过对访问权限(其功能是界定提供数据的具体用途和应用)的详细定义来进行一般性地确定。[82]

另一个要素涉及获取条件，并且需要在免费或有偿数据传输系统之间进行根本性的选择。这些选择主要依赖于规范性制度所保护的利益的性质：数据自由流动倡议可以很好地促进民主社会的基本权利，它也可能只是这个目标的附带条件，而与市场目标更相关(例如，将数据提供给医疗中心或公共机构以促进科学研究的情况，似乎不同于通过向原始持有人的竞争者提供数据，以信息流通的方式增强竞争性)。[83]

178 在有偿使用的情况下，可以通过立法预先确定的标准或通过一个旨在明确数据持有者许可义务的具体条件谈判程序来评估费用水平，该费用至少应包括为使转让能够进行而强加的费用。要定义这两种规范性选择，严格来说它们不是替代选择，[84]立法干预可以从 FRAND 条款程序和概念中获得富有成效的启示，正如标准制定组织的实践以及在相关的法律诉讼和理论辩论中所演变的那样。[85]即使工业数据的监管不直接涉及类似标准必要专利等知识产权问题，FRAND 条款也可以作为一种可能的解决工具模型，不仅有利于起草合理和公平的许可定价标准，[86]还可以(主要是)正式确定纳入制度的参与方的谈判程序步骤。[87]

179 正如欧盟委员会最近承认的那样，由于许可方和潜在许可方之间的诉讼量很多，在特别服务方面，FRAND 条款的具体执行仍然经常具有挑战性。[88]尽管如此，可以推测，将明确的谈判职责定义为更广泛的访问制度的一部分，可以对这一点进行实质性改进。在这种情况下，满足强制性程序步骤是数据持有者的法定义务，因此可作为其许可义务的关键要素而强制执行。

（二）非自愿数据获取的制度结构 180

在为实现数据自由流动而提出的政策方案中，将非合意数据流通的一般模式与独立的数据获取机制区分开来。前者基于适用于机器生成数据集的综合原则和规则，而不考虑环境和数据利用的特性，后者具有精确具体的结构，旨在为特定市场部门监管提供量身定做的解决方案。

在这里可以应用对数据获取制度的“假如没有”(but-for)要素进行功能分析，以表明数据保护战略对二次流通的替代结构是中立的。更明确地说：防御权和独占性权利划分方案都允许政策制定者起草“一般性”的或“给予特定行业”的数据获取制度。这一点可以通过对欧洲目前生效的有关立法中规定的基本制度进行调查加以证实(见表 8-1)。

(1.1) 关于防御权选择，《职员工作报告》[89]阐述了促进特定行业数据获取制度的详细规则的重要案例。其中，REACH 法规就是最突出的例子：为了维护社会整体利益(旨在减少对动物进行化学测试)，在特定情况下，强制私营公司允许第三方获取其研究数据，即使这些主体是潜在注册人，是测试的先前注册者/开发者的竞争对手。[90]

(1.2) 虽然表面上看不够直观，但保护数据持有者的防御性权利模型还可以与通用的、全面的数据获取制度相结合。从这个意义上讲，《商业秘密指令》提供了相关说明，该指令定义了遍及所有市场领域的数据
获取领域，确保并促进言论自由、知情权、举报等以及更普遍的任何被 181
“欧盟或成员国法律认可的合法权益”。[91]

(2.1) 至于排他性权利选项，详细的获取模型最明显的例子是“强制许可”模式。《与贸易有关的知识产权协议》规定的国际知识产权原则并未为这一概念提供具体选项，而是提及了功能上等效的未经权利人授

权使用的问题。[92]这种规范性制度对欧盟及其成员国均具有约束力，它并未详尽列出可以实施强制许可的情况，但规定了国家立法者在引入非合意性知识产权流通规则时必须设置的特定条件。第一个要求应根据个案情况考虑授权：这种强制获取制度倾向于建立在个案单独考量的基础上；[93]因此排除了能够支持一般性义务的立法干预的合法性——在这种情况下，某些类别的受保护商品或技术以及相关的专有权将自动获得许可的资格。[94]

(2.2) 关于知识产权的例外和限制的全面规则为一般性数据获取机制提供了一个完美的说明，因为这些例外和限制定义了受保护作品的合理使用类别，将独占权降级为“功能性公共领域”制度，[95]独立于任何特
182 定的市场部门或数据利用的环境。《信息社会指令》第 5 条规定的合理使用的清单就是一个有效的例子。这一立法干预是通过明确的目标，即在整个欧洲引入例外和限制的“水平”协调模式，超越了所谓的“第一代指令”[96]的核心“垂直”模式，后者仅关注特定行业(卫星广播[97]、计算机程序[98]等特殊作品、数据库[99])、特定权利(租赁权[100]、转售权[101])或特定保护方式(持续时间[102])。

183 **表 8-1　非双方同意的数据获取制度**

	配置防御性权利	配置独占性权利
特定行业的数据获取制度	部门立法 例如 REACH 法案第 27—30 条	强制许可 例如《与贸易有关的知识产权协议》第 31(1)条
一般性数据获取制度	免责条款 例如《商业秘密指令》第 5 条	例外和限制 例如《信息社会指令》第 5 条

(三) 建议：一个灵活的、目的导向的通用数据获取机制

独立于原来的权利划分策略的一整套完整的非合意数据流通模式的存在，是欧盟委员会提出的促进数据自由流动倡议的重要组成部分，其执行为数据获取制度设计开辟了一系列多样化的备选方案。

欧洲学者已经强调了在数据获取制度设计中差异化规范的优

点。[103]特定行业的立法将允许解决相关的监管问题，因为这些问题逐
渐出现在工业 4.0 不断更新的商业模式中，没有必要依赖事先的例外，
或基于公平交易条款(如美国版权法中的相应规则)或详尽的限制清单(如
《信息社会指令》的做法)。[104]事实上，这两个选项似乎都不代表最佳
的解决方案[105]：虽然前者看起来非常模糊(因此容易产生不确定性和更
多的诉讼)；后者有被无限期推迟的风险(在获得数字经济在不同部门
之间具有高度异质性的足够信息之后)或太过于僵化的风险(因规范起 184
草没有经过深思熟虑而预见不到的，在将来可能阻碍为合法利用数据
提供便利)。[106]

同时，不应低估构建一系列开放式的不同部门的独立干预措施产生的相关成本，尤其是由于下述两个明显的因素。一是欧盟立法过程十分复杂，由此带来了沉重的负担，需要产生大量的法律规范，必须制定多项不同立法，每项立法都正式涵盖一个部门性法规的完整构架。[107]二是碎片化的部门法律规范之间的协调性难以实现。

考虑到这些因素，笔者建议始于对一般性数据获取机制和特定于行业的数据获取机制之间进行必要的互鉴和互补的认知。[108]

特定于行业的数据获取(能够关注数据利用在不同环境下的特殊性)
的优势在于它在一个非资源的信息流通一般机制的基础上，一方面能够
在数据持有者和一系列选定的普通利益之间取得“最佳平衡”，另一方
面有助于促进基本权利实现并增强企业竞争力。[109]类似立法模式的灵 185
感来源可以在 Wittem 集团的“欧洲版权法典”提案中找到。这个立法项
目根据目的和差异对版权的限制进行分类(故意以一种开放的方式进行
分类)，[110]并在每个分类中区分有偿许可或无偿许可。[111]

虽然基于一般性和抽象性规则，但是法律规范有明显的利益平衡导向，间接适用方法能够减少其产生的不可避免的僵化和不考虑适用环境差异的风险。[112]

法院最近推动的解释活动证实在《信息社会指令》中列出的例外和限制的具体运用中，受到了“维护不同类型权利人之间，以及不同类别

的权利人和受保护客体的使用者之间利益平衡”这一目标的启发。[113]与之前的判断相比，具有颠覆性的改变，[114]在过去几年中，法院经常强
186 调，根据知识产权制度中权利确认的基本原则，[115]关于例外和限制的规则必须根据其客观和正当的理由加以解释。这意味着，正如欧洲法院明确指出的那样，“为了确定在某一特定案件中，例外的适用是否实现了利益平衡，必须考虑到案件的所有情况”。[116]

因此，起草支持限制排他性控制的规范，应该有利于保持拟议的数据流通制度的灵活性，这样，它就可以作为数据获取的有效机制，并且该机制能够不断与技术发展和与资源供应有关的不断变化的利益保持一致。[117]

五、结　论

数据获取制度的建立必须考虑实践情形，为了评价和比较数据流通或强制转移的法律制度，首先需要确定对数据法定控制权的初始分配(见表 8-2)。

表 8-2　权利配置和相关的数据获取制度

原始分配	数据的法律性质	数据流通	访问制度
无权利	包容性	不受限制	任意获取
防御性权利	部分排他性	受控制	非合意性数据流通
数据生产者权	排他性	基于合意	

考虑到数据是公共领域(非排他性权利)的一部分，立法选择是针对执行不受限制的数据获取制度，甚至可以通过对处于数据控制人地位的私人施加监管来促进这种制度实施。

187 如果以有利于数据持有者的方式授予某种程度的排他性权利(无论是通过防御性权利权还是知识产权模式)，那么数据获取策略不可避免

地要基于非合意性数据流通机制设定。目前倾向于采用一体化模式：一种通用的、灵活的、面向目的对象的数据获取制度，辅之以针对具体行业的立法干预，以矫正不同环境下监测到的数字经济特殊的市场失灵。

注释

1. European Commission，'A Digital Single Market Strategy for Europe' COM (2015) 192 final.

2. European Commission，'Building a European Data Economy' COM(2017) 9final(hereinafter 'Data Economy Communication').

3. 在讨论工业数据之前，信息资源的累积性就已经被强调了：cf Nonaka, 'Dynamic Theory of Organizational Knowledge Creation' (1994) Organization Science 14。

4. 前注 2，Data Economy Communication，第 8 页。最近有人指出，不加区别地获取数据也可能对竞争性市场产生不利影响：参见 Max Planck Institute for Innovation and Competition，'Position Statement of 26 April 2017 on the European Commission's Public consultation on Building the European Data Economy' (2017) Max Planck Institute for Innovation & Competition Research Paper No.17—08，4。

5. Mattioli，'Disclosing Big Data' (2014) Minn. Law Rev. 535，544—549.

6. European Commission，'Staff Working Document，on the free flow of data and emerging issues of the European data economy' SWD(2017) 2 final，11—30. (hereinafter 'Data Economy SWD').

7. Art. 19 Loi n. 2016—1321 du 7 octobre 2016 pour une République numérique.

8. 前注 6，Data Economy SWD，第 32—33 页。

9. 同上注，第 36 页。

10. Zech，'Data as tradeable commodity' in De Franceschi(ed.)，European Contract Law and the Digital Single Market(Intersentia 2016) 51；De Franceschi/Lehmann，'Data as Tradable Commodity and New Measures for their Protection' (2015) Italian Law Journal 51.

11. 前注 6，Data Economy SWD，第 36 页。

12. On the dissemination function of intellectual property law，Lemley，'The Surprising Virtues of Treating Trade Secrets as IP Rights' (2008) Stan. Law Rev. 311，332—333；Strowel，'Droit d'auteur et accès à l'information：de quelques malentendus et vrais problèmes à travers l'histoire et les développements récents' (2000) Cah. Prop. Intell. 189；Ginsburg，'A Tale of Two Copyrights：Literary Property in Revolutionary

France and America’(1990) Tulane Law Rev. 991，1005—1006.

13. “权利的初始分配选择”的重要性，特别是在考虑相关交易成本的情况下，可以通过法律的经济分析清楚地解释：Coase，‘The Problem of Social Cost’(1960) Journ. Law Econ. 1，15；and for an application in the legal debate see Peukert, Guterzuordnung als Rechtsprinzip(Mohr Siebeck 2008) 116—117。

14. Wendehorst，‘Editorial：Consumer and the Data Economy’(2017) EuCML 1，2；and for an integrated approach of privacy and competition law in data protection，see Colangelo/Maggiolino，‘Data Protection in Attention Markets：Protecting Privacy Through Competition?’(2017) JECLAP 363.

15. 2016 年 4 月 27 日欧洲议会和理事会《关于保护自然人处理个人数据和该等数据自由流动的指令》((EU)2016/679)，并废除《关于处理欧盟境内的一般数据指令》(95/46/EC)，[2016]OJ L119/1。

16. 关于数据保护的基本权利与《通用数据保护条例》中规定的个人数据制度之间的相互关系，参见《通用数据保护条例》鉴于条款第 1 条(“保护自然人处理个人数据是自然人的一项基本权利”)和《通用数据保护条例》第 1(2)条(“本条例保护自然人的基本权利和自由，特别是保护自然人的个人数据权利”)；有关该主题的更深入分析，请参见 Lynskey，The Foundations of EU Data Protection Law(OUP 2015) 89—112。

17. See recently Rott，‘Data protection law as consumer law—How consumer organisations can contribute to the enforcement of data protection law’(2017) EuCML 113，114.

18. Resta，‘The New Frontiers of Personality Rights and the Problem of Commodification：European and Comparative Perspectives’(2009) Tulane European & Civil Law Forum 33；von Lewinski，Die Matrix des Datenschutzes(Mohr Siebeck 2014) 50.

19. See for a comparative overview Lee et al.(eds)，Intellectual property，unfair competition and publicity. Convergences and development(Edward Elgar 2014).

20. See Pormeister ‘Informed consent to sensitive personal data processing for the performance of digital consumer contracts on the example of “23andMe”’(2017) EuCML 17；Granieri，‘Il trattamento di categorie particolari di dati personali nel Reg. UE 2016/679’(2017) Nuove Leggi Civili Commentate 185；Ottolia，‘Proprietà intellettuale e trattamento dei dati personali：riflessioni su privacy《per il sistema》e《nel sistema》’(2010) Ann. It. Dir. Autore 278.

21. Langhanke/Schmidt-Kessel，‘Consumer Data as Consideration’(2015) EuCML 218；Spindler，‘Contracts For the Supply of Digital Content—Scope of application and basic approach—Proposal of the Commission for a Directive on contracts for the supply of digital content’(2016) ERCL 183，191194；and in more

general terms，Ubertazzi，‘Propriety intellettuale e privacy’(2014) V Foro it. 93.

22. 明显借鉴了形式化的功能方法：Calabresi/Melamed，‘Property Rules，Liability Rules，and Inalienability：One View of the Cathedral’(1972) Harv. Law Rev. 1089。

23. Surblyte，‘Data Mobility at the Intersection of Data，Trade Secret Protection and the Mobility of Employees in the Digital Economy’(2016) GRUR Int. 1121，1122；critically on the possibility of a full anonymization Ohm，‘Broken Promises of Privacy：Responding to the Surprising Failure of Anonymization’(2010) UCLA Law Rev. 1701，1703.

24. 前注 10，Zech 文，第 62 页；Wiebe，‘Protection of industrial data—a new property right forthe digital economy’(2016) GRUR Int. 877，881。

25. 1996 年 3 月 11 日欧洲议会和理事会《关于数据库法律保护的指令》[1996] OJ L77/20；Hugenholtz，‘Implementing the European Database Directive’(2000) Int'l Intell. Prop. L. & Pol'y，70。

26. Derclaye，‘The Database Directive’ in Stamatoudi/Torremans(eds)，EU Copyright Law. A Commentary(Edward Elgar 2014) 309；Kur/Dreier，European Intellectual Property Law(Edward Elgar 2013) 267.

27. 欧洲法院(European Court of Justice)澄清说，适用于数据库的独创性标准是，当作者通过选择或整理其中包含的数据，以自由和创造性的原始方式表达自己的创造能力时，就满足了独创性标准。因此“当数据库的设置是出于技术上的考虑，规则或约束而没有创造自由的余地时，则不满足该条件”，参见案例：Case C-604/10 Football Dataco and others EU：C：2012：115，第 3839 段。

28. Drexl，‘Designing Competitive Markets for Industrial Data—Between Propertisation and Access’(2016) Max Planck Institute for Innovation and Competition Research Paper No. 16—13，19，commenting on European case law：CaseC-203/02 British Horseracing Board and others EU：C：2004：695，第 31 段。

29. 前注 10，Zech 文，第 73 页。

30. 前注 12，Lemley 文，第 311 页。

31. 欧洲议会和理事会于 2016 年 6 月 8 日发布的《关于保护未公开的专有技术和商业信息(商业秘密)免遭非法获取、使用或披露的指令》(EU)2016/943，[2016] OJ L157 / 1。

32. 前注 28，Drexl 文，第 23 页。

33. 前注 10，Zech 文，第 63 页评论了该指令的第 14 条(“商业秘密的定义不包括琐碎的信息”)，并批评了琐碎的信息没有任何商业价值的前提性错误。

34. Zeno-Zencovich/Giannone Codiglione，‘Ten Legal Perspectives on the “Big Data Revolution”’(2016) Concorrenza e Mercato 29，36—40.

35. 前注 24，Wiebe 文，第 881 页；Zeno-Zencovich，‘Liability for Data Loss’

in Mak et al.(eds)，Handbook on Data Science and Law(Edward Elgar forthcoming 2018)：“Ownership” of data is far from a settled issue。

36. Kerber，‘A New(Intellectual) Property Right for Non-Personal Data? An Economic Analysis’(2016) GRUR Int. 989；前注 28，Drexl 文，第 29 页。“事实排他性有可能迫使当事方进行谈判，并可能以与知识产权非常相似的方式触发交易。”

37. Directive 2001/29/EC of the European Parliament and of the Council of 22 May 2001 on the harmonisation of certain aspects of copyright and related rights in the information society[2001] OJ L167/19.

38. 前注 36，Kerber 文，第 994 页。

39. 前注 10，Zech 文，第 63 页。

40. For these concerns，Kalss/Rupp，‘Europeana，Arrow and Orphan Works：Bringing Europe's Cultural Heritage Online’ in Stamatoudi/Torremans(n 26) 965—966；Samuelson，‘Mapping the digital public domain：Threats and opportunities’(2003) 66 Law & Cont. Prob's 147，152.

41. Samuelson，‘DRM {and，or，vs.} the Law’(2003) Communications of the ACM 41，45.

42. Koelman，‘The Public Domain Commodified：Technological Measures and Productive Information Use’，in Guibault/ Hugenholtz(eds)，The Future of the Public Domain(Kluwer 2006) 105；and on the role of technology Macmillan，‘Public Interest and the Public Domain in an Era of Corporate Dominance’ in Andersen(ed.)，Intellectual Property Rights：Innovation，Governance and the Institutional Environment (Edward Elgar 2006) 52—54.

43. Dreier，‘How much “property” is there in intellectual property? The German civil law perspective’ in Howe/Griffiths(eds)，Concepts of Property in Intellectual Property Law(CUP 2013) 126；Peukert，‘Güterzuordnung und Freiheitsschutz’ in Hilty et al. (eds)，Geistiges Eigentum. Herausforderung Durchsetzung. (Springer 2008) 47.

44. Peukert，Güterzuordnung als Rechtsprinzip(n 13) 789—790；Jänich，Geistiges Eigentum—eine Komplementarerscheinung zum Sacheigentum?(Mohr Siebeck 2002) 234；Zeno-Zencovich，‘Personalità(diritti della)’，Digesto discipline privatistiche. Sez. civ. vol. XIII(Utet 1996) 441.

45. 本例参见前注 28，Drexl 文，第 29—30 页。关于类似的例子，见本文第三部分，指的是通过对暴露在该处所的房地所有人的豁免条款所管制的有形货物视觉的控制。

46. 关于占有概念和实际差异的比较概述，Emerich，‘Possession’ in Graziadei/Smith(eds) Comparative Property Law. Global Perspectives(Edward Elgar

2017) 171190。

47. Ohly，‘Gibt es einen Numerus clausus der Immaterialgüterrechte?’ in Id et al.(eds)，Festschrift für Gerhard Schricker zum 70. Geburtstag(C.H. Beck 2005) 105；Resta，‘Nuovi beni immateriali e numerus clausus dei diritti esclusivi’ in Id(ed.)，Diritti esclusivi e nuovi beni immateriali(UTET 2011) 24—27；and for a formalization of the principle，Ahrens/McGuire，Model Law on Intellectual Property. A Proposal for German Law Reform(Sellier 2013)第 2 段：“物权法定原则和模仿自由。创造性或同等成就的主体只应在本法典规定的范围内受到保护。允许开发、模仿依照本法属于公共领域的成果。”

48. Heller，‘The Boundaries of Private Property’(1999) Yale Law Journ. 1163.

49. 关于这个话题，在最近的分析中，Stevens，‘Party Autonomy and Property Rights’ in Westrik/van der Weide(eds)，Party Autonomy in International Property Law (Sellier 2011) 86—87；Hess/Ostrom，‘Introduction：An Overview of the Knowledge Commons’ in Eadd(eds)，Understanding Knowledge as a Commons. from Theory to Practice(MIT Press 2007) 3。

50. 前注 6，Data Economy SWD，第 35 页：“我们将考虑一套纯粹的防御性权利，这些权利可以保护合法拥有数据的事实数据持有者，使其免受他人对数据的非法使用。这将补充数据持有者目前为保护其数据和将此类数据传输给与他们没有合同关系的第三方而进行的技术努力。”

51. 同上注，第 33 页：“使用某些数据的专有权，包括许可使用的权利。”

52. Smith，‘Exclusion versus Governance：Two Strategies for Delineating Property Rights’(2002) Journ. Leg. Stud. 453；but see also Mezzanotte，‘The Protection of Ownership of Goods in the DCFR：An “Exclusion Strategy” at the Core of European Property Law?’(2013) ERPL 1009，1014.

53. Peukert，Die Gemeinfreiheit(Mohr Siebeck 2013) 49—50.

54. Demsetz，‘Toward a Theory of Property Rights’(1967) Am. Econ. Rev. 347；Barzel，Economic Analysis of Property Rights(2nd edn，CUP 1997).

55. Boyle，The Public Domain. Enclosing the Commons of the Mind(YUP 2008)4.

56. Arrow，‘Economic Welfare and Allocation of Resources for Invention’ in National Bureau of Economic Research，The Rate and Direction of Inventive Activity：Economic and Social Factors(Princeton UP 1962) 609.

57. Landes/Posner，The Economic Structure of Intellectual Property Law(HUP 2003).

58. 即使在不断发展的数字经济领域之外，对激励原理进行批判性的重新评估似乎也是合理的，参见 Musso，‘Grounds of Protection：How Far Does the Incentive Paradigm Carry?’ in Ohly(ed)，Common Principles of European Intellectual Property Law(Mohr Siebeck 2012) 33。

59. Kerber(n 36) 993, reporting OECD, 'Data driven innovation' (2015) 185. Available online under: 〈www.oecd.org/sti/data-driven-innovation-9789264229358-en.htm/〉 accessed 14 June 2017; but see already Ayres, Super Crunchers. Why Thinking-by-Numbers Is the New Way to Be Smart(Sperling & Kupfer2008) 60.

60. 前注 34，Zeno-Zencovich/Giannone Codiglione 文，第 32—33 页，这篇评论为未来的讨论打开了空间，文中讨论了是否需要为目前没有特别保护的数据处理中使用的算法建立特殊的法律保护，这对引入新的保护形式至关重要。另见前注 4，Max Planck Institute for Innovation and Competition，第 4—6 页。

61. Heller, 'The Tragedy of the Anticommons. Property in the Transition from Marx to Markets' (1998) Harv. Law Rev. 622.

62. Heller/Eisenberg, 'Can Patents Deter Innovation? The Anticommons in Biomedical Research' (1998) Science 698; and see also Rai/Eisenberg, 'Bayh-Dole Reform and the Progress of Biomedicine' (2003) Law & Cont. Prob's 289; and in the field of cyberspace regulation, Natke, 'Collapsing Copyright Divisibility: a Proposal for Situational or Medium Specific Indivisibility' (2007) Mich. St. Law Rev. 483; Van Houweling, 'The New Servitudes' (2008)Georgetown Law Journ. 885, n 9.

63. Dusollier, 'The commons as a reverse intellectual property—from exclusivity to inclusivity'，另见前注 43，Howe/Griffith 文，第 254，261，277—281 页。将这些案件归类为"包容性权利的新法律概念"，具体指的是"在(知识产权)中，非排他性需要一些组织和执行方式的情况"。

64. 对这些主题的讨论包括 Lehment，Das Fotografieren von Kunstgegenstanden (V&R Unipress 2008) 99—110; Resta, 'Chi è proprietario delle piramidi? L'immagine dei beni tra property e commons' (2009) Politica del diritto567。

65. Wanckel, 'Auf dem Weg zum 'Recht am Bild der eigenen Sache?' (2011) NJW 1779; Mayr, 'I diritti del proprietario sull'immagine della cosa' (2010)Ann. It. Dir. Autore 597, 602.

66. 参见相关国家案例的比较调查：Flöter/Königs, 'Verletzung des Rechts am grundstucksinternen Bild der eigenen Sache und Übertragbarkeit der dreifachen Schadensberechnung auf deliktische Schadensersatzanspruche aus Eigentumsverletzung' (2012) ZUM 383; Resta 'Le fotografie delle catacombe e la proprietà intellettuale' (2012) Dir. inf. 843; Dreier, 'Germany: Creating New Property Rights on the Basis of General Legal Concepts- Without Limits?' (2011) JIPITEC 152, 154; Geiger, 'La remise en cause du droit à l'image des biens: une privatisation du domaine public enfin freinee?' (2005) Rev. Lam. Dr. Imm. 6。

67. 2007 年 6 月 20 日欧洲议会和理事会《关于批准轻型乘用车和商用车辆(Euro 5 和 Euro 6)排放标准的汽车类型以及获取汽车维修和保养数据的规定》(EC)715/2007，[2007]OJ L171/1。

68. Recital 8 Regulation(EC) No.715/2007.

69. Art. 3(14) Regulation(EC) No.715/2007.

70. Art. 6(1) Regulation(EC) No.715/2007.

71. 前注 6，Data Economy SWD，第 37—39 页。

72. 可参考该规定的德文正式版本中提出的第 7 条标题“Gebühren fur den Zugang zu Reparaturund Wartungsinformation”；法语版本“Frais d'accès aux informations sur la reparation et l'entretien des véhicules”；意大利版本“Spese di accesso alle informazioni per la riparazione e la manutenzione dei veicoli”。

73. 前注 63，Dusollier 文，第 280 页。

74. Kerber，‘Governance of Data：Exclusive Property vs. Access’(2016) IIC 759, 761—762.

75. 前注 5，Mattioli 文，第 545—546 页；Madison，‘Commons at the Intersection of Peer Productions，Citizen Science，and Big Data：Galaxy Zoo’ in Frischmann et al. (eds)，Governing Knowledge Commons(OUP 2014) 209；前注 28，Drexl 文，第 68—69 页。

76. 前注 50，51。

77. 前注 6，Data Economy SWD，第 34 页。

78. 前注 12，cf Lemley，从商业秘密的传播功能中汲取灵感。

79. 参考该文关于概念的提出，Hohfeld，‘Some Fundamental Legal Conceptions as Applied in Judicial Reasoning’(1913) Yale Law Jour. 16。

80. 前注 4，Max Planck Institute for Innovation and Competition 文，第 11 页。

81. See as a methodological reference Geiger/Schonherr ‘Defining the Scope of Protection of Copyright in the EU：The Need to Reconsider the Acquis regarding Limitations and Exceptions’ in Synodinou (ed.)，Towards a European Copyright Code—Challenges and Perspectives(Kluwer 2012) 133，159—160.

82. 前注 52，Smith 文，第 467—474 页。

83. 对数据获取制度采取区别对待的详细建议(特别是关于版权的例外和限制)，in Geiger，‘The Future of Copyright in Europe：Striking a Fair Balance Between Protection and Access to Information’(2010) Int. Prop. QuArt. 1，13；and in a wider perspective see Ottolia，The Public Interest and Intellectual Property Models (Giappichelli2010)123—166。

84. 作为对这句话的阐释，see Regulation(EC) No 1907/2006 of the European Parliament and of the Council of 18 December 2006 concerning the Registration，Evaluation，Authorisation and Restriction of Chemicals (REACH)，establishing a European Chemicals Agency，amending Directive 1999/45/EC and repealing Council Regulation(EEC) No 793/93 and Commission Regulation(EC) No 1488/94 as well as Council Directive 76/769/EEC and Commission Directives 91/155/EEC，93/67/EEC，93/

105/EC and 2000/21/EC，[2007] OJ L 304/1。获取模式定义在 REACH 法案的第 27 条和第 30 条中，它以谈判程序为基础，促进通过动物试验获得的化学数据的流通，其目的是确保以公平、透明和非歧视的方式确定分摊数据的成本。促进谈判的实现，防止未能达成由欧洲化学品管理局通过的关于一般评估原则的规范性指导的补充协议(REACH 第 77(2)(g)条)。

85. Geradin，‘The Meaning of “Fair and Reasonable” in the Context of Third-Party Determination of FRAND Terms’(2014) Geo. Mason Law Rev. 919；Carlton/Shampine，‘An Economic Interpretation of FRAND’(2013) Journ. Competition Law & Econ. 531.

86. 分析目前欧洲框架内的有关规范(即欧盟委员会《关于欧洲联盟运作条约第 101 条适用于横向合作协定的指导方针》，[2011] OJ C11/3，paras 289—291)，与美国法学界提出的案例法解决方案相结合(特别是微软公司对摩托罗拉公司的授权评估标准 C.-10-1823[2013] WL2111217-W.D. Wash. Apr. 25 2013)。

87. 详见欧盟法院最近制定的一系列程序步骤，C-170/13 Huawei EU：C：2015：477：(i) 第 63 段：“在被指控的侵权人表示愿意就 FRAND 条款达成许可协议之后，SEP 的所有者需要向被指控的侵权者提交一份根据 FRAND 条款获得许可的具体书面要约……特别指定特许权使用费的数额和计算该特许权使用费的方式。”(ii) 第 65 段：“被指控的侵权人应该根据该领域公认的商业惯例和诚信原则，对该提议作出勤勉的回应，这一点必须建立在客观因素的基础上，这尤其意味着不存在拖延。”(iii) 第 66 段：“如果被指控的侵权人不接受向其提出的要约，它必须立即以书面形式向相关 SEP 的所有者提交一份符合 FRAND 条款的具体还价协议。”(iv) 第 67 段：“如果被指控的侵权人在达成许可协议之前使用了 SEP，那么该侵权人是否应该根据该领域公认的商业惯例，从其反要约被拒绝的那一点开始，提供适当的担保。”(v) 第 68 段：“如果在被指控的侵权人提出反要约后，双方未能就 FRAND 条款的细节达成协议，则双方可以共同协议，要求由独立第三方立即决定特许权使用费的数额。”

88. 前注 6，Data Economy SWD，第 39 页。相关案例的调查，请参见 Frignani/Granieri，‘The Antitrust Framework For Technology Transfer Agreements And Patent Pools In The European Union’(2015) Italian Antistrust Rev. 45，48—51；Jones，‘Standard-Essential Patents：FRAND Commitments，Injunctions and the Smartphone Wars’(2004) European Competition Journ. 1。

89. 前注 6，Data Economy SWD，第 37—38 页。

90. 详细分析参见前注 28，Drexl 文，第 63—66 页。

91. Directive(EU) 2016/943，Art. 5；on this topic，commenting on the preliminary Proposal of the Directive，see Falce，‘Trade Secrets—Looking for(Full) Harmonization in the Innovation Union’(2015) IIC 940，961.

92. 《与贸易有关的知识产权协议》第 31 条，参见 Gervais，The TRIPS Agreement.

Drafting History and Analysis (3rd edn, Sweet & Maxwell 2008) 384—395; Reichman, 'Universal Minimum Standard of Intellectual Property Protection under the TRIPS Component of the WTO Agreement' in Correa/Yusuf (eds), Intellectual Property and International Trade. The TRIPS agreement (3rd edn, Kluwer 2016) 37—39。

93. 《与贸易有关的知识产权协议》第 31(1)条。

94. Correa, 'Patent Rights' in Correa/ Yusuf(n 92) 297; Watal, 'Patents' in Taubman et al.(eds), A Handbook on the WTO TRIPS Agreement(CUP 2011) 112.

95. 参见这一定义，Dusollier 'Scoping Study on Copyright and Related Rights and The Public Domain' (2011) WIPO Committee on Development and Intellectual Property 8—9，他强调"'如果一个人将公共领域定义为没有排他性，那么例外情况可能会被认为是类似的，因为在例外情况下使用受版权保护的作品没有排他性'。因此，可以区分'结构性公共领域'(即'本身不受保护的元素，无论在何种情况下使用')和'功能性公共领域'(即'只有在特定情况下才能够免费使用的资源')"。这一观点参见 Samuelson, 'Digital Information, Digital Networks, and The Public Domain' (2003) Law & Cont. Prob's 148(on the 'core' of public domain and its 'contiguous terrains')。

96. Bechtold, "Directive 2001/29/CE(Information Society Directive) in Dreier/ Hugenhotlz(eds), Concise European Copyright Law(Kluwer 2006) 343, 369; for a wider survey Mezzanotte", Le 《eccezioni e limitazioni》 al diritto d'autore UE(2016) Ann. It. Dir. Autore 480, 488—495.

97. 1993 年 9 月 27 日欧洲议会和理事会《关于协调适用于卫星广播和有线转播的版权和与版权有关的权利的指令》93/83/EEC, [1993]OJ L248/15。

98. 1991 年 5 月 14 日欧洲议会和理事会《关于计算机程序法律保护的指令》91/250/EEC, [1991] OJ L122/42。

99. Database Directive 96/9/EC.

100. 1992 年 11 月 19 日欧洲议会和理事会《关于租赁权和出借权以及知识产权领域与版权有关的某些权利的指令》92/100/EEC, [1992]OJ L346/61。

101. 2001 年 9 月 27 日欧洲议会和理事会《关于艺术原创作转售权的指令》2001/84/EC, [2001]OJ L 272/32。

102. 1993 年 10 月 29 日欧洲议会和理事会《关于协调版权和某些相关权利的保护期的指令》93/98/EEC, [1993]OJ L290/9。

103. 相关一般性调研参见前注 34，Zeno-Zencovich/Giannone Codiglione 文，第 36—38 页。

104. 前注 28，Drexl 文，第 37，66—67 页。

105. See Senftleben, 'The International Three-Step Test. A Model Provision for EC Fair Use Legislation' (2010) JIPITEC 67, 69—70.

106. Hilty/Koklu，‘Limitations and Exceptions to Copyright in the Digital Age. Four Cornerstone for a Future-Proof Legal Framework in EU’ in Stamatoudi(ed.)，New Developments in EU and International Copyright Law(Kluwer2016) 285.

107. 在这一问题上，从欧盟版权法灵活性的需要出发，参见 Hugenholtz，‘Flexible Copyright：Can EU Author's Right Accommodate Fair Use?’ in Stamatoudi (n 106) 417—418。

108. 这与马克斯·普朗克研究所最近的研究结果一致，参见前注 4，Max Planck Institute for Innovationand Competition 文，第 10 页："最适当的办法可能包括通过关于使用装有传感器的装置的受益人的通行权的一般立法，而不妨碍具体行业规范的适用。"文章中提出的建议与本立场声明的结论不同，建议按照时间顺序执行这两个系列的数据获取立法。

109. 根据欧洲法院判例法平衡了技术的理论基础和适用标准，see recently Ottolia，‘L'interferenza permanente fra proprieta intellettuale e liberta di espressione nel diritto dell'Unione Europea：una proposta di bilanciamento’ (2016) Ann. It. Dir. Autore 157。

110. Wittem Group，European Copyright Code，available in(2010) JIPITEC 123：see Art. 5(2)—(4)："用于表达和信息自由的目的""用于促进社会、政治和文化目标""用于促进竞争的目的""作者或权利人的合法权益，兼顾第三方的合法权益"。

111. 有关这些模式的规则的详细阐述，参见前注 81，Geiger/Schonherr 文，第 160—161 页；Thomas Dreier，‘The Wittem Project of a European Copyright Code’ in Geiger(ed)，Constructing European Intellectual Property Achievements and New Perspectives(Edward Elgar 2013) 292—313。

112. 学术辩论的结果有效地证明了这一点，关于"三步测试法"规则的解释参见《信息社会指令》第 5(5)条。这种间接适用的方法使适用欧盟关于例外和限制的法律框架时可以采用更为灵活的方法，参见 Hugenholtz/Senftleben，‘Fair Use in Europe：In Search of Flexibilities’ (2012) Institute for Information Law Research Paper；and in particular Geiger et al.，‘Declaration on a Balanced Interpretation of the Three-Step Test in Copyright Law’ (2008) IIC 707；and Hilty，‘Declaration on the "Three-Step Test". Where do we go from here?’ (2010) JIPITEC 83。

113. 《信息社会指令》鉴于条款第 36 条。

114. 相关论述可参见 Geiger，‘The Role of the Court of Justice of the European Union：Harmonizing，Creating and sometimes Disrupting Copyright Law in the European Union’ in Stamatoudi(n 106) 443；Berger，‘Aktuelle Entwicklungen im Urheberrecht. Der EuGH bestimmt die Richtung’ (2012) ZUM 353，358。

115. Christofferesen，‘Human rights and balancing：The Principle of proportionality’ in Geiger(ed.)，Research Handbook of Human Rights and Intellectual Property(Edward

Elgar 2015) 19；Ohly，‘European Fundamental Rights and Intellectual Property’ in Id/Pila(eds)，The Europeanization of Intellectual Property Law. Towards a Legal Methodology(OUP 2014) 153.

116. Explicitly，Case C-201/13 Deckmyn EU：C：2014：2132，§26—28；but see also Case C-145/10 Painer EU：C：2011：79 & §134—135；Joint Cases C-403/08 and C-429/08 Football Association Premier League Ltd EU：C：2011：631，paras 162—164；参见前注 107，Hugenholtz，‘Flexible Copyright：Can EU Author's Right Accommodate Fair Use?’，第 430 页；Metzger，‘Der Einfluss des EuGH auf die gegenwartige Entwicklung des Urheberrechts’(2012) GRUR 118，123—124。

117. 值得一提的是，正如本文所做的分析所强调的那样，关于全面例外和限制的一般制度的建议并不完全与(饱受批评的)新型数据生产者权密不可分。

189 # 第九章　数据接口和数据格式是数据交换和可携带性的障碍：(法定)强制许可有无必要？

马尔特·格鲁茨马赫[*]

数据接口是否受到保护以及这种保护(如果有的话)是否应该受到限制，对工业 4.0、物联网(IoT)以及智能汽车等新业态意义重大，它们的发展通常基于不同系统之间的数据交换。然而，关于该主题的法律讨论远未成熟，对该问题的深入分析也并不多见。[1]

一、背　景

关于在数据接口和数据格式范围内是否需要(法定)强制许可的任何讨论，都需要明晰可能受到知识产权法保护的客体，因此，首先必须明确相关的技术和经济背景。

(一) 技术背景

数据通过接口进行交换，这些接口本身在计算机程序中运行，并且

---

* 作者系德国 CMS 德和信律师事务所信息法方面的执业律师及合伙人。

取决于用于交换的数据格式。

1. 接口 190

接口“是一个共享边界，计算机系统的两个独立组件在该边界上交换信息”。[2]在此阶段值得注意的是，接口是共享的组件，因此组件需要集成在两个系统中，通过软件解决方案以交换信息。实际上，“交换可以在软件、计算机硬件、外围设备、人与它们的组合之间进行”。[3]换句话说，除了与人交流之外，接口始终将通过软件(或更具体而言：计算机程序)来实现，这也适用于硬件或设备。[4]可以启用接口从另一个软件组件或系统发送数据或从另一个软件组件或系统接收数据。换句话说，接口可以允许数据被读取或写入。一些接口允许双向通信，而其他接口在这方面受到限制。接口可能基于如下技术运行：

——数据文件的交换；

——对通用数据库的访问，或者；

——集成在软件模块中的特定软件功能的基础[如远程功能调用(RFC)]。[5]

对数据经济而言，数据接口至关重要。[6]

2. 计算机程序

为了以上述方式发送或接收数据，必须在计算机程序中实现相应的
方法。对应的编码包括可以开始发送数据或使计算机程序能够接收数据 191
的指令。由于接口在单独的组件之间共享，其目的是调整和同步各种方法以及数据交换。因此，数据对通过接口连接的两个组件都必须具备可读性。

3. 数据格式

为了使通信保持一致并允许组件之间交换信息，必须就某种数据格式达成一致。从广义上讲，“在信息技术中(数据格式)……录制格式、文件格式、内容格式、(例如)音频格式(或)视频格式”[7]都属于数据格式的范畴。在这种分析模式中，数据格式应理解为定义“数据集”的数据文件。实际上，数据格式将由文件或计算机程序描述，文件或计算机程序

将详细说明数据的类型以及定义数据集的各个数据格式。因此，软件开发人员需要清楚地标识他要使用的数据领域，以便通过数据接口交换数据，这是通过为交换定义数据集来完成的。数据分析师或软件工程师使用数据标准化方法；乍看之下，这实际上是一个工程过程，因此任何熟练的工程师都应该能够实现这种手动性或技术性活动。[8]然而，这样的任务至少为特定的个性发挥，甚至是创造性，留下了空间。[9]

（二）经济背景

实际上，出于以下经济原因，对于数据接口和数据格式是否受到保
192 护，以及如果进行保护，是否会导致需要通过强制许可加以限制来解决数据交换障碍的问题非常重要。

1. 数据格式和接口对于数字化世界的主要架构至关重要，在面向服务的软件体系结构(SOA)中更是如此。重要的是，从技术上讲，通过共享数据格式进行的数据交换将具有网络效应。换句话说，旨在与现有软件系统交换数据和信息的第三方软件组件需要与适当的数据格式和接口保持一致，一旦建立了相应标准，其他软件产品将对其产生依赖性。

2. 解决是否应保护数据格式和接口的问题，意味着保护对软件开发和数据工程的投资，这在某些情况下可能相当重要。这与一般的观点是一致的，即在着手进行软件开发和数据工程的情况下，作为投资的回报，应该赋予其知识产权保护。此外，经由接口的数据交换可能是影响产品安全的功能技术数据，因此需要保护数据格式和接口，以使产品的制造商能够控制功能数据并提高产品安全性。

3. 针对复杂的数据格式和接口，提供保护将允许对数据的自由流动加以控制。它会(潜在地)支持供应商锁定，因为组件是共享的，单个组件可能不易交换。这种锁定效应至少取决于对数据接口与数据格式的保护程度，必须付出巨大的努力来开发兼容的程序和接口(如果可能的话)。对于软件连接中使用的数据格式，应注意的是，由于无法避免使用数据格式，因此对数据格式的保护会导致某种“垄断”。而且，如果在更换系统时丢失了数据，那么对数据的投资(甚至可能已经支付了高

昂的费用)将加强这种效果。[10]最后，由于数据格式和接口可能具有的网 193
络效应，对这些数据和接口的保护将对市场上的主导者提供便利。[11]

（三）个案研究

实践中的案例确实证明了这些技术和经济背景的重要性：

案例1(移动网络)：基于互联网的服务公司A与连接的第三方服务站一起运行软件，这些第三方服务站使用接口与A交换数据，服务公司的软件已适应这种界面。当A开始将其服务转移到一个新的、独立的(集团所有的)软件系统中时，开发了原始软件的B公司要求在与服务站传输和交换数据所用的接口和数据格式方面得到版权保护。

案例2(工业4.0)：尽管存在一个标准化的软件接口，但软件公司A还是在生产重型机械的B公司不知情的情况下对其软件(嵌入式系统)进行了反编译。由此，显而易见的是该机械公司的SCADA(监督控制和数据采集)软件可能会对第三方造成严重损害(包括人身伤害和财产损失)。

实际上，案例1(移动网络)涉及软件用户利益，他们能够更改为新系统(数据可携带性)，并根据相应的数据格式/接口(互用性)将第三方系统进一步连接到新系统，从而尝试打破供应商锁定。他有兴趣在自己的公司集团中使用统一系统，而不是使用与其他系统不同的旧系统(规模经济)。相比之下，软件供应商只能强调其在软件和数据工程方面的投 194
资需要受到保护(投资回报)。

就案例2而言，软件用户当然可能再次辩称，他对数据的自由流通和互用性具有正当利益——至少在一定程度上，它已经得到了应有重视，通过在软件中实现的标准接口已经关照到这一点，使其享有在这种原则的基础上进行竞争的利益。但是，机械制造商除了对投资保护的利益之外，还可能有充分的理由认为，如果不保护功能数据的接口，则产品安全性将受到威胁。另外，制造商可能会失去对与嵌入软件的机器/系统有关的信息的控制权；因此，制造商不仅可以在界面上，而且可以在基础系统中，都基于商业秘密保护来进行争论。

二、 数据接口和数据格式的保护

毕竟，假设对数据接口和数据格式的保护可能会导致一定程度的竞争限制(由于供应商锁定和网络效应)，那么问题就在于现有规范能够为数据接口与数据格式提供多大程度的保护。

(一) 法律保护和事实保护

1. 版权保护模式

(1) 计算机程序(《计算机程序指令》)

如前所述，[12]数据接口在计算机程序中实现，属于计算机程序的一部分。根据《计算机程序指令》，计算机程序受版权保护。虽然计算机
195 程序接口的基础思想不受保护，但这并不意味着运行接口的部分计算机程序无法获得保护。[13]事实上，计算机程序接口和应用于实现数据接口的相应程序代码正在日趋复杂化。在这种情况下，至少就[14]实现接口部分的计算机程序，将受到保护。[15]

因此，即使欧洲法院在 SAS Institute 案中强调了思想也不应该受到保护，[16]但实现数据接口所需的部分计算机程序仍然有可能受到保护。[17]此外，关于数据格式，欧洲法院在 SAS Institute 案判决中将数据格式作为计算机程序进行保护。[18]事实上，欧洲法院强调即使数据格式不作为计算机程序受到保护，它们也有可能被视为另一种作品类型获得版权保护。[19]

196 (2) 数据库作品(《数据库指令》)

数据格式是否可能受到《数据库指令》的保护是一个悬而未决的问题。显然，数据格式可能会根据《数据库指令》第 3 条的规定作为数据库作品获得保护。[20]然而对数据格式而言，尚未形成定论，有争议的是数据格式是否适合作为数据库作品获得保护。一些学者倾向于认为由于不能单独获取这些元素而无法获得数据库保护；[21]进一步的否决性观点

主要依据 SAS Institute 案及其判决中表达的一般原则。[22]但是，一方面欧洲法院在 Ver lag Esterbauer 案判决中表明，克服要素不分离这一论点的障碍相当低，[23]实际上，[24]SAS Institute 案的判决仅与计算机程序有关。因而，在此基础上，数据接口的数据格式似乎能够作为数据库作品获得版权保护。实际上，法兰克福高等法院在 IMS Health 案的判决似乎表明，数据格式(在该案中为分段结构)可以作为数据库作品获得版权保护。[25]另一方面，某些数据在本质上需要进行交换。换言之，它们的交换可能在事实和技术上都是必要的，这减少了创造性和独创性的空间。因此，至少较为简单的数据接口将不会作为数据库作品获得保护。然而，数据库作品获得保护的独创性标准本身并不高；《数据库指令》的
宗旨就是允许对低创造性的作品提供保护。[26]因此，如果有人强调数据 197
接口的纯粹定义不是《数据库指令》第 1(1)条意义上的数据集，那么作为数据库作品的保护模式就可能失败。

(3) 其他版权作品(欧盟成员国版权法)

但是，欧洲法院在 SAS Institute 案中已经表明，数据格式可能会根据各个欧盟成员国的版权法受到其他类别作品的保护。[27]就德国法而言，法兰克福[28]地方法院裁定，原则上，由数据应用程序中导入使用的规则组成的 XML 文件可以作为文字作品得到保护。法院称作者使用哪种语言(甚至是计算机语言)表达自我都无关紧要；但是，打算用于一般目的(通用性)文件/记录除非远超平均水平，否则就没有足够的创造性。[29]实际上，德国法院通常认为应对接口的版权保护采取限制性措施且应以缺乏独创性为由驳回该保护诉求。[30]

但是，即使这种具有显著独创性的要求似乎至少与德国联邦法院[31]以前的判例法中基于一般目的普通作品的独创性要求是一致的(理由是不能垄断信息)，这并不意味着每个法院都必须遵循这一规则，从而留下了解释的空间，该规则并不是在所有欧盟司法管辖区都适用。在其他司法管辖区(包括爱尔兰)，法院可能会倾向于遵循英国判决的概念和原
则，其中包括 University of London Press Ltd v. University Tutorial Press Ltd 198

案中提出的观点："值得复制的东西表面上看也值得保护。"[32]

(4) 对版权保护模式的总结

因此，根据欧洲法院的判决，尽管英国上诉法院在 SAS Institute 案中似乎也不太愿意对数据格式赋予宽泛保护，[33]即使法兰克福地方法院的判决似乎与德国法和美国法相一致(至少在后一种情况下，该法律似乎不太愿意通过版权法保护数据接口[34])，毕竟，在欧洲法院可能根本没有其他判决的可能性。[35]因此，至少在《数据库指令》和有关其他作品的欧盟成员国法律的基础上，数据格式和接口在原则上可能是受保护
199 的。所以归根结底还要由法院决定的问题是，由于"操作方法"因《与贸易有关的知识产权协议》第 9(2)条和《世界知识产权组织版权条约》第 2 条的规定而被排除在版权保护之外，这可能会导致在美国法[36]中限制对数据格式和数据接口部分的保护。

2. 商业秘密保护模式

(1) 秘密性

除版权保护外，只要相应的信息具有秘密性，数据接口和数据格式也可以受商业秘密保护。事实上，这种保护似乎是美国法的主要保护形式。[37]此外，法兰克福地方法院指出，通过商业秘密法有可能保护用于交换数据的 XML 文件。[38]但是法院否认了基于商业秘密的保护，因为它发现该信息明显处于公共领域，或者至少对于第三方而言是容易获得的(在无数客户知道的情况下)。[39]因此，秘密性本身就是获得商业秘密保护的一个障碍。

此外，一旦欧盟的指令被转换为成员国法律，是否会限制商业秘密的保护就成为《商业秘密指令》面临的新问题。根据《商业秘密指令》第 2(1)(a)条和第 2(1)(c)条的规定，要求数据接口信息"应该作为一个整体或由各部分合成而存在，并不是该领域专业人员普遍知悉的信息，也不是普通劳动者在工作过程中获得的公共知识、技术和技能"和"合法
200 控制该信息的人采取了合理的步骤来保守该信息的秘密"。这种要求可能成为广泛使用的接口获得商业秘密保护的障碍。

(2) 排除的内容

更重要的是：按照《商业秘密指令》第 3(1)条的规定，以下行为均属合法："独立发现或创造"、"观察、研究、拆卸或测试已经向公众提供的产品或物品"、"合法拥有信息，且没有任何法律上有效的义务被限制对商业秘密的获取"。

此外，即使按照《商业秘密指令》第 4 条的规定，获取、使用或披露商业秘密是违法行为，即"任何未经授权的获取、挪用或复制商业秘密持有人依法控制的包含商业秘密或从其中可以推断出商业秘密的文档、物品、材料、物质或电子文件"，该规定允许进行反向工程，从而可以在一定程度上复制接口信息。[40]

3. 专利法保护模式

专利法也可能保护数据接口。[41]但是，这将更多应用于技术层面，即应用于底层技术，但不适用于本文分析中讨论的数据字段和数据字段集。[42]

4. 反不正当竞争法、民法和刑法(侵权法)保护模式 201

可能会有相应的欧盟成员国法根据侵权法对数据接口进行保护，例如，禁止仿冒规则[43]和对破解密码行为的规制。[44]

(二) 技术措施保护和事实保护

除了法律保护，应该指出的是，实际上，技术或事实保护可能会比版权法保护更能产生效果。这是因为，如果构成数据接口的信息并非显而易见，那么竞争对手可能很难生产出具有互用性的软件。[45]

(三) 保护数据接口和数据格式的后果：数据自由流通和竞争的障碍？

毫无疑问，由于数据接口和数据格式的设计需要一定的投资，知识产权的经济学理论表明总体上应保护投资。[46]当然，对投资的保护应该限定于促进创新的必要范围之内，当前的问题在于对数据接口的保护是否以及在多大程度上会损害数据的自由流通和竞争。

从技术角度来看，正如前文所述，[47]数据接口的实现以及对数据交 202

换和可携带性的影响(根据不同保护主体进行区分)，需要注意以下几点：

计算机程序，即程序代码，不一定需要被复制以实现数据接口。[48]但是，由于程序变得越来越复杂并且功能数据也被传输，所以情况也有所变化。因此，现行法考虑了互用性、兼容性和竞争性等问题，这意味着《计算机程序指令》第1(3)条和第6条的规定在某种程度上已经不敷适用了。[49]

有时可能需要复制数据库模型，以便在数据库级别上实现接口。这适用于通过使用对数据库的访问来实现接口的情况。[50]

在任何情况下，都需要复制数据格式以实现接口并通过该接口交换所有数据。此外，如果不使用(相同的)数据格式，则无法实现数据可携带性。因此，就数据格式受到保护的程度而言，这至少表面上看会阻碍数据的自由流动。

由此得出的结论是，对数据接口尤其是数据格式的任何保护似乎都可能对数据的自由流通、基于软件的产品互用性以及数据的可携带性造成危害。毕竟，欧盟委员会有充分的理由要求在《计算机程序指令》所依据的立法程序中进一步寻求版权保护方面的例外，[51]但由于游说过
203 多，最终以政治妥协告终。[52]甚至这一例外也不适用于上述作品(如果有的话)，这将在下文中加以阐述。

三、 是否需要强制许可(修改旧法)?

鉴于上述情况，如下问题有待回应：现行法律是否以可行的方式限制了保护，或者是否需要强制许可或类似措施。此处先给出答案：如果存在这种限制的话，关于潜在版权保护的例外情况也是有限的；在现有法律的基础上，强制许可也是如此。

(一)《计算机程序指令》第1(2)条和第6条

《计算机程序指令》第1(2)条和第6条保障至少有关接口的基本思

想不能作为计算机程序受到保护，但是这些例外情况是有限的。这是因为这种保护的例外针对计算机程序，因此与其他作品(例如数据库)和(其他)文字作品(数据库格式可以通过文字作品获得保护)无关。[53]

此外，如果实现数据接口的软件没有(至少不是完全相同，而是可以类推)作为计算机程序受到保护(因为其独创性不足或至少根据《计算机程序指令》第1条的规定不具有独立性)，而是仅作为商业秘密获得保护。在这种情况下，特别是不适用《计算机程序指令》第6条时，是否允许对计算机程序进行反编译似乎令人怀疑。原因是根据《商业秘密指 204
令》第3(1)(b)条的规定，“观察、研究、拆卸或测试已经向公众提供的产品或物品”、“合法拥有信息，且没有任何法律上有效的义务被限制对商业秘密的获取”可能被认为是合法的。实际上，这似乎与《计算机程序指令》第4(3)条的规定相符，该指令显然仅允许对“黑箱”的逆向工程，并不允许反编译行为。[54]

最后，在计算机程序组件受到保护并且出于技术原因需要复制的情况下，如果数据接口过于复杂而无法独立编程，《计算机程序指令》第1(2)条(可能也包括第6条)对数据接口的保护并无助益。[55]

(二) 合同法

人们普遍讨论，在知识产权保护的情况下，合同法是否足以制衡这种保护。[56]简而言之，如果有足够的激励措施许可此类权利，合同法能够奏效。但是，如果接口的“所有者”在与他人共享该接口时没有经济利益驱动，则合同法方法将不起作用。[57]

合同法路径是否能够为数据接口和数据格式提供充分保护令人怀疑。实际上，欧盟委员会在起草《计算机程序指令》[58]时已经基于IBM
案[59]的经验而承认了这一点，今天甚至更是如此。实践表明(例如 205
Microsoft案[60])，如果软件产品在市场上广泛传播，或者某个客户已经在软件中投入甚巨以致被锁定，供应商共享接口以及接口信息的动力都会显著下降。可能更为糟糕的是，受保护接口的网络效应可能会被策略性地用来限制竞争。[61]显而易见的是，当软件在市场上相对较新时，接口似乎都是免费(随软件一起)分发的，而软件的制造商将更改该软件未来版本接口许可的使用条款和付款条件。换句话说，该接口可以当作一种特洛伊木马[62]来使用，这可能是由于必须共享接口而导致的供应商锁定或网络影响。

坦率地说，合同法路径显然不足以解决上述问题。同样，欧盟委员会也承认，在数据产业中，数据的“所有权”可能导致用户和业务被锁定在排他性的数据使用架构中，虽然“自愿数据共享可能会出现，但由于谈判地位不平等或聘请法律专家的巨大成本，此类合同的磋商可能会给弱势一方带来昂贵的交易成本”。[63]

206 **（三）数据保护法**

数据保护法规定了针对供应商锁定的一些有限措施。它来自《通用数据保护条例》第 20 条，即数据主体可以请求获得其个人数据。但是，数据可携带权与个人数据有关，指向一次性的静态行为，因此不允许进行互通性所需的永久数据交换。最后，它与数据主体有关，而为了促进竞争，这种数据获取权应授予竞争者。换句话说，数据保护法的方法本质上不是支持竞争，而是旨在使个人能够控制其个人数据的使用，正如德国宪法规定的信息自决权(Recht Zur informationellen Selbstbestimmung)。[64]

（四）竞争法

因此，限制保护的唯一可行的通用方法似乎是竞争法。但是，关于市场支配地位以及滥用支配地位的证明标准很高，竞争法的方法似乎也很难奏效，因而不具有现实性。更重要的是——由于信息技术和数字化业务的快速增长——它将不足以帮助那些面临壁垒并被逐出市场的竞争对手(例如 Microsoft 案中的 Netscape 和 Novell)，基于竞争法采取的行为速度迟缓而且耗时太久。

207 1. 市场支配地位

(1) 事实上的垄断

首先，从 Magill 案的决定中得出的结论是，如果由权利人创造并受版权法保护的信息是必不可少的信息，更确切地说是唯一的信息，那么可能会成为市场支配地位的论据。原因是此类信息无法重新组合或二次收集。[65]

但是，理论上，数据接口可以在反编译和反向工程的基础上独立编程。至少从对计算机程序[66]的保护来看，前述判例法规则是否有助于证明其市场支配地位值得怀疑。尽管很有可能依照该规则呈现如前所述的数据格式[67]中占据市场支配地位的内容，即相应数据格式是必不可少且独一无二的，被专门创造以实现对应的数据接口。

(2) 必要性标准

此外，根据 Microsoft 案[68]和标准必要专利(SEPs)的判例法，[69]有可能根据权利人在主要市场或(事实上)标准中的市场份额得出其处于市场支配地位的结论。但是，这不适用于纯粹的供应商锁定将排除许可的任何协商权，从而使客户或第三方竞争对手无法以公平的市场价格使用或创建数据接口的情况。

(3) 供应商锁定 208

因此，最后一个问题是，竞争法是否会仅基于“纯粹”的供应商锁定就支持权利人占支配地位的论点。实际上，该论点可能适用于客户在决定使用特定系统后，[70]由于投入巨资而对制造商产生依赖性的情形。这似乎也适用于复杂的软件，[71]原因是用户对这种软件的个性化定制进行了投资，甚至在对各个系统的数据进行大量投资的情况下更是如此。在这种情况下，锁定效果显然独立于任何实际标准的使用。[72]

不幸的是，欧盟法律中并未包含诸如《德国反对限制竞争法》(Gesetz gegen Wettbewerbsbeschrdnkungen，GWB)第 20 条之类的规定。实际上，德国竞争法的这种规定在锁定效应的情况下可能会有所帮助，因为它将关于滥用支配地位的规定扩展到某些没有支配地位但至少是具有相对或优势市场力量的公司之上。[73]

(4) 市场份额

很难说仅由于供应商锁定的影响，软件供应商或数据接口和数据格式中潜在的权利人就形成市场支配地位。无论如何，对于用户而言，要在法庭上证明一家公司因市场份额而形成市场支配地位将非常困难。这本身就是一个难题，即使在实践中并非不可能完成的任务，但要证明这一事实殊为不易。[74]

209 2. 滥用

论证权利人或软件供应商正在滥用其支配地位是一个具有挑战性的问题。

(1) 限制竞争和对“新”产品的要求(根据 Magill 案和 IMS Health 案)

欧洲法院在 Magill 案和 IMS Health 案中强调了对相关市场(二级市场)产生严重影响的要求，亦即限制或排除了竞争。欧洲法院还进一步强调了对“新”产品的要求，[75]这似乎极大地限制了竞争法对数据接口问题的适用性。[76]实际上，Magill 案和 IMS Health 案中所称的新产品指不以这种方式存在于市场上的产品，[77]而在 Microsoft 案中，法院对“新产品”的要求似乎又不那么严格。[78]按照初审法院的判决，产品中具有新功能似乎已经满足新产品的要求。[79]这当然也会引起一个问题：为什么在市场中引入实质性新功能的情况下，可以提出(强制)许可的请求，也就是说为什么针对现有功能不应存在竞争？ 欧盟需要关注这一差异情形。至少根据初审法院的决定，新产品概念的要求可能不适用于仅与事实上受保护的信息有关的情形(例如没有知识产权保护的信息)。[80]

在此阶段，应该注意的是，存在接口和数据格式受知识产权(尤其是版权)保护的风险，并且即使在某种意义上，也不会总是使用数据接
210 口和数据格式来创建 Microsoft 案中的那种“新产品”。因此，Magill 案和 IMS Health 案以及 Microsoft 案都不会确保对数据自由流动、互操作性和数据可携带性的任何障碍得到充分限制。

(2) 必要性标准下的歧视性对待(依据标准必要专利的判例法)

此外，在有关标准必要专利(SEP)案(尤其是华为案)[81]中，还认定其他特殊情况也可能导致滥用市场支配地位，具体要求包括：1)知识产权(专利)对于标准化机构制定的标准必不可少；2)在制造符合标准的产品

时必须使用；3)未基于 FRAND 条款提供许可。[82]在这种情况下，拒绝授予(个别)许可构成基于歧视的滥用市场支配地位。潜在的原因是，相应的知识产权(专利)“获得标准必要专利地位的唯一回报是专利所有人向准备以 FRAND 条款授予许可的有关标准化机构作出的不可撤销的承诺”。[83]

实际上，数据接口和数据格式有时可能是必不可少的，并且它们的某些部分甚至可能已成为标准化组织的标准的一部分。[84]但情况通常并非如此，有时宁愿使用专有接口来代替标准化接口。实际上，许可或获取数据接口和数据格式的请求通常基于与公司正在使用的软件或系统交换数据的技术需求(在正常的供应商—客户关系背景下的供应商锁定)或与许多人使用的第三方数据格式(具有网络效应的软件)实现互通性。这并不一定意味着数据格式已经成为事实上的标准，甚至不一定成为标准 211
化组织提供的基本标准的一部分。通常，权利人/卖方将滥用由于对软件的投资而锁定供应商(用户无法轻易地对其进行交换)的市场支配地位。此外，网络效应可能会导致市场经年累月发展后形成占据支配地位的市场参与者并损害竞争，这可能会(或多或少减少了竞争之后)导致授予获取或许可的(有限)义务。[85]标准必要专利判例法可能无法解决数据接口问题，但至少在某些特定情况下可能会有所帮助。

(3) 即使认定滥用市场支配地位也收效甚微

此外，从竞争法的角度来看，应该指出的是，要确立对滥用市场支配地位的请求权，请求人将需要数年的时间，并(相应地)需要巨大的财力支持该请求的推进，而与占据市场支配地位的企业竞争的小型企业可能并不具备这种财力。即使主管机构积极介入并对滥用市场支配地位的行为施以巨额罚款，但实际上，直到做出最终决定，竞争法通常只针对已经发生的市场损害，而对已经被破坏的市场影响有限。[86]这一观点在 Microsoft 案中可以得到验证，即使是像 Novell (以前是业内领先的网络操作系统提供商)和 Netscape(浏览器技术的技术领先者)这样的公司也没能幸免[87]于难。[88]

鉴此，仅依靠竞争法似乎不是一条完善的路径。[89]

212 **（五）特定行业的法律**

除了上述一般性原则外，还有一些有关数据访问的特定领域的成文法(尤其是在汽车[90]和电信[91]领域)。

四、是否需要强制许可(创设新法)?

在分析了现有法律之后，问题是如何解决既存缺陷。欧盟委员会在
213 《打造欧洲数据经济》的[92]报告中讨论了各种解决方案，本文也探讨了其他的解决路径。[93]综观这些方法以及进一步设想，显然没有通途。

（一）制定推荐条款以促进转换服务

根据《打造欧洲数据经济》报告，制定推荐条款以促进转换服务值得考量。[94]但应该指出的是，尽管这种方法有用，但对于数据交换和互通性问题的解决仍受限于其静态性：它仅涉及交换服务，而不涉及信息的永久交换。此外，从长远来看，它不能解决有关知识产权保护的问题，并且如上所述，[95]人们严重怀疑采用合同方式是否奏效。最后，必须指出，特别领先的软件或 IT 公司经常来自美国、加拿大或亚洲。作为 B2B 交易的当事方，他们可以并且将要求在国外设立经营场所并适用非欧盟合同法。[96]因此，引入强制性条款甚至可能对欧盟公司产生负面影响，与国际竞争者不同，欧盟公司可能无法规避此类法律。

（二）进一步发展数据可携带权

本文所述的另一种方法是进一步发展数据可携带权(类似于《通用数据保护条例》第 20 条)。[97]实际上，这种方法可能适合于从一种服务到另一种服务的变更，因此足够应对这种情况下的数据所有权问题。但是，通过永久工作的数据接口支持永久性信息交换的方法似乎过于静态
214 化。此外，以充分照顾到所有其他利益(例如商业秘密和产品安全)的方式来起草它是非常困难的。

(三) 将《计算机程序指令》第1(2)条和第6条作为示范或模板

此外，即使《计算机程序指令》第1(2)条和第6条似乎不足以解决问题，这也仅与计算机程序的要求有关，并且仅将计算机程序接口下的思想排除在保护范围之外。但是，如果将其适用性扩展到其他作品和商业秘密，则此类规定可以作为解决该问题的法律依据。仅仅排除对思想的保护似乎太过局限，因此似乎有必要从版权保护中排除更广泛的例外情形，但问题在于这种做法是否符合国际版权条约的规定。[98]此外，可能存在以下情况：反编译不具有现实性，或者至少在技术上太困难或者由于无法获取必要的相关接口信息而完全不具有可能性。[99]

话虽如此，但《计算机程序指令》第6(3)条提供了一种灵活的工具，该工具可以实现利益平衡(包括产品安全方面的利益)，并且似乎符 215
合国际公认的三步测试法。[100]甚至其他问题(例如产品安全性)也能被纳入考量之中。[101]因此，应该认真考虑《计算机程序指令》第1(2)条和第6条的出发点，甚至描绘在数据接口和数据格式的场景下限制相关作品的版权和其他保护形态的一个粗略蓝图，[102]并且还要再次澄清数据接口规格不受保护。[103]

(四) 作为替代方案的强制(法定)许可？

从《数据库指令》第二稿第11(2)条可以明显看出，强制(法定)许可也许是值得认真考虑的选择。[104]

1. 强制许可的利弊

实际上，强制许可对保护数据本身可能是有意义的(体现于《数据库指令》第7—8条)。但是，在数据接口和数据格式的场景下，很难确定个别情况下的适当价格。尽管在任何情况下都将对内容数据进行许可，但是软件供应商倾向于保护其软件，要求收取高昂的费用，而不是 216
为使用数据接口而支付适当费用。[105]另外，因为许可费将考虑诸如数据量、交易额等要素，这些指标实际上都与各自数据接口的潜在价值没有实际关系。

在开发软件产品和待开发的数据接口并不是真正需要投资回报的情

况下，最好根据《计算机程序指令》第 1(2)条和第 6 条的规定引入一种例外情形，而不是设定一种强制许可。实际上，数据接口的经济学分析似乎暗示了这种方法。一般而言，知识产权法和竞争法应具有实现社会福利最大化的相同目标；如果有可能并且从一般事实中可以清楚地判明知识产权的保护范围太广，最好限制知识产权的保护范围，而非采用竞争法的方法。[106]正如施密特(Schmidt)和科贝尔(Kerber)所言：

> “在具有网络效应和标准……的市场中，下游公司获得这些技术标准是一个特别关键的问题，并且可能隐含了限制知识产权的解决方案从而促进下游市场创新的宗旨。如果这些创新的兼容性至关重要(例如在软件产业中的相关创新)，对标准的知识产权保护对下游市场创新的影响就更为重要。”[107]

如上所述，内容数据本身可能有所不同，但它并非本文讨论的主题。由于没有任何数据接口的计算机软件可能很难推向市场，因此无需激励数据接口的开发。换句话说，总是存在着对开发和销售带有数据接口程序的激励。这就意味着从经济的角度来看，数据接口的开发并不需要相应的回报。

然而，即便是这种限制版权保护的办法，在应对获取数据接口、数
217 据格式和数据的技术方面仍然不足。在这种情况下，版权保护的例外并不能提供帮助，但是从 Microsoft 案中可以看出，[108]提供获取权限的义务也具有必要性。[109]此外，从国际版权条约的角度来看，这样的方法可能是有利的，因为与《计算机程序指令》第 1(2)条相类似的例外情况(甚至更宽泛的例外情形)可能无法满足相应的国际条约要求，但可能会增加通过《与贸易有关的知识产权协议》第 13 条和《世界知识产权组织版权条约》第 10 条规定的三步测试法的机会。话虽如此，应该指出的是，国际版权条约并不支持法定的强制许可，[110]而《与贸易有关的知识产权协议》明确允许对合同许可中的反竞争做法进行控制。[111]因此，关

于强制许可的任何规定(如果有的话)应以竞争法为导向。

然而，如前所述，根据《计算机程序指令》第 1(2)条对数据接口保护的限制似乎是有益的。并且至少与该指令第 6 条相一致的概念应通过三步测试法。[112]

2. 特定行业的强制许可

应避免针对特定行业的强制许可。[113]这种特定行业的强制许可也许能够用于测试强制许可的概念，但一旦确立则很难取消，并且在行业重叠(多重利益诉求)的情况下会引起问题。至少就数据接口而言，从长远来看，非常明确的结论是：保护数据接口可能对下游市场产生负面影 218
响，[114]这种影响并不局限于特定行业，而是具有普遍性。

(五) 促进标准

此外，作为补充或替代方案，已经并且应该讨论培育标准是不是一种可行的解决方案。实际上，尽管是否仅应使用标准化数据接口存在疑问，但这样做的好处是可以利用有关标准必要专利的判例法，进一步的问题在于适用的条款和条件。

无论如何，在类似标准必要专利原则的制度中培养标准，将会对竞争产生积极影响，因为成为各自标准化组织成员的市场参与者将被迫进行许可(如果标准必要专利[115]的竞争法原则因此而适用，那就更多了)。一个重大的缺点是，标准将落后于实际的或最新的技术水平，从而减少创新。然而，作为一种备用解决方案，此类标准将要求权利人始终保持创新，以免被官方标准所超越，这至少对促进竞争具有积极意义。

这种标准化绝不是增加竞争的唯一措施；标准化可以和对保护的限制并存。[116]实际上，欧盟委员会还讨论了各自部门特定的标准是否会有帮助。[117]

问题在于，某些情况下可能会出现某些特定标准适得其反的状态。而且，一旦将标准引入某个行业，就很难取消。但是，只要由标准化组织引入标准，这种方法似乎仍然具备灵活性，而任何实施标准的立法措施都使得以后几乎不可能取消这些标准。

219 五、结　论

对数据接口和数据格式的保护很可能会产生反竞争的效果。因此，应避免采取宽泛的保护。纯粹的竞争法路径不足以应对快速发展的技术市场(例如工业 4.0、物联网和智能汽车[118]市场)中的数据接口问题。

在对数据接口和数据格式进行技术或事实保护的情况下，特定的强制许可也许有意义，但应作为最后的选择予以考虑。应该考虑对数据接口和数据格式保护的进一步限制和其他例外情况(如果有的话)，以保护互通性。

作为备用解决方案，应该激励标准的制定，但是要与授予许可和授予获取任何知识产权和有关标准数据接口和数据格式信息的义务相结合。事实上，在这方面(根据标准必要专利的原则)，甚至竞争法也可能是令人满意的解决方案。

综上所述，在数字经济中，应该考虑如果竞争法仅要求“相对或较优的市场力量”来禁止基于这种力量的任何滥用行为，是否会是一种更有效和更完善的方法。

注释

1. E.g. van Rooijen，The Software Interface between Copyright and Competition Law：A Legal Analysis of Interoperability in Computer Programs(Wolters Kluwer 2010)；comprehensive Weston ‘Software Interfaces—Stuck in the Middle：The Relationship Between the Law and Software Interfaces in Regulating and Encouraging Interoperability’(2012) IIC 427.

2. Wikipedia，‘Interface(computing)’ 〈en.wikipedia.org/wiki/Interface_(computing)〉 accessed 30 June 2017(emphasis added).

3. 同上注。

4. 这很重要，因为计算机程序受版权法保护。

5. 有关此类技术方面的更多详细信息，参见 Grützmacher，'Verträge über Datenschnittstellen und die Nutzung von Datenformaten' in Conrad/Grutzmacher (eds)，Recht der Daten und Datenbanken im Unternehmen(Otto Schmidt 2014) 597 et seq。

6. 有四种不同的接口(API、GUI、数据接口和通信接口)，请参见前注 1，van Rooijen 文，第 14 页以后。

7. Wikipedia，'Data format' 〈en.wikipedia.org/wiki/Data_format〉 accessed 30 June 2017.

8. Grützmacher，Urheber-，Leistungs- und Sui-generis-Schutz von Datenbanken (Nomos 1999) 210 et seq.；前注 5，Hoppen，'Datenmodellierung und Datenspeicherung' in Conrad/Grutzmacher，第 10 页以后。

9. 参见上注，Grützmacher 文，第 30 页以后；Hoppen 文，第 18 页以后。

10. 前注 1，Weston 文，第 434—435 页(举例说明电子书阅读器的数据将被转移到另一个平台)。

11. 微软没有发布用于客户/服务器和服务器/服务器的与 Sun 和 Novell 互连的接口信息，Sun 和 Novell 在 20 世纪 90 年代一直是工作组服务器操作系统的行业领先者，但其在相应市场上已不再活跃；see Case COMP/C-3/37.792 Microsoft C (2004) 900 final，paras 194 et seq.，240—250；Case T-201/04 Microsoft EU：T：2007：289，paras 103 et seq.；另见前注 1van Rooijen 文第 8 页以后以及第 22—49 页中对所举实例的深入分析。

12. 参见本文第一(一)2 部分的内容。

13. 参见 Grutzmacher 的相关评论，Grutzmacher in Wandtke/Bullinger(eds)，Praxiskommentar zum Urheberrecht(4th edn，C.H. Beck 2014) para 31(with further references)；请参阅 Blocher/Walter 对《计算机程序指令》第 2 条的评论，Blocher/Walter in Walter/v. Lewinski(eds) European Copyright Law，A Commentary(OUP 2010) paras 5.1.33，5.1.38；另见 Bently/Lee 对《计算机程序指令》第 2 条的评论，Bently/Lee in Dreier/Hugenholtz(eds) Concise European Copyright Law(2nd edn，Kluwer Law International 2016) para 3。这似乎也是奥地利最高法院在"TerraCAD"案中的立场，(2006)GRUR Int. 775，777— 'TerraCAD'。

14. 关于该问题，接口规范可能受到保护，参见前注 1，van Rooijen 文，第 73—81 页。实际上，这似乎已在 SAS Institute 案中得到确认，C-406/10 SAS Institute EU：C：2012：259，从某种意义上来说，至少不会对《计算机程序指令》意义上的计算机程序提供任何保护。其他未给予保护的案例可参见 *Société Nomai v. Societe Iomega Corporation* [1998] ECC 281；*Navitaire Inc. v. EasyJet Airline Company*[2004] EWHC 1725。

15. 参见前注 13，Grützmacher 文，§69a，para 31(with further references)；Wiebe，'Interoperabilitat von Software：Art. 6 der Computerprogramm-Richtlinie aus

heutiger Sicht’(2011) JIPITEC 89，para 19。

16. 前注 14，SAS Institute 案，第 32—33 段，第 40 段；SAS Institute Inc. v World Programming Ltd[2013] RPC 421，paras 29 seqq。

17. 其他意见 Marly ‘Der Schutzgegenstand des urheberrechtlichen Software-schutzes：Zugleich Besprechung zu EuGH，Urt. v. 2. 5. 2012-C-406/10-SAS Institute’(2012) GRUR 773，779。

18. 前注 14，SAS Institute 案，第 39 段。

19. 同上注，第 45 段；前注 13，Bently/Lee 文，第 3 段第 2 条。

20. 前注 8，Grützmacher 文，第 210 页以后。前注 8，Hoppen 文，第 18—19 页。

21. Leistner，Der Rechtsschutz von Datenbank im deutschen und europaischen Recht(C.H. Beck 2000) 58—59；Leistner，‘Urheberrecht’ in Wiebe/Leupold(eds)，Recht der elektronischen Datenbanken(C.F. Muller 2004) chapter II，A，para 22.

22. 前注 5，Metzger，‘Urheberrechtsschutz von Datenmodellen，Dateiformaten und Schnittstellen’ in Conrad/Grutzmacher，第 245 页、250 页以后。

23. Case C-490/14 Verlag Esterbauer EU：C：2015：735，paras 17 et seq.

24. 见上文(1)计算机程序(《计算机程序指令》)部分。

25. LG Frankfurt in(2003) MMR 45—‘IMS Health’；also LG Frankfurt in(2014) GRUR 991，992—‘Segmentstruktur’.

26. 前注 13，Hugenholtz 在 Dreier/Hugenholtz 文中对《数据库指令》第3(1)条的评论：“原创性标准肯定高于英国对技能和劳动的要求，但可能低于某些欧洲大陆法院对个性或个人烙印的测试。”

27. 前注 14，SAS Institute 案，第 45 段。

28. LG Frankfurt in(2013) CR 286，287.

29. 同上注，第 287—288 页。

30. 在这方面非常令人信服的观点参见 Karl，Der urheberrechtliche Schutzbereich von Computerprogrammen(C.H. Beck 2009) 238。

31. BGH in(1993) GRUR 34，36—‘Bedienungsanweisung’；BGH in(1986) GRUR 739，740—741—‘Anwaltsschriftsatz’；BGH in(1987) GRUR 704，706—‘Warenzeichenlexika’；see the comments to §2 by Loewenheim in Schricker/Loewenheim(eds)，Urheberrecht(5th edn，C.H. Beck 2017) para 107.

32. *University of London Press Ltd* v. *University Tutorial Press Ltd*[1916] 2 Ch.601.

33. *SAS Institute Inc.* v. *World Programming Ltd.*[2013] EWCA Civ 1482，paras 51—52.

34. 参见 Computer Associates International，Inc. v. Altai Inc.，982 F.2d(2d Cir. 1992) 693，712。其中指出，将版权保护扩展到接口将“对版权学说的某些基本原理有不良影响”；Sega Enterprises，Ltd. v. Accolade，Inc.，977 F.2d(9th Cir.1992)

1510；请参阅 Samuelson 的判例法摘要，‘Are Patents on Interfaces Impeding Interoperability?’ (2008) Minn. L. Rev. 1943，1955 et seq.；此类判例法遵照了如下在先判决：Whelan Assoc. v. Jaslow Dental Labor- atory，797 F.2d(3rd Cir. 1986) 1222，1239；SAS Institute，Inc. v. S&H Com- puter Sys.，Inc.，605 F. Supp.(M.D. Tenn. 1985) 816，832；E.F. Johnson Co. v. Unison Corp.，623 F. Supp.(D. Minn. 1985) 1485，1495；有关美国法律的进一步概述，参见前注 1，Weston 文，第 436 页以后。

35. 欧盟委员会和 CFI 在 Microsoft 案中保留了讨论的余地，参见前注 11，Microsoft 案，第 190 段，第 1003—1004 段；前注 11，Microsoft(CFI)，第 283 段以后。另见前注 1，van Rooijen 文，第 57—61 页的分析(“应用于计算机程序的版权的思想/表达或其独创性要求似乎都不一定能够将接口规范与计算机的其余代码区分开……通过版权保护防止互操作性的可能性……因此仍然是未解决的”)。并且遵循《计算机程序指令》下的协调法(“不排除控制的可能性——特别是对更负责的接口规格”)。

36. 参见前注 1，Weston 文，第 437 页、441 页；cf *SAS Institute Inc. v. World Programming Ltd.*[2010] EWHC 1829(Ch.)，para 205。

37. 前注 34，Samuelson 文，第 1961 页以后。

38. 前注 28，LG Frankfurt 文，第 288 页。

39. 同上注；由于在本案中可能适用《德国反对限制竞争法》第 18 条，因此法院还表达了其担忧，即实际上各个 XML 文件是否只是模板，还是它们本身就是产品本身。

40. 参见前注 34，Samuelson 文，第 1961 页(他还提到可以通过在许可协议中加入反逆向工程条款来应对风险；在这方面参见《商业秘密指令》第 4(3)条)。

41. 参见前注 5，Grützmacher 文，第 605—606 页。

42. 相比之下，美国的专利实践似乎更为宽松，参见前注 34，Samuelson 文，第 1962 页以后。

43. 然而，德国联邦法院刚刚驳回了一个关于《德国反对限制竞争法》第 4 条 No.3，4 和 9 的假冒案件。但本身并没有忽略这种可能性，参见 BGH in(2017) GRUR 79—‘Segmentstruktur’。

44. See §§ 202a et seq. German Criminal Code；s 1 UK Computer Misuse Act 1990.

45. 参见前注 11，Microsoft(Commission)，第 292—301、683—687 段；另见 Johnson-Laird，‘Software Reverse-Engineering in the Real World’ (1994) U. Dayton L. Rev. 843，896。

46. 参见 Lehmann，‘Eigentum，geistiges Eigentum，gewerbliche Schutzrechte：Property Rights als Wettbewerbsbeschrankungen zur Forderung des Wettbewerbs’ (1983) GRUR Int. 356。

47. 见本文第一(一)部分。

48. 参见 European Commission, ‘Proposal for a Council Directive on the legal protection of computer programs’ COM(88) 816 final—SYN 183, ‘Explanatory memorandum’ [1989] OJ C91/4, para 3.11。

49. 另见前注 15，Wiebe 文，第 92 页(不可能独立生成信息)。

50. 见本文第一部分。

51. See European Commission, ‘Copyright Issues Requiring Immediate Action: Green Paper on Copyright and the Challenge of Technology’ COM(88) 172 final, 184: protection of interfaces could create an ‘undesirable monopoly’; European Commission, ‘Proposal for a Council Directive on the legal protection of computer programs’ COM(88) 816 final, 13. “……为了生产互用系统，必须通过以下方式复制思想、规则或原则：系统之间指定了哪些接口，但不一定要重现实现它们的代码……如果由于某些形式的表达的必然性，在互操作程序之间的实现思想，规则或原则的代码中出现相似之处，则界面的约束使得在这种情况下没有不同的实现，通常不会侵犯版权，因为在这种情况下，通常认为思想和表达方式已经融合在一起。”

52. See Platton, ‘The Council Directive on the Legal Protection of Computer Programs: An Unsatisfactory Balance of Competing Interests’ (1992) 7 Am. U.J.IntL & Pol'y 235, 282—283, in particular n 315.

53. 参见上文第(一)1(2)部分和第(一)1(3)部分。

54. 前注 13，Blocher / Walter 文，《计算机程序指令》第 2 条，第 5.5.43 段；前注 13，Grützmacher 文，第 62 段；前注 13，cf Bently / Lee 文，第 4 段第 5 条。

55. 参见上文第(一)1(1)部分。

56. 参见前注 1，Weston 文，第 430—431 页；Drexl, ‘Designing Competitive Markets on Industrial Data-Between Protection and Access’ (2016) MPI Research Paper No.16-13 1, 41 available at SSRN: 〈www.ip.mpg.de/de/publikationen/zeitschriften/research-paper-series.htmla〉。

57. 同上注，Drexl 文，第 41 页。

58. European Commission, ‘Copyright Issues Requiring Immediate Action: Green Paper on Copyright and the Challenge of Technology’ COM(88)172 final, 173 seq., 184；另见前注 51, Commission, ‘Proposal for a Council Directive on the legal protection of computer programs’, paras 3.9 et seq。

59. European Commission, ‘Undertaking given by IBM’ [1984] 10 Bulletin of the European Communities 96—97.

60. 在那种情况下，微软拒绝将其操作系统接口上的信息提供给竞争对手；前注 11，Microsoft(Commission)，第 560—791 段以后；前注 11，Microsoft(CFI)，第 103 段以后；另请参见 Schmidt/Kerber, ‘Microsoft, Refusal to License Intellectual

Property Rights，and the Incentives Balance Test of the EU Commission’(8 November 2008)，第 8 页以后。Available at SSRN：〈ssrn.com/abstract=1297939〉。

61. 参见根据欧盟委员会的评估，微软采取的战略，前注 11，Commission 文，第 588—589 页，第 700 页，第 773—778 页；欧盟委员会处理的其他案例中同样有类似的讨论，参见 COMP/M.5669 *Cisco Systems Inc*. and *Tandberg ASA*.(8 February 2010) para 81。

62. 参见欧盟委员会描述的微软及其竞争对手在 Microsoft 案件中的行为。前注 11，Commission 文，第 732—734 页。

63. European Commission，‘Building a European Data Economy’ COM(2017) 9 final，11.

64. 1BvR209/83，1BvR484/83，1BvR420/83，1BvR362/83，1BvR269/83，1BvR440/83—‘Volkszahlungsurteil’(15 December 1983，BVerfG) 65 BVerfGE 1.

65. Joined cases C-241/91 P and C-242/91 P *RTE* v. *Commission*(‘Magill’) EU：C：1995：98，para 47.

66. 参见本文第二(一)1 部分。

67. 参见本文第一 3、二(一)(2)和二(三)部分。

68. 前注 11，Microsoft(Commission)，第 697、733—734、776—779 段；前注 11，Microsoft(CFI)，第 387、392 段以后。

69. Case C-170/13 *Huawei Technologies* EU：C：2015：477，para. 43；BGH in (2009) GRUR 694—‘Orange-Book-Standard’；关于判例法的综述，可参见 Hauck/Kamlah，‘Was ist “Frand”? Inhaltliche Fragen zu kartellrechtlichen Zwangslizenzen nach Huawei/ZTE’(2016) GRUR Int. 420。

70. 参见 BGH in(2008) NJW-RR 1996—‘Soda-Club II’ and BGH in(2008) WRP 963—Erdgassondervertrag。

71. Swiss Competition Commission(WEKO)，‘SAP Wartungspreiserhöhung’(2010) Recht und Politik des Wettbewerbs paras 55 et seq.

72. 见本文第一(二)部分；另见前注 1，Weston 文，第 434—435 页。

73. 有关该法案的英文版本，请参见〈www.gesetze-im-internet.de/englisch_gwb / englisch_gwb.html〉。

74. LG 曼海姆案的原告未能证明 SAP 在 EPR 市场上具有支配地位，至少对于熟悉该市场的专家而言，这似乎是显而易见的。

75. 前注 65，Magill 文，第 54 段；Case C-481/01 P(R) *IMS Health* EU：C：2002：223，paras 48，52；进一步的分析可参见前注 5，Grützmacher，‘Kartellrechtliche Grenze des Schutzes von Datenbanken’ in Conrad/Grutzmacher，第 275 页以后。

76. 前注 1，van Rooijen 文，第 122—149 页，尤其是第 132—133 页和第 139—147 页。

77. 同上注。

78. 前注 11，Microsoft(CFI)案，第 643—644、647、653 段以后。

79. 前注 75，Grützmacher 文，第 278 页；前注 60，Schmidt / Kerber 文，第 14 页，从经济角度欢迎这种扩展；前注 56，cf Drexl 文，第 52 页。

80. 前注 11，Microsoft(CFI)案，第 334 段；同上注，cf Drexl 文，第 51 页。

81. 前注 69，Huawei Technologies 案。

82. 同上注，第 44 段以后。

83. 前注 69，第 51 段。

84. 参见 Commission Decision ‘IV/31.458—X/Open Group’ [1987] OJ L35/36；see also Commission，‘Copyright Issues Requiring Immediate Action：Green Paper on Copyright and the Challenge of Technology’ COM(88)172 final，173—174，184。

85. 这是 Microsoft(CFI)案中的例子，参见前注 11，Microsoft(CFI)案。

86. 前注 1，Weston 文，第 432 页：“第 102 条的运用……是不可取的，因为这是事后评价且容易出错。”

87. 事实上，这表明前注 1，Weston 文第 433 页的陈述是正确的：“然而，企业有可能赢得事实标准之争，不是凭借实力，而是借助一些战术上的反垄断行为，然后长期占据标准……竞争法的步伐意味着司法救济对于 Netscape 来说为时已晚。”

88. 但是，应该指出的是，至少在浏览器市场上，CFI 的判断对目前其他各种浏览器软件制造商都占有很大的市场份额产生了影响。但是，尚不清楚这是判断的结果，或者仅是 PC 操作系统变得不那么重要而移动设备市场变得更加重要这一事实的结果。

89. 关于接口问题以及对数据的自由访问和流动的各种分析似乎都支持了这一点，参见前注 56，Drexl 文，第 44 页以后；前注 60，Schmidt/Kerber；前注 1，van Rooijen 文，第 95 页以后；前注 1，Weston 文，第 443 页以后；Max Planck Institute for Innovation and Competition，‘Position Statement of Max Planck Institute for Innovation and Competition of 26 April 2017 on the European Commission’s Public Consultation on Building the European Data Economy’ 12 accessible online under 〈www. ip. mpg. de/fileadmin/ipmpg/content/stellungnahmen/MPI _ Statement _ Public _ consultation_on_Building_ the_EU_Data_Eco_28042017.pdf〉。

90. 参见 e.g. Art. 6 Regulation(EC) 715/2007 of 20 June 2007 of The European Parliament and of the Council on type approval of motor vehicles with respect to emissions from light passenger and commercial vehicles(Euro 5 and Euro 6) and on access to vehicle repair and maintenance information[2007] OJ L171/1；rather restrictive on the kind and scope of access OLG Frankfurt in (2017) GRUR-RR 231—‘Zugangsgewährung zu Kfz-Teile-Daten fur un- abhangige Marktteilnehmer’。

91. §21(3) No.4 German Telecommunications Act implementing Art. 12(1)(e)

Directive 2002/19/EC of the European Parliament and of the Council of 7 March 2002 on access to, and interconnection of, electronic communications networks and associated facilities(Access Directive)[2002] OJ L108/7.

92. 前注 63，Data Economy Communication，第 15 页以后。

93. 参见本文第三(二)部分和第三(五)部分。

94. 前注 63，Data Economy Communication，第 16 页。

95. 参见本文第三(二)部分。

96. Art. 3 Regulation(EC) No 593/2008 of the European Parliament and of the Council of 17 June 2008 on the law applicable to contractual obligations(Rome I)[2008] OJ L177/6.

97. 前注 63，Data Economy Communication，第 16—17 页。

98. 应当指出的是，有人称即使《计算机程序指令》中的例外情况也将与《伯尔尼公约》规定的义务相抵触，参见前注 52，Platton 文，第 282 页。然而需要注意的是，实际上《伯尔尼公约》并不要求保护计算机程序(其他观点参见 Correa，'TRIPs Agreement：Copyright and Related Rights' (1994) IIC 543，545)，但是保护计算机程序的义务未在《伯尔尼公约》中提及，因此来自《世界知识产权组织版权条约》第 4 条和《与贸易有关的知识产权协议》第 10 条。也有人争辩说，接口可能是《与贸易有关的知识产权协议》第 10(2)条意义上的计算机程序参见 Fuller/Langeloh in Busche/Stoll/Wiebe(eds)，TRIPs，Internationales und europdisches Recht des geistigen Eigentums(2nd edn，Heymann 2013) Art. 10 TRIPs, para 106。因此，问题在于《与贸易有关的知识产权协议》第 13 条规定的 3 步检验法是否允许更广泛的例外情形。

99. 前注 11，Microsoft(Commission)，第 292—301、683—687 段的案例；另请参阅前注 45，Johnson-Laird 文，第 896 页：反向工程(包括反编译)不会"暴露程序的内部秘密"。程序的内部秘密(真正的皇冠上的珠宝)体现在更高级别的抽象材料中，例如源代码注释和规范。这种材料永远都无法幸免于转换为目标代码的过程。前注 1，Weston 文，第 429 页。

100. Lehmann，'TRIPS/WTO und der internationale Schutz von Computerprogrammen' (1996) CR 2，4.

101. 前注 13，Grützmacher 文，第 25 段。

102. 值得一提的是，即使有这种例外情况，禁止将通过反编译获得的接口信息传播给第三方也可能是一个弱点，请参阅前注 1，Weston 文，第 449 页。

103. 前注 1，van Rooijen 文，第 204 页及以后，第 223 页("总之，从受版权保护的主题中明确排除接口规范可能会消除当前有关竞争对手自由使用及互操作性目的的不确定性")；关于更广泛的逆向工程例外情形，参见上注，第 223—233 页。

104. 参见 Art. 11(2) of the draft Database Directive in respect of the sui generis

right(COM(93) 464 final，1)。有关修改版本的建议，请参阅前注 8，Grützmacher 文，第 382 页；further Art. 5.4 of the proposal of a European Copyright Code by the Wittem Group，‘European Copyright Code’(2010) JIPITEC 123，126；Liu，‘The Need and Justification for a General Competition-Oriented Compulsory Licensing Regime’(2012) IIC 679，693。

105. 这在 SAP UK Ltd. v. Diageo Great Britain Ltd 案中非常明显，SAP 公司仅为连接 Salesforce 的 CRM 系统就基于其许可计划要求 GPB 公司支付 54 万美元。在 Microsoft 案中，Microsoft 甚至因其要求过高的费用/酬金率而被罚款。T-167/08 Microsoft Corp. v. Commission EU：T：2012：323 paras 133—134 seq.，in particular para 142.

106. 前注 60，Schmidt / Kerber 文，第 19—20 页、第 22—23 页(以及第 29—31 页)；另请参见前注 1，van Rooijen 文，第 96—118 页(尤其是第 106—107、117 页)和第 147 页。

107. 同上注，Schmidt / Kerber 文，第 29—30 页。

108. 前注 11，Microsoft(Commission)，第 292—301、683—687 段；前注 99 中的其他参考文献。

109. 不同观点(不愿引入关于强制公开接口规范的规定)参见前注 1，van Rooijen 文，第 233—238 页。

110. 前注 104，Liu 文，第 684—685 页。

111. 另请参阅《与贸易有关的知识产权协议》第 8(2)、31(k)条和第 40 条。有关此主题的深入分析，请参阅 Nguyen，‘Competition Rules in the TRIPS Agreement—The CFI’s Ruling in Microsoft v. Commission and Implication for Developing Countries’(2008) IIC 558。

112. 前注 100，Lehmann 文，第 4 页。

113. 类似观点参见前注 89，MPI 文，第 10—11 页。

114. 前注 60，Schmidt / Kerber 文，第 29—30 页。

115. 见本文第三(四)1(2)部分和第三(四)2(2)部分。

116. 见本文第三(一)部分。

117. 前注 63，Data Economy Communication，第 17 页。

118. 参见‘The connected car：Smartphones on wheels’，The Economist Technology Quarterly(6 September 2014) 14 et seq。

合同的概念

第十章　关于未来的欧盟数字经济法律框架：基于竞争视角对“所有权和获取权”辩论的回应 223

约瑟夫·德雷克斯尔[*]

一、引　言

数字经济的商业模式不再局限于电子商务、搜索引擎和社交平台。嵌入在机器、车辆、家用设备和其他许多产品中的传感器以预见性维护、更高的安全性和舒适性以及节省成本的形式为客户提供了新的优势。此外，通过数据分析，传感器生成的数据可以帮助产生第三方(国家、其他经营者和客户)感兴趣的其他知识。总之，收集和处理此类数据有可能给几乎所有的经济部门带来根本性转变。下一步的数字化不仅会影响产品的制造方式以及未来车辆的运行方式，也会给个人和社会的福祉带来重大进步。

毋庸置疑，纯粹的国内法路径是不足以为这种新的数据经济建立法律框架的。[1]通过网络，可以在任何地方实时存储、处理和利用数据。

* 作者系马克斯-普朗克创新与竞争研究所所长。

尤其是在欧洲，自动驾驶必须实现跨国界驾驶。令人欣慰的是，欧盟委员会已主动探索了为数据经济创建欧盟法律框架的可能方法。

224 欧盟委员会于 2015 年 5 月首次宣布了其“数据自由流动”计划，这是其关于“数字单一市场”相关报告的一部分。[2]为了使欧盟能够“保持竞争力，维持强大的工业基础并实现向智能工业和服务业经济的转型”。[3]欧盟委员会表示将会尽力解决“正在出现的数据所有权和数据获取问题”。[4]

这一表态在欧盟(特别是德国)引发了有关数据所有权问题的学术讨论和公共辩论。德国的政府、工业和研究结构已经在 2011 年建立了“工业 4.0”平台，作为面对第四次工业革命挑战的联合倡议，包括在制造过程中整合信息和电信技术。[5]辩论之所以如此集中于数据所有权而非数据获取权的原因主要体现在以下三个方面：首先，作为快速增长的公共利益的一部分，除了将数据描述为最有价值的资源和“21 世纪的石油”之外，[6]媒体已经开始询问“谁应该拥有数据”？ 因为购买和使用智能产品的人逐渐增多，因此这个问题引起了公众的广泛关注，所有作为“数据生产者”的公民都有资格成为数据的潜在所有者。其次，德国
225 学者已经对数据所有权的可能设计进行了重大研究。[7]最后，2016 年年底之前一直负责数据自由流动计划的欧盟专员奥廷格(Oettinger)用德语发表公开声明，留下了一种欧盟委员会将认真考虑通过有关数据所有权立法的印象。[8]然而，与此同时，越来越多的学者警告不要在数据中引入新的财产权。[9]这些学者对这种权利的经济合理性及其对数据经济学的潜在负面影响表示怀疑。最引人注目的是，德国工业界很快对引入这种权利的需求提出了质疑。[10]

226 面对 2015 年发布相关报告之后引发的讨论，2017 年 1 月 10 日欧盟委员会仍然在报告中提出应对数据所有权的问题。[11]然而，欧盟委员会采取了一种相当令人惊讶的方法。由于财产作为排他性权利的性质，通常认为这种权利会增加对数据获取的障碍，但欧盟委员会现在讨论承认潜在的“数据生产者权”是增加数据获取的一种手段，[12]从而将 2015 年

的“所有权和使用权”辩论变成了关于“获取数据的所有权”议题。

委员会的观点依靠两个前提：一是数据的自由流通始终是好的；二是有必要为智能产品用户的利益解锁数据。本文将采用更具原则性的面向竞争的方法来分析这些前提，以及委员会对数据生产者权的考量。[13]这种方法的前提是，在市场经济中，竞争和交易通常会导致最有效的利用资源。因此，从经济的角度来看，干预措施，包括采用新的知识产权，只有当它有助于矫正一个可识别的市场失灵时，才被授权和合理化。就此而言，欧盟委员会假定某些情况下需要解锁数据的策略是正确的。然而，本文反对将数据生产者权作为具有物权属性的一种新的知识产权而提出，并建议考虑更有针对性，甚至更有效的数据获取权。[14]还应注意的是，数据的自由流动并不总是那么有效。因此，本文首先研究 227
当前的竞争形势以及由此引起的竞争问题。然后讨论针对这些问题的可能解决方案，包括数据生产者权以及作为替代方案的数据获取权。最后对过多的数据流通引起竞争问题的情况进行分析。

二、当前的竞争形势和可能的竞争问题

一般而言，知识产权有望为创新提供动力。然而，似乎并不需要更多的动力来生成数据。由智能产品的传感器收集的数据，也是如此。当前，公司将大量投资用于开发嵌入式传感器的智能产品，因为他们将制造业和物联网的转型视为一种破坏性创新，迫使不适应该过程的公司退出市场。

然而，在这种竞争的环境中，制造商还需要说服客户购买其智能产品。在这方面，必须在工业客户和最终用户之间进行区分。

对于工业客户而言，第四次工业革命是工艺和产品创新方面的重要一步。一方面，嵌入在智能机器中的传感器可以进行预测性维护，从而帮助在其工厂中使用该机器的生产商避免遇到生产停顿。因此，智能机

器降低了生产成本(工艺创新)。同时，机器传感器旨在识别甚至避免所制造产品的缺陷，从而提高产品质量(产品创新)。因此，在工厂中使用智能机器将有助于制造商在下游产品市场中更好的竞争。

当然，还存在这样一种担忧，即嵌入传感器的机器的供应商可能会窥探工业客户的商业秘密。但是，如果机器的供应商不是下游产品市场的竞争者，那么该供应商在盗用客户的商业秘密方面就不会有特殊的自身利益。反之，客户对供应商的信任以及供应商对客户商业秘密的尊重
228 应该成为智能机器销售的一个重要竞争参数。同时，一个稳定和有效的商业秘密保护框架是新数据经济运作的关键。[15]

就最终用户接受智能产品而言，情况更加困难。他们需要使产品具有更高的实用性，例如，安全性(自动驾驶)、舒适性和节省成本(智能家居)。

此外，最终用户可能会担心敏感个人数据收集，包括在用药期间监测身体功能的可穿戴设备收集的健康数据以及汽车或家用设备收集的数据。因此，为了说服消费者购买产品，不能像搜索引擎或社交平台的运营商提供“免费服务”以获取大量消费者数据，智能消费产品的供应商应保证高水平的数据保护。因此，需要一个稳定有效的数据保护法律框架来建立最终消费者对数据经济的信任。同样，立法机构应考虑到收集数据的新法律义务对消费者购买智能产品的意愿可能产生的负面影响。[16]

229 总之，似乎不需要数据所有权来激励将智能产品推向市场。然而，也可能有其他原因，例如需要为利用传感器生成的数据而启用后续市场。仅当可以将第三方排除在获取和使用该数据之外时，数据许可市场才会出现。但是，这种独占性不一定取决于将数据所有权视为一种物权属性的权利。智能产品的制造商已经对此类产品生成的数据进行了事实控制，并可以通过技术保护措施保护其数据集免遭未经授权的获取。[17] 这种情况使作为事实上数据持有者的制造商能够收取向第三方授予数据获取权的费用。根据数据许可合同，数据持有人能够规范被许可人以何

种方式使用数据，包括对被许可人进一步授予第三者获取权限的限制。简而言之，事实控制将事实数据上的持有者置于与数据独占权人非常相似的位置，以实现数据交易。按照欧盟委员会的说法，如果确实无法充分利用现有的数据孤岛，[18]造成这种现象的原因很可能不是缺乏法律保护，而是当事方难以解决、评估数据集的效用和价值，从而无法确定获取[19]以及出现技术障碍(例如缺乏数据格式的互用性)时应支付的适当价格。[20]这并不排除需要额外的保护，特别是对侵权性规避行为的责任规定。[21]

如果对传感器生成的机器数据的事实控制足以缔结关于数据利用的 230
合同，那么在讨论是否需要额外的数据产权之前，法律应该首先评估合同法的运作。从竞争政策的角度来看，这里的问题是相关的产品市场是否会发挥作用，或者反过来说，它们是否有可能受到反竞争行为的影响。

对相关产品市场运作的分析应该再次从智能产品制造商与此类产品购买者达成的协议开始。实际上，销售智能产品的合同与传统产品的合同确实有很大不同。产品的数字化从根本上改变了工业化商业模式的格局。虽然出售汽车的交易旨在为购买者提供汽车的所有权和财产，但也许还附有一些保护购买者免受损坏的额外保证，就自动驾驶和无人驾驶而言，进行汽车交易将不再或者不仅仅依靠纯粹的销售合同，而是包括制造商在预测性维护和与安全相关的服务，[22]或者可以说，是关于操作汽车的全面服务义务。同样，制造商也可以出售智能家居设备，将其作为更全局的基于软件的家庭管理系统的一部分，该系统通过计算机连接家庭的不同设备。每当需要重新装满洗衣机或冰箱时，该计算机甚至可以从与设备生产商合作的供应商处订购其他产品，例如洗衣粉和食品。电力、能源或水的提供商将开始提供他们的产品，作为基于数据的设施管理系统的组成部分，制药公司将通过智能穿戴设备监控患者的身体功能，从而在用药过程中转变为更全面的医疗保健服务的提供商。这表明，作为与智能产品相关的数据驱动型业务模型的一种表达，简单的商

231 品销售合同将被捆绑大量商品和服务的“系统合同”所取代，并可能将客户锁定到此类系统的提供者。

因此，与智能产品有关的新商业模式具有将竞争对手排斥在市场之外的潜力。从经典竞争法评估的角度来看，第一个问题涉及相关产品。竞争法是否应将具有所有要素的“系统”本身视为相关产品，还是应从独特产品的意义上将不同要素区分开？ 在后一种情况下，这种依赖智能产品的数字系统的报价可被视为潜在的反竞争捆绑。

当然，与往常一样，竞争法必须适用于个案的具体事实。与冰箱相关的送货到家服务将被视为一种单独的产品，因为此类服务也是独立提供的，与智能家居设备无关。同样，如果提供了有预测性维护服务的智能产品销售合同，则在依赖维修者无法访问该产品中嵌入的传感器收集数据的情况下，可能会产生排他性影响。[23]在这些情况下，对反竞争的关注既涉及对竞争者的排他性影响，也涉及对客户的锁定，因为客户在进行了大量的投资之后，不太可能再从竞争者那里购买产品。

然而，潜在的反竞争影响不仅与智能产品市场的竞争以及此类产品的维修有关。智能产品制造商的商业模式也可能会将独立的数据分析服务提供商排除在市场之外。如果电力、能源和水的供应商将设施管理服务与此类供应联系在一起，那么数字设施管理服务的独立供应商将很难进入市场。特别是许多客户通常会更喜欢购买他们所购买的各种智能产
232 品。不同制造商有不同的需求，但仍希望以数字方式连接这些设备并在内部进行整体数字管理，或者将其交给独立的数据服务提供商。例如，工厂的经营者从不同的制造商那里购买智能机器、农民使用不同品牌的农用机器、希望获得智能家居所有好处但仍重视更广泛意义上的智能家居的房主。最后，患者需要多种疾病的药物，并由其信任的医生或医院进行监控。显然，为了患者的利益，该医生需要获取任何控制患者身体健康的制药公司收集的数据。

确实，当为了“解锁数据”，讨论潜在的数据生产者权时，要考虑智能产品的购买者或用户的利益，[24]欧盟委员会对此已有所关注。

三、 如何解锁数据：为什么数据获取权应优先于数据生产者权?

为了解决这些竞争问题，可以讨论不同的解决方案，部分解决方案也在欧盟委员会的考量范畴之内。

（一）合同法路径的局限性

第一种方法是通过控制标准合同条款的规则为智能产品的购买者提供帮助。欧盟委员会也考虑了这种可能性，[25]倡导修改《不公平条款指令》。[26]智能产品(尤其是机器)的购买者通常是工业用户，但是，该指令 233
的应用范围必须从 B2C 交易扩展到 B2B 交易。

然而，这依然不足以解决问题。该指令的运作还需要默示的合同规则，这些规则可以作为公平性标准的基准，但此类规则尚不完善。特别是，[27]欧盟委员会在数字内容指令提案中通过为消费者合同制定强制性合同规则，来保持欧盟法律在合同法中的经典做法。因此，本指令的适用范围需要扩大，也许可以增加另一条规则，根据这条规则，本指令的规则也可以作为非强制性规则适用。

此外，对于针对商品[28]的交付和销售，以及与该商品相关的服务的
合同，数字内容指令提案的适用范围还不清楚。最后，必须怀疑欧盟委 234
员会提出的规则是否能充分保护智能产品的购买者。数字内容指令提案仅在合同[29]终止的情况下才授予消费者数据可携带性权利，鉴于上述竞争问题，购买者在使用智能手机时尤其需要获取数据产品。

即使要在这方面进一步发展数字内容指令，依靠标准合同条款控制的一般方法也有其他缺点。尽管有关不公平合同条款的法律试图纠正议价能力分配不均的情况，而且在这方面非常灵活，[30]但它仅保护智能产品的直接购买者。因此，合同法路径面临以下障碍：用户通常不是直接从制造商那里购买智能产品，而是从零售商那里购买，甚至从将智能产

品作为二手产品转售的人那里购买。此外，在某些情况下，智能产品从甚至没有通过合同链与原始制造商建立联系的人那里收集数据，但是这些人仍然对获取智能产品收集的数据具有合法利益。这种情况的一个例子是农民使用相关机器产生的土地数据是由独立的农业服务提供者的机器收集的。

这就产生了如下问题：被收集数据的人和对解锁数据有合法利益的人，如何能相对于制造商有权为自己或数据分析服务的第三方提供者获取这些数据。这似乎就是委员会正在考虑的数据生产者权的情况。

235 **（二）为什么数据生产者权无法促进数据获取？**

除了“数据生产者”一词似乎是被误解的这个事实(毕竟，数据是根据商业模型和智能产品“生产”的，这两者都是由制造商实施和开发的)，作为物权属性的数据生产者权，一方面不足以弥补议价能力分配不均的根本问题，另一方面又通过向数据生产者提供阻止生产者进行交易的权利，使得第三方可以获取其数据集。

关于第一个问题，委员会忽视了这样一个事实，即作为产权持有人的数据生产者将总是能够像这样指定数据权利，或者免费向智能产品的制造商免费授予专有许可。因此，在制造商拥有较高议价能力的情况下，数据生产者权将无法实现欧盟委员会创设该权利的预期目标。[31]

关于第二个问题，委员会忽略了这样一个事实，即并非在所有情况
下，制造商都将拥有较强的市场支配力。例如，在一个强大的智能产品
工业购买者的情况下，这个购买者很可能依靠其数据生产者的权利来限
236 制供应商将其数据集商业化的能力，并限制第三方对这些数据集的获
取。在这种情况下，应注意的是，由于该数据集的用途差异较大，出售
给消费者的所有智能产品产生的，并且由制造商的数据集聚集的数据，
必须被认为是一个独特的产品，从竞争法的角度来看，这是无法被智能
产品的个人购买者控制的数据集所替代的。因此，欧盟立法机构应该特
别避免对这些数据集形成障碍，它们通常会涉及特定的公共利益。

在任何情况下，引入数据生产者权都会产生复杂的权利清除问题。

无论何时，只要获取数据，都会发现数据集包含的数据的持有者不是数据的生产者，例如，如果立法机关承认数据生产者对汽车持有人关于汽车传感器生成数据的权利，当第三方寻求获取汽车制造商享有的更大、更有价值的数据集时，将冒着侵犯此类权利的风险。这表明，这种权利的引入很容易成为建立一个自动驾驶功能系统的严重障碍，这在很大程度上依赖于许多制造商和许多其他数据提供者之间的数据共享。

（三）支持不可撤销的数据获取权

实际上可以促进数据获取的数据生产者权的替代方法是承认不可放弃的数据获取权。[32]

这种权利的优点包括：第一，数据获取权更具针对性，因为它们可以响应潜在的市场失灵。与以物权形式构造的数据生产者权相比，它不会对下游数据市场中的数据商业化产生任何障碍。例如，数据获取权可以使农民有权连接不同品牌的不同农机收集的数据来经营其农场，而不会以任何方式限制这些机器的制造商从所有农机收集的汇总数据并将其商业化的能力。数据获取权将特别增加对公共机构数据的获取(例如出于环境保护的数据获取)。实际上，立法机关面临的也仅仅是数据获取问题，因此它没有理由通过采用新的财产权而超越获取权，这会在没有任何额外利益的情况下对市场产生额外的排他性影响。[33]

第二，这种使用权的不可撤销性将保证这种权利不会因农民和机器制造商之间的合同协议而被搁置。

第三，可以并且应该将数据获取权授予在数据获取方面具有合法利益的人。作为法定的非合同权利，它不一定必须归属于产品的直接购买者，也并不必然归属于产品的使用者。问题是谁直接关注数据收集并需 237
要获取该数据，如果数据是由独立的农业服务提供者拥有的机器收集的，该主体也可能是农民。[34]这和特殊利益限制了数据获取权的范围，应将其限定于经营农场或家庭使用的目的之内，而不是出于向第三方进行商业化应用数据的目的。但是，数据获取权不应取决于有权获取数据的人是在内部进行数据分析还是将其外包给独立的数据分析机构。因此，数据获取权应包括要求制造商将直接获取权授予第三方以提供这种服务。[35]

第四，可以通过积极方式来规范数据获取权，即通过对授予此类权利设定具体要求的方式进行规范。从立法技术的角度来看，这是一个明显的优势。在讨论数据生产者权时，欧盟委员会意识到这种权利可能会走得太远，因此指出该权利的授予需要设定具体的例外和限制情形。[36]但是，这并不是一件容易的事，因为立法机关必须预见所有不同的情况，而物权化的权利显然不利于进行这种预见。相比之下，数据获取权可以避免过度保护的问题。[37]

第五，对获取权的承认也符合竞争法原则。它会针对制造商极有可能出于将竞争对手排除在市场之外的目的而拒绝授予数据获取权的强烈动机做出响应。当然，在任何情况下，竞争法的执行都可以作为一种替代选择。但是，鉴于在每个案例中都需要证明市场支配地位，私主体之间的竞争法执行通常会面临繁重的证明负担，在案件数量较大的情况下
238 该问题会更加突出。[38]相反，如果制造商对锁闭市场竞争不感兴趣，数据获取权不会造成任何损害，因为在智能产品市场的竞争压力下，制造商无论如何都会愿意授予数据获取权，甚至可能免费授权。

但是，问题仍然是欧洲立法机关应制定普遍适用的数据获取权还是采用针对特定行业的方法。尽管迫切需要为数据经济设计一种普遍适用的法律框架，但最好还是建议欧盟委员会采用针对特定行业的方法。原因是各个行业如此多样化，需要根据这些行业的需求和特殊性来调整数据获取权，以下几个方面可能需要进行改进：[39]

第一，到目前为止，授予数据获取权本身并非没有其他替代选择。确实，欧盟立法机关已经采用了建立在不同模型基础上的数据获取机制，以支持独立的汽车维护和维修服务提供商。[40]在这一领域，这种方案可能更有效，并且可以减轻消费者负担，且有利于监管部门获取制造商持有数据的方法。[41]

第二，关于是否应免费获取数据的问题，如果答案是否定的，则收费标准应如何确定，这一问题无法针对所有部门来决定。根据机动车行业的现行法规，独立服务提供商只能要求支付合理且相称的费用才能获取数据。相反，对于制药公司在用药过程中向其收集数据的病人是否应该承担任何支付义务，可能会有完全不同的决定。[42]

第三，关于报酬的问题，这与制造商有责任提供获取的数字格式密切相关。可得数据通常的格式在不同行业之间可能会有所不同。[43]一些行业可能使用标准化格式，而其他行业则没有。施加给制造商授予数据获取权的义务很容易造成额外费用，从而证明基于成本的收费是合理 239
的。在收费看起来合理的行业中，立法机关还必须提供一个制度框架，以 FRAND(公平，合理和无歧视)条款为基础协商此类费用。[44]

尽管需要针对具体部门的解决方案，但欧盟委员会也应致力于在不同部门之间制定连贯的路径。在这种情况下，可以将特定部门的数据获取权限视为《通用数据保护条例》第 20 条规定的数据可携带权[45]的具体化权利内容。实际上，与通过智能设备收集个人数据有关的某些情况可能已被本条所涵盖(例如记录某人身体功能的智能穿戴设备)。在这种情况下，[46]《通用数据保护条例》规定的数据可携带权的适用，取决于患者是否已将数据“提供”给制药公司。《通用数据保护条例》第 20 条可以作为制定特定行业数据获取制度的指南，该制度也涉及非个人数据。[47]

四、 过度获取数据的情形

从经济学的角度出发，甚至从竞争政策的角度出发，都不能假设应该始终促进数据获取。其原因有二：一方面过多的数据流可能导致经济 240
效率低下。另一方面过多的数据流也会产生反竞争结果。

关于第一个论点，在物联网时代，没有数据短缺的问题，而是数据传输和存储所需的资源短缺。完善的数据经济将需要迅速增加存储数据的容量，但是相应地也会增加能耗。为了保护环境，避免存储不必要的数据，专注于存储高质量数据将是关键。特别是，即使在采用 5G 手机技术的时代，传输容量也很可能不足以允许传输汽车不断产生的所有数据。因此，在将来仅生成、传输和存储相关数据会很重要。哪些数据需要优先排序，将首先根据智能产品的功能来确定。制造商将更倾向于生成、存储和传输对智能产品的使用和维护必不可少的数据。[48]资源紧张也将影响后续数据市场的兴起。仅与自动驾驶和自动驾驶操作的实时信息相关的数据，例如，给定时间点特定道路上的交通密度的数据，不必永久存储。随着时间的流逝而收集到的这些数据将成为历史数据，这也有利于通过促进基础设施规划实现公共利益。对汽车制造商和立法机构而言，这将是并且应该仅是次要的考虑。更重要的是，在仅出于其他公共利益的目的而进行数据传输的情况下，例如，汽车收集的有关城市不同地区空气污染的数据，如果可能会对自动驾驶的安全性产生负面影响，国家应避免制定在网络上传输此类数据的法律义务。

241 然而，关于第二个问题，即使在竞争对手之间共享数据，通常也符合公司和国家的利益。例如，在自动驾驶的情况下，需要数据共享以实现某些用途，其中也包含公共利益(安全)。汽车制造商自己对通过合作连接所有汽车并在同一数据共享平台上交换数据也会感兴趣。汽车制造商期盼着这些平台开放运行，所有汽车制造商都将被接纳进开放平台。基于直接网络效应的安全性将随着每一个向该平台提供数据的汽车的数量增加而提升。HERE 正在以一种这样的平台形式出现，它是由戴姆勒(Daimler)、宝马(BMW)和奥迪(Audi)成立的合资公司，其基础是诺基亚(Nokia)开发的数字导航地图。收购 HERE 的目的是将其开发成云地图平台，将其作为自动驾驶交换实时数据的关键技术组件。当德国竞争管理机构联邦卡特尔办公室(Bundeskartellamt)审查并最终批准了诺基亚在 2015 年对 HERE 的并购，它着重关注了 HERE 是否会将其他汽车制造商排除在外的问题。[49]根据最新信息，HERE 系统现已集成到其他汽车制造商的汽车中(例如福特)。但是，[50]HERE 不仅限于纯自动驾驶应用，作为其子应用程序，HERE City Lens 提供了有关汽车周围环境的其他信息(例如商店和餐馆)。同时，HERE 地图服务已授权给智能手机制造商。这表明此类平台将广泛连接，甚至超越汽车领域。

确实，竞争法的执行者和监管者应该关注的问题是这是否总是有利于竞争。例如，在互联驾驶的世界中，驾驶员当然也会想获得有关可用停车位及其价格的信息。同样，保护环境的公共利益强烈主张将停车场经营者和汽车修理厂联系起来，尤其是在大城市的市中心，以防止汽车 242
为了寻找停车位而长时间通行。如果将此类数据的使用留给市场，则可以预期所有此类数据的提供者(停车场和车库的运营商)也将希望获取某些系统中的数据，如 HERE 这样的系统数据。这很可能包括在给定时间点内前往市中心的汽车数量，以及停车位的可用性和所有竞争对手的价格。因此，允许接入该系统将极大地提高市场透明度，对市场中的双方而言都是如此。但是，停车场和车库的运营商使用基于人工智能的计算机程序，可以进行自动定价，从而对竞争产生不利影响。数据分析通过采纳特殊的“算法协调”形式改变了市场竞争，这使得适用于传统寡头定价的竞争法规则无法直接调整这种行为。[51]这表明立法机关不仅应努力促进对数据的获取，还应考虑到过度的数据获取对竞争可能产生的潜在不利影响。

五、结　论

在《打造欧洲数据经济》报告中，欧盟委员会为进一步讨论数字经济的未来法律制度奠定了基础。值得称赞的是，虽然未做出任何明确的决定，但欧盟委员会对数据所有权问题采取了纯粹的功能性方法，因为它只承认数据所有权是加强数据获取的一种手段。因此，欧盟委员会将重点放在特定人群上，即嵌入传感器的智能产品的购买者和用户。尽管这些主体可能经常会受到较低议价能力的影响，并且智能产品的制造商通常会拒绝授予对其从购买者和用户那里收集到数据的获取权，但欧盟
243 委员会想要明确数据提供者的想法并不能矫正这种市场失灵现象。这种权利不仅不能为所谓的“数据生产者”提供保护，因为该主体仍然可以将其权利免费转让或许可给制造商，它还可能会阻止第三方(包括国家)获取制造商的较大数据集。

作为替代方案，欧盟委员会被建议就更具针对性的不可撤销的数据获取权开展工作。通过采用针对特定行业的方法，可以将此类权利整合到数据获取制度中，在《通用数据保护条例》第 20 条中汲取灵感并进一步发展数据的可携带权。

除数据所有权问题外，欧盟委员会还应考虑到加强数据获取本身并不是目标，数据获取权也可能走得太远。资源约束要求使用更精细的数据治理机制来存储和传达物联网世界中最具相关性的数据。同样，欧盟委员会也应更多地考虑到有关虚拟竞争新挑战的新辩论。虽然互联网数字经济的运作绝对需要(甚至是)在竞争对手之间的数据共享(例如实现自动驾驶)，但数据共享还将提高市场的透明度，并允许企业通过新型算法合谋减少竞争。

注释

1. 经合组织(OCED)的研究特别强调了社会福祉最大化。OECD，‘Data-Driven Innovation：Big Data for Growth and Well-Being’(2015)，available online under〈www.oecd.org/sti/data-driven-innovation-9789264229358-en.htm〉accessed 20 June 2017.

2. European Commission，‘A Digital Single Market Strategy for Europe’ COM (2015) 192 final.

3. 同上注，第 13 页。

4. 前注 2，第 15 页。

5. 在 2011 年汉诺威贸易博览会上正式宣布该平台的成立。Kagermann/Lukas/Wahlster，‘Industrie 4.0：Mit dem Internet der Dinge auf dem Weg zur 4. Industriellen

Revolution’ VDI-Nachrichten(1 April 2011) accessible online under 〈www.wolfgang-wahlster.de/wordpress/wp-content/uploads/Industrie_4_0_Mit_dem_Internet_der_Dinge_auf_dem_Weg_zur_vierten_industriellen_Revolution_2.pdf〉 accessed 20 June 2017.

6. 讨论也使它进入了英语出版社。请参阅最近的《经济学人》(The Economist)的封面文章，The world’s most valuable resource—Data and the new rules of competition(6—12 May 2017)。该数字的封面显示了带有 Amazon、Uber、Microsoft、Google、Facebook 和 Tesla 名称的数字石油平台。

7. 特别参见泽奇有关数据所有权适用性的论文。Zech, Information als Schutzgegenstand(Mohr Siebeck 2016)；另见 Zech, ‘Daten als Wirtschaftsgut—Uberlegungen zu einem “Recht des Datenerzeugers”’ (2015) CR 317；Zech, ‘A legal framework for a data economy in the European Digital Single Market, rights to use data’ (2016) Journal of Intellectual Property Law & Practice 460。然而，最近提出采用不同设计的数据所有权的提倡者参见 Ensthaler, ‘Industrie 4.0 und die Berechtigung an Daten’ (2016) NJW 3473；Fezer, ‘Dateneigentum’ (2017) MMR 3；Wandtke, ‘Ökonomischer Wert von persönlichen Daten’ (2017) MMR 6。

8. 只能通过以下网址在线访问奥地利报纸，Der Standard, ‘Oettinger: Versicherungen brauchen mehr digitale Produkte’ (25 November 2015)accessible online under 〈derstandard. at/2000026414259/Oettinger-Versicherungen-brauchen-mehrdigitale-Produkte〉 accessed 20 June 2017(欧盟委员会委员在德国保险人协会年会上的演讲，保险公司受邀参加了有关识别数据所有者的讨论)。

9. the Max Planck Institute for Innovation and Competition, ‘Data Ownership and Access to Data—Position Statement of 16 August 2016 on the Current European Debate’, accessible online under 〈www.ip.mpg.de/en/link/positionpaper-data-2016-08-16.html〉 accessed 20 June 2017；see also Drexl, ‘Designing Competitive Markets for Industrial Data in Europe—Between Propertisation and Access’, Max Planck Institute for Innovation and Competition Research Paper No.13—16, 30—38, accessible online under 〈papers. ssrn. com/sol3/papers. cfm? abstract_id=2862975〉 accessed 20 June 2017；Thouvenin/Weber/Fruh, ‘Data Ownership: Taking Stock and Mapping the Issues’ (forthcoming)；Wiebe, ‘Protection of industrial data—A new property right for the digital economy?’ (2016) GRUR Int 877. 基于经济学视角的分析请参见 Kerber, ‘A New Intellectual Property Right for Non-Personal Data: An Economic Analysis’ (2016) GRUR Int 989。

10. 请参见由 Noerr LPP 律师事务所代表德国工业协会编写的报告：Żdanowiecki, ‘Recht an Daten’ in Bräutigam/Klindt(eds) Digitalisierte Wirtschaft/Industrie 4. 0 (November 2015) 19—29, available online under 〈bdi. eu/media/themenfelder/digitalisierung/downloads/20151117_Digitalisierte_Wirtschaft_Industrie_40_Gutachten_der_Noerr_LLP.pdf〉 accessed 20 June 2017。

11. European Commission, ‘Building a European Data Economy’ COM(2017) 2 final, 13(hereinafter ‘Data Economy Communication’). 另请参见 Commission ‘Staff Working Document on the free flow of data and emerging issues of the European data economy’ SWD(2017) 2 final, 33—36(hereinafter ‘Data Economy SWD’)。

12. 《打造欧洲数据经济》第 3.5 部分处理“未来欧盟数据获取权框架”时确实考量了数据生产者权。前注 11, Data Economy Communication, 第 11—13 页。

13. 同上注，第 13 页。

14. 总之，本章在此基础上做进一步解释。The ‘Position Statement of Max Planck Institute for Innovation and Competition of 26 April 2017 on the European Commission's Public Consultation on Building the European Data Economy’ accessible online under 〈www.ip.mpg.de/fileadmin/ipmpg/content/stellungnahmen/MPI_Statement_Public_consultation_on_Building_the_EU_Data_Eco_28042017.pdf〉 accessed 20 June 2017.

15. 问题在于，欧洲议会和理事会于 2016 年 6 月 8 日颁布了关于保护未公开的专有技术和商业信息(商业秘密)以防止其非法获取、使用和披露的新指令((EU) 2016/943, [2016] OJ L157/1)。指令的制定并未充分考虑到机器生成的数据是否构成商业秘密，以及在何种情况下构成商业秘密。在此，请参见本书中阿普林(Aplin)的论文。

16. 德国交通法规最新修订版可能会产生这种影响，根据该法规，在自动驾驶的框架内，汽车计算机必须监视并记录驾驶员的延迟，或对驾驶员因事故失败时进行干预。引入这项义务是为了证明驾驶员对自动驾驶故障引起的事故承担责任。See Entwurf eines Gesetzes zur Änderung des StVG in Bezug aufdas automatisierte Fahren(Draft Law Revising the Law on Traffic Regulations with Regard to Automated Driving), Bundestags-Drucksache 18/11300 of 20 February 2017；该修订由德国联邦议院于 2017 年 3 月 30 日通过。该修订最近被德国铁路公司用来宣传“无责任自动驾驶”服务。

17. 在《打造欧洲数据经济》报告中，欧盟委员会甚至使用了“事实上的所有者”一词。然而，该术语具有极大的误导性，尽管实际的数据持有者很可能会在其合同中主张“所有权”。根本区别在于，是否仅存在事实控制权(类似于拥有有形物品)，还是基于立法的专有权而享有物权属性的权利，该立法将允许即使在下游数据市场中也禁止任何第三方未经授权的使用。欧盟委员会很清楚这种区别，因此将“所有者”一词加注引号，似乎暗指该词是对实践使用情形的描述，而非在法律定性意义上的使用。

18. 前注 11, Data Economy Communication, 第 8 页。

19. 另见前注 11, Data Economy Communication, 第 10 页。

20. 关于格式的互用性问题，请参见前注 11, Data Economy Communication,

第 16 页。

21. 关于向事实数据持有人施加数据盗用责任的可能性，请参见前注 1，Data Economy SWD，第 33—34 页。在欧盟版权法的框架内已经制定了对规避技术保护措施的规制。See Arts 6 and 7 Directive 2001/29/EC of the European Parliament and of the Council of 22 May 2001 on the harmonisation of certain aspects of copyright and related rights in the information society[2001] OJ L167/10.

22. 出于安全原因，欧盟立法机构已经在发生事故时强制自动执行 eCall 服务。See Regulation(EU) 2015/758 of the European Parliament and of the Council of 29 April 2015 concerning typeapproval requirements for the deployment of the eCall in-vehicle system based on the 112 service and amending Directive 2007/46/EC[2015] OJ L123/77.

23. 请注意，针对汽车的车载数据，该特定领域的法规为独立维修人员提供了此类数据获取权限。See Arts 6 and 7 Regulation(EC) No.715/2007 of the European Parliament and of the Council of 20 June 2007 on type approval of motor vehicles with respect to emissions from light passenger and commercial vehicles(Euro 5 and Euro 6) and on access to vehicle repair and maintenance information[2007] OJ L171/1，as well as Art 13 Regulation(EC) No 692/2008 of the European Parliament and of the Council of 18 July 2008 implementing and amending Regulation No.715/2007[2008] OJ L199/1.

24. 前注 11，Data Economy Communication，第 13 页。

25. 有关合同法的解决方案，请参见前注 11，Data Economy Communication，第 12 页；前注 11，Data Economy SWD，第 31—32 页。

26. Council Directive 93/13/EEC of 5 April 1993 on unfair terms in consumer contracts[1993] OJ 95/29.

27. European Commission，‘Proposal of 9 December 2015 for a Directive of the European Parliament and the Council on certain aspects concerning contracts for the supply of digital content’ COM (2015) 634 final. See in particular Schulze/Staudenmayer/Lohsse(eds)，*Contracts for the Supply of Digital Content*：*Regulatory Challenges and Gaps*(Nomos 2017).

28. 《数字内容指令》提案第 2(1)条中的数字内容定义非常广泛。然而，它仅限于涉及以下方面的服务：(1)以数字形式提供给消费者的数据，例如视频、音频、应用、数字游戏及其他软件；(2)数据创建，处理或存储的服务以数字形式进行，这些数据由消费者提供，并且(3)与其他服务用户提供的数字形式的数据共享以及任何其他交互作用的服务。因此，该指令提案并不包括有形产品甚至是智能产品的销售。这就提出了一个问题(特别是在(2)或(3)的意义上)如何处理包括服务在内的智能产品销售合同。指令提案鉴于条款第 11 条规定：“该指令不应适用于嵌入商品中的数字内容，以使它作为商品的组成部分运行并且其功能服从于商品的主要功能。”这似乎表明该指令的应用取决于数字内容的特定性质，并且仅在该指令涵盖数字内容的范围内才适用。对于智能汽车，需要做出相当复杂的区分。至于实现自动驾驶或自主驾驶的数据服务，根据鉴于条款第 11 条，该指令似乎并不适用。但是，实现预测性维护的数据服务又如何呢？ 它们是否仍然“从属于汽车的主要功能”？ 因为需要这种服务来防止无法预料的故障，或者当维修人员在汽车不使用时而获取这些数据，这些服务是否可以被区分开来？

29. 《欧洲议会和理事会关于数字内容供应合同某些方面的指令提案》第 13(2)(c)条和第 16(4)(b)条。有关此提案的数据获取规则，参见 Janal，‘Data Portability—A Tale of Two Concepts’(2017) 8 JIPITEC 59。

30. 请注意，这些规则也可以适用于如下情形：制造商购买智能产品时通过合同条款向智能设备的提供者主张完全的数据控制，禁止后者在下游的数据市场上将其数据集商业化。

31. 另请参见前注 9，Kerber 文，第 996 页。

32. 参见前注 14，Position Statement of the Max Planck Institute for Innovation and Competition，第 20—22 段。

33. 同上注，第 20 段。

34. 同上注，第 21 段。

35. 同上注，第 21 段。

36. 前注 11，Data Economy Communication，第 13 页。

37. 前注 14，Position Statement of the Max Planck Institute for Innovation and Competition，第 22 段。

38. 关于竞争法的局限性，请参见前注 9，Drexl 文，第 44—53 页。

39. 另请参见前注 14，Position Statement of the Max Planck Institute for Innovation and Competition，第 23—24 段。

40. 参见(EC)715/2007 号法规第 6 和 7 条以及(EC)692/2008 号法规第 13 条。

41. 另见前注 14，Position Statement of the Max Planck Institute for Innovation and Competition，第 23 段(表明在不损害此类特定行业法规的前提下，仍可设计通用数据获取权)。

42. 同上注，第 24 段。

43. 同上注，第 24 段(还注意到此类成本不一定主张允许基于成本的收费，因为制造商也可以通过以更高的价格出售其智能产品来预测此类成本，然后再将其转嫁到销售链条中要求获取数据的主体)。

44. 同上注，第 24 段。

45. Regulation(EU) 2016/679 of the European Parliament and of the Council of 27 April 2016 on the protection of natural persons with regard to the processing of personal data and on the free movement of such data, and repealing Directive 95/46/EC(General Data Protection Regulation)[2016] OJ L119/1.

46. 如果作为“提供”一词的要求，要求有关人员行为的积极因素，这确实是有问题的。但是，如果某人决定佩戴具有身体机能的智能产品，则其行为是有意识的，这足以适用《通用数据保护条例》第 20 条。相同观点参见前注 29，Janal 文，第 29 段。另见前注 9，Position Statement of the Max Planck Institute for Innovation and Competition，第 25 段。

47. 前注 14，Position Statement of the Max Planck Institute for Innovation and Competition，第 25 段。

48. 当前，用于传感器生成数据的传输技术新兴市场正在兴起，这些数据体量，具有能源效率。例如智能电表的运行就需要这样操作，这些电表通常安装在相当难以进入的地方，而且电池需要持续多年。关于不同物联网用途对电信技术的技术和经济要求，以及目前这些技术的可用性，可参见 the report by the consulting firm Northstream，‘Connectivity Technologies for IoT’(October 2016)，accessible online under 〈northstream. se/northstreamwp/wp-content/uploads/2017/01/NorthstreamWhite-Paper-Connectivity-Technologies-for-IoT.pdf〉 accessed 20 June 2017。

49. Bundeskartellamt，‘BMW，Daimler and Audi can acquire Nokia's HERE mapping service’，Press release of 6 October 2015，available online under 〈www. bundeskartellamt. de/SharedDocs/Meldung/EN/Pressemitteilungen/2015/06 _ 10 _ 2015 _ HERE.html；jsessionid=ECF2FDAA8BA2BCEA38F5B8A495252D6F. 1 _ cid371? nn=3591568〉 accessed 20 June 2017.

50. Wikipedia，‘HERE(company)’，available online under 〈en. wikipedia. org/wiki/Here_(company)# Here_ Auto〉 accessed 20 June 2017.

51. 关于这个新鲜话题的讨论请参见 Ezrachi/Stucke，Virtual Competition—The Promise and Perils of the Algorithm-Driven Economy(Harvard University Press 2016)。

第十一章　基于大数据的合同：

245 传统合同概念的终结？

弗雷德里希·冯·威斯特法伦*

一、引　言

本文将解决立法者和法律专业人士面临的一个真正挑战：针对不断扩张的数据交易，B2B 交易中许可合同的一般条款是否应当适用默示规则的问题。由于是一个全新的挑战(迄今为止几乎没有人思考过该问题)，一些学者甚至会将这个有关数据交易的复杂法律问题简单地视为破坏性新技术的组成部分，并将其搁置一边，且据此认为它本身就属于“现有法律的一种缺失”，[1]然后就此停止研究。然而，正如本文的标题所示，传统的合同概念可能已经走到尽头。但是，无论其真正的含义应如何把握，本文都将直面这一挑战。

因此，要得出答案意味着必须提出一些想法，以便为 B2B 交易中数据交易领域[2]的一般合同条款不公平性的判断提出一些平衡性、公平性

---

* 作者系律师，并担任比勒菲尔德大学名誉教授。

默示规则。如果设立了此类一般规则，则必须要解决如下问题：在 B2C
交易中，已经由《不公平条款指令》[3]设立的内容是否可以(至少在某种 246
程度上)被视为 B2B 交易中类似规则的基础，或者说其是否应该进行修改以更好地满足许可合同在数据交易中的需求。

二、 对 B2B 许可协议中默示规则与合同条款的思考

(一) 简要回顾欧洲现行的许可合同文本

1. 反垄断+ 豁免

显而易见的是，“自愿数据交易”[4]领域快速发展，B2B 交易中许可方和被许可方之间就数据使用达成的许可合同是其中的必要组成部分。目前，已有一系列欧盟法规对此类合同进行规制。第一个默示规则与定价方案有关，这是在所有形式的许可合同中都很常见的条款。

然而，必须提到两项由这些条款所引起的反垄断问题相关的法规，即关于不适用《欧盟运行条约》第 101(1)条的“某类特定的合同和一致行动”的欧盟 19/65/EEC 条例[5]和与之类似的欧盟 2821/1971/EEC 条例。[6]这两项集体豁免规则主要涉及的是《欧盟运行条约》第 101(3)条[7]的例外规则。而这一条款的适用条件是：特定类别的合同(例如许可合同或一致行动)“可能影响成员国之间的贸易，且其目的或效果是阻止、限制或扭曲共同市场内的竞争”。[8]但是，如果许可合同的当事方已经同意，
则将假定合同具有效力，例如“直接或间接地限定采购价格、销售价格 247
或者其他贸易条件”。

然而，欧盟委员会可以根据《欧盟运行条约》第 101(3)条[9]的规定宣布，如果此类合同或协同行为有助于“改进商品的生产、分销或者有助于促进技术进步和经济发展”，则此类限制不违反第 1 款的规定。但是，这基于消费者能够从中充分获益[10]并且相关市场中的竞争并未被排除的先决条件。然后，可以根据一般或类似的[11]并且涉及当事方的各自

相似利益[12]的案例，在法律上予以豁免。

2. 类别豁免——772/2004 号条例和 330/2010 号条例

此外，值得一提的是，基于“自愿数据交易”[13]方案的许可合同都可能涉及另外两项与块状豁免(block exemptions)关系更为密切的条例——与纵向合同相关的第 330/2010 号条例[14]以及与技术转让有关的第 772/2004 号条例，[15]这两项条例很有可能会被应用于数据许可合同之中。但是，只有当双方的市场份额超过相关市场的 30%或 20%[16]时，这两项条例才能适用。

248 长期以来，数据交换一直是特许经营合同中非常普遍的内容。一方面，特许经营者坚持认为，他拥有可转让给被许可人的宝贵专业知识和技能：即了解如何最好地经营以及如何优化被转让的特许经营业务。另一方面，分销合同越来越多地反映了与维护和授权问题(包括召回行动)有关的永久数据交换的必要性。[17]此类数据交易的主要目的是增强传统的客户服务并提供“新服务”。[18]第 330/2010 号条例的内容包含以上两种类型的合同。

查阅现有的默示合同规则，第 330/2010 号条例[19]给出了答案。条例第 4 条列举了一系列条款(所谓的黑色条款或“硬核限制”[20])，这些条款将使制造商和分销商丧失从该条例中的获利。这种限制是对分销商不利[21]的价格垄断，或是对分销商所谓的“被动销售”行为[22]的排除。

第 772/2004 号条例在本文的主题框架内具有特殊意义，因为它与专利许可和专有技术合同(包括软件许可[23])相关。该条例的第 4 条列举了“黑色条款”，例如限制定价、限制所许可产品的生产或限制被许可人的销售行为。

但是，欧盟委员会在有关《打造欧洲数据经济》报告的《职员工作报告》[24]中提出了将在许可之后面临的复杂数据条款问题，要想解决这些问题依据现有的规则显然不能提供充足保护。因此，笔者提出以下步骤，以便根据公平原则最终解决这些问题：首先，从一般合同默示规则
249 的适用性出发，其次，探讨如何整合不公平条款指令规则，最后，对于

解决欧盟委员会在《职员工作报告》中提出的复杂数据条款问题给出一些建议。

(二)(B2B 交易中)许可合同中一般默示规则的原则

1. 默示规则的必要性

数据交易“挑战现有法律规定”[25]显示出法律规则在该领域的缺乏。例如在个人数据或是“自动签约”[26]问题中，缺乏对被“保密”的数据、数据财产权，以及将数据作为专有权许可等特定规则的可靠定义。有人认为，在缺少基本法律规则的情况下，讨论数据交易中是否需要适用一般合同条款的默示规则为时尚早，但笔者对此持反对意见。本文的观点是：这恰恰是欧洲层面需要此类默示规则的原因。

由于缺乏可靠的基本法律规则，当事方将会依据默示规则来确定哪些条款因不具有公平性而在 B2B 数据交易中被认定为无效。《欧盟运行条约》第 114(1)条的总体原则中很可能蕴含着这一认定方式的法律依据，因为此种默示规则显然能够培养公平的内部市场数据交易氛围，并且有利于促进市场扩张。毋庸置疑，因为成员国无法在其国内法律体系框架下创建此种在国内和国际都具有约束力的规则，因此在数据交易合同中以 B2C 交易定义此种默示规则并不会破坏《欧盟运行条约》第 5 条规定的辅助性原则。

2.《迟延付款指令》第 7 条 250

话虽如此，但主要问题在于是否可以将《迟延付款指令》第 7 条[27]作为准则，对 B2B 交易许可合同中不公平的复杂数据条款和其他条款进行裁判。对此应当进行检验，具体规则如下：

在确定合同条款是否严重不公平时，应考虑该案的所有情况，包括是否存在任何违背商业惯例、诚实信用和公平交易的行为，以及债务人是否享有免于支付因延迟付款而应承担的法定利息的客观理由等。

应当谨记，这种针对不公平条款进行的检验既涉及特殊条款，也涉及一般条款。

3.《欧洲共同买卖法》第 86 条

不过，值得一提的是，《欧洲共同买卖法》(CESL)[28]提案的起草人对于其第 86(1)(b)条的规定使用了近乎一致的字眼。检验交易者之间一般合同条款是否不公平的标准是："该术语的性质是否严重违反了良好的商业惯例，有悖于诚实和公平交易。"[29]

4. 不公平检验的利弊

要想恰当地评判不公平性标准能否适用于复杂的数据条款，须严格
251 审视其优缺点。由于格式合同的一方当事人无法影响合同条款的内容，不能充分保护自己的利益，需要在保护该当事人的利益和合同自由原则之间寻求平衡。由于此处涉及的许可合同的默示规则仅与一般条款的适用有关，因此第一个问题涉及合同一般条款的定义，由此也确定了对特殊条款的法律要求。

(1) 《欧洲共同买卖法》中的相关定义

在这一点上无需赘述，可以直接引用《欧洲共同买卖法》第 2(d)条中的"合同的一般条件"和"合同特殊条件(单独协商合同)"这两个术语的定义：

> "标准合同条款是指为涉及不同当事方的多笔交易未按照《欧洲共同买卖法》第 7 条的含义进行单独协商，而是预先拟定的合同条款。"

另外，《欧洲共同买卖法》第 7(1)条对"单独协商的合同条款"界定如下："如果一个合同条款是由一方提供且另一方不能影响其内容的，该条款就不属于单独协商条款。"[30]

这些定义非常接近《德国民法典》(BGB)[31]第 305(1)条第 1 句[32]和第 3 句[33]的规定。然而，值得一提的是，许多法律工作者都对发展成型的判例法表示了强烈反对。他们认为，B2B 交易中对单独协商合同条款所
252 施加的限制违背了合同自由原则。[34]但法院并未表示会改变先例所确定

的界限，这意味着将通过合同特别条款来改变或者调整合同的一般规则，以此维护另一方的利益。[35]

因此，可将《欧洲共同买卖法》的规则作为起点来限定单独协商的合同条款，然后进一步探讨这一突出问题：针对数据交易中许可合同的复杂数据条款，《欧洲共同买卖法》第 86 条或《迟延付款指令》第 7 条能否作为判断该条款不公平的标准。

(2) 对欧洲法院判决的简要回顾

对不公平性的检验标准是：相关条款是否“严重偏离”于“良好商业惯例”、是否“有悖于诚实信用和公平交易规则”。[36]

首先，有必要简要审视欧洲法院基于《不公平条款指令》第 3(1)条的规定对合同不公平性问题所作的判决。这些判决旨在回答这一问题：合同条款是否“导致当事人的权利义务严重失衡，损害了当事人利益”。欧洲法院在 Invitel 案中指出，应按照成员国的国内法所规定的合 253
同规则，[37]依据各自的合同条款和其他条款，由成员国法院来裁定合同是否存在“重大失衡”。欧洲法院在 VB Penzugy 一案[38]中也采用了类似的推理。由此可得，判断合同条款是否导致“双方利益重大失衡”且“有悖于诚实信用和公平交易原则”，[39]应当以成员国法律为基准。

(3) 初步障碍：无适当的法律规则

当前，并无法律规则能够涵盖合同一般条款中数据交易的默示规则。在一些主要领域均缺乏基本法律规则的规制，缺乏基本法律规则的“合法性”。正如泽奇(Zech)所说：“对数据合同的管理规则还处于起步阶段。”[40]这也与特威格 · 弗莱斯纳(Twigg-Flesner)[41]所提出的数据交易“破坏现有法律”的说法相呼应。

此处并不讨论数据交易对现有法律的破坏情形，而是关注以下问题：谁是交易数据的权利人？[42]依据《德国民法典》第 90 条的规定，数据是否属于财产权的客体之一？[43]这种权利是独占性使用权吗？[44]数据 254
权利应归属于谁？[45]例如，由车主生成的数据到底是属于汽车制造商还是汽车所有者？[46]在虚拟世界(即云计算)中，生成数据的系统控制对于财产权的定义至关重要，但却很难确定其归属。[47]最后，《德国民法典》第 903 条的规定是否可以类推适用于数据？ 要想解决与数据有关的财产权法律问题，其本质究竟是什么？[48]

此外，针对那些由制造商/供应商或个人产生的能够体现消费者的多种行为活动的数据，其交易合同是否适用不同的法律规则？ 有关此类数据可传输性的确切法律规则是什么？ 谁有权以任何利益形式处理从第三方收到的所有数据？

当前，最大的困难在于如何在欧洲现有的法律框架内制定新的法律规则，使上述问题以及更多在现有制度下无法回答的问题得以解决。但是为了评估合同条款(甚至更复杂的数据条款)是否严重违背“良好的商业惯例”、是否违反了《欧洲共同买卖法》第 64 条或《迟延付款指令》第 5 条所规定的诚实信用和公平交易原则，就必须设定相关的法律规则。

(4) 深层障碍：数据交易合同中的“良好商业惯例”缺乏可靠的事实依据

问题在于：单纯地以“良好商业惯例”来判定数据交易合同(例如许可合同)中合同条款的不公平性是否有合适的依据。目前至少有两方面的观点对此表示了高度怀疑。

255 虽然评估付款期限(在很长的一段时间内适当履行付款义务)是否违反了特定行业的“良好商业惯例”并不是一个法律或事实问题，但是，对该问题的回答可以基于这样的事实证据：即如果特定的付款期限超出平均时间跨度，则可以并且应该认定该合同期限不符合“良好商业惯例”。根据这种事实分析，除非债务人能够为迟延付款提供充分的客观理由，否则很可能会认定其违背了诚实信用和公平交易原则。

尽管存在复杂的数据条款(有待详细介绍)，但是实际上并没有可靠的事实数据供法院判定该合同条款是否确实违反了“良好商业惯例”。如果有的话，那么这种数据基础应该代替商业惯例成为基准，而不是来自硅谷的大数据公司所提供的数据交易“原则”。

除此之外，目前并无可靠证据表明，跨境交易的当事方在起草许可合同中复杂的数据条款时，已经建立了可靠的“良好商业惯例”标准和公平合理的平衡标准。甚至，由于迄今为止尚无可靠的判例法证明此类条款(有待详细讨论)对双方的公平性，所以相应的调查结果也颇为令人怀疑。

四十多年来，《德国民法典》第310(1)条[49]的规定面临着同样的困难。根据该条，《德国民法典》第307条[50]规定的不公平性判定也应考虑到商业惯例。但是，此处存在一个逻辑悖论：如果存在商业惯例，例如“通常”允许双方在合同中设立苛刻的免责条款，但是在其违背《德国民法典》第307条的法定判断标准时，德国联邦法院(Bundesgerichtshof, BGH)又会以此判定这种“商业惯例”不具有公平性和约束力。

因此，鉴于缺乏足够的事实依据，可以得出这样的结论：“良好商业惯例”原则不能用以判定许可合同中复杂的数据条款是否违反了公平原则，违反标准的协议必须被视为不公平。 256

(5) 根本障碍：诚信和公平交易的法律不确定性

由于《欧洲共同买卖法》第2(b)条基于《共同参考框架草案》所证实的调查结果，因此可以直接适用该项对于“诚实信用和公平交易”[51]的定义：以诚实、开放以及为交易或关系另一方利益考虑为特征的行为标准。可见，这一概念的主要目标是平衡交易双方的利益。对此需要特别考虑：起草合同一般条款的一方当事人是否已充分考虑了交易另一方的利益。而法院所给出的最终判定结果无法预测，这反而打开了法律不确定性的潘多拉魔盒。

不过，这并不是最终的答案，针对德国法一般合同条款问题的探讨，有助于提供一些思路。德国法院最初是依据《德国民法典》第242条[52]的诚实信用和公平交易原则对一般合同条款的不公平性进行裁判。但是德国联邦法院很快就开始根据法律规则背后的正义原则对条款的不公平性进行判定。[53]因此，由于这些法律规则为另一方提供的保护对于 257
合同自由原则[54]的平衡来说至关重要，所以一般条款的起草方可能不会违反诚信和公平原则。

这种方式意味着一般条款的起草方应适当考虑另一方的合法利益，除非其已经允许另一方根据其特定利益修改或调整合同内容。[55]这种规定于一般条款不公平性的判定方式随后被写入《德国民法典》第 307(1)条之中。

长期以来，德国联邦法院一直认为，依据《德国民法典》第 307(12)条的规定，如果一般条款的起草人无视另一方的合法利益，在合同中规定了应当由另一方决定的内容，那么该合同条款就属于不公平地违反诚实信用和公平交易原则。除非这种不利条件得到适当补偿。[56]

(6) 赞成将《欧洲共同买卖法》第 86 条作为一般默示规则的原因

a. 现行欧盟法并无其他适当的判定基准

综上所述，交易者之间的许可合同中可以且应当建立对复杂数据条款不公平性的判定标准。但是，一旦将这一情况作为最终结论甚至认为其具有政治正确的性质，那么就无需再认定欧盟法律体系内的数据合同中的此类条款到底是公平还是严重不公平。这一结果令人无法接受，因为它将直接表明欧盟法不能或不愿意应对这些新挑战。

由于目前并无其他合适的基准来认定不公平的合同条款无效，因此
258 有必要适用《欧洲共同买卖法》第 86 条的认定方法。在缺乏可依据的法律规则的情况下，根据这一条来认定也不失为一种恰当的方式。

此提议还表明，《欧洲共同买卖法》第 2(2)条对于诚实信用和公平交易原则的定义也应纳入新规定中，以便为更好地在法律上适用诚实信用和公平交易原则提供一些思路。

b. 合并《欧洲共同买卖法》第 7 条和第 2(4)条

但是，如果不同时执行《欧洲共同买卖法》第 86 条的规定，第 7 条规定的独立协商合同条款的概念就不能发挥作用。该规则对于区分《欧洲共同买卖法》第 86 条规制的合同一般条款和不受此类不公平性认定的合同条款至关重要。但是，这种方法也包括如下建议：对第 2(4)条关于“一般合同条款”的定义应该在新的欧盟法框架下被采纳。

c. 常规因素

在对交易者之间许可合同的复杂数据条款的默示规则进行定义时，最后一句话似乎恰如其分。《欧洲共同买卖法》第 86 条所确立的默示规则的概念不应仅仅成为法院判定案件的工具。相反，它旨在传达良好商业惯例的概念，亦即数据交易合同中的诚信和公平交易的一般概念。因此，它将最终迫使这种合同一般条款的起草方对另一方的利益进行适当考虑。合同一般条款的定义也赞成此种通用方法，认为一般合同条款的存在是基于起草人在“多次交易”(《欧洲共同买卖法》第 2(4)条)中均使用了类似条款。

在解决不公平性问题时，必须指出，对另一方的保护不能也不应取决于对双方议价能力是否平衡的事实判定，其原因在于：

首先，法院很难判定缔结合同时双方的议价能力是否失衡的关键参 259
数。是各自的销售量？ 是各自所掌握的数据知识的“价值”？ 是人力？ 还是双方对于合同协商的法律思维能力？ 以上这些问题并无明确答案，也没有确凿证据证明是否应当对不公平的合同条款提供保护。

其次，决定性原因在于“合同一般条款”的定义。仅当相应的条款在“多次交易”中被证明合理时，才能确认该判定。因此，法院在对数据交易合同中合同条款的不公平性或有效性进行判定时，必须忽略双方议价能力的不平衡。

再次，这种方法可能会损害中小型企业，因为与大型的大数据公司相比，这些公司显然应受到更高程度的保护，以免其受到不公平合同条款的侵害。但是，必须考虑到有时数据处理的核心创新技术是由中小企业开发的，甚至是一些初创公司。从这个角度来看，相关的中小型企业可以掌握主导权，从而对合同内容进行讨价还价。

总体而言，尽管存在上述缺点，但合理的做法是以《欧洲共同买卖法》第 86 条为基础确定不公平判定原则，使得不论双方议价能力如何，都能从合同一般条款中获益。

但是，要想对复杂的数据条款的不公平性进行更为准确的判定，如果欧洲法律仍然不能提供明确的默认规则，其还是可能会被当作通用规则的例外进行处理：因为处于支配地位的一般条款起草方可能会滥用其享有的合同自由权，从而损害另一方利益，故而有必要对双方议价能力是否平衡进行评估。

260 5. 小结

在进一步探讨和找出默示规则与《不公平条款指令》之间的显著差异之前，使用已经确立的法规是可行的：与数据交易有关的合同(尤其是许可合同)中的一般条款应受《欧洲共同买卖法》第 86 条不公平性判定规则的规制。这还意味着应将《欧洲共同买卖法》第 2(4)条规定的“合同一般条款”的定义，与第 2(2)条规定的“诚实信用和公平交易”原则的定义进行合并。

但是，《欧洲共同买卖法》第 86 条的默认规则不能适用于该法第 7 条提及的合同特殊条款。

三、 基于《欧洲共同买卖法》第 86 条的数据交易合同自由原则——《不公平条款指令》会产生何种影响?

(一)《不公平条款指令》的附录是关于不公平判断的可信示例

如果将《欧洲共同买卖法》第 86 条的规定作为判定交易双方许可合同一般条款是否存在不公平状况的标准，那么很难说一般原则会严重损害合同自由原则。至少从欧盟法律的角度来看，诚实信用和公平交易原则并不代表绝对公平以及合理考虑了另一方的利益，其应当被适当遵守。因此，查看《不公平条款指令》附录部分的第 3(3)条列举出的情形，可以发现：这些条款是消费者合同中不公平条款的示例，以便判定其是否可以在《欧洲共同买卖法》第 86 条的框架内适用。

在本文的主题背景下，上述论点存在这样一个问题，即是否存在令人信服的理由通过类推来应用这些条款，因为它们确实反映了《欧洲共同买卖法》第2(2)条所规定的诚实信用和公平交易原则。但是，由于《不公平条款指令》仅适用于消费者交易，因此不能将其扩展到商业合 261
同之外，所以这一论断无法成立。

但是，如果更仔细地查看附录中列出的各项条目，就会发现这些规则包含了诚实信用和公平交易的一般原则，因为该清单表明不公平条款属于不公平性规则(《不公平条款指令》第3(1)条)的规制范围内。此外，可以说本条中对不公平性的判定标准与《欧洲共同买卖法》第86条之间几乎没有实际区别。是根据“合同引起了双方权利和义务的重大不平衡”为基础判定条款不公平性，还是以《欧洲共同买卖法》第86条的不公平规则为基础判定一般条款是否“严重偏离良好商业惯例”，并与“诚实信用和公平交易”相违背，这些都不重要。

如果人们接受这种差异，那么问题随之而来：依据《欧洲共同买卖法》第86条的规定，《不公平条款指令》附录中所列出的合同一般条款是否可以被认定为不公平？回答这一问题，只需将该清单所列举的合同一般条款视为不公平的示例，认定其违反“诚实信用和公平交易”原则，致使“合同双方权利和义务严重失衡”(《不公平条款指令》第3(1)条)。

（二）默示规则适当性的一些可靠例子

1. 鉴于完全不履行合同义务的免责声明——第1(2)项

《不公平条款指令》附录的第1(2)项规定，在债务人已经违反了合同且并没有履行合同义务的情况下，如果债务人可以免除所有法律或合同义务，则免责条款应被认定不公平。原因是此类免责声明条款不符合“良好商业惯例”和“诚实信用和公平交易原则”。这意味着债务人在不履行合同义务而构成根本违约时，仍然有权根据合同获得全额付款。 262
如此一来，以等价交易为基础的合同平衡性将被打破，并且只会对违约方有利。

因此，需要重新回到《欧洲共同买卖法》的规定，并使用该法第65条规定对免责条款进行规制，以便将其认定为不合法。

而对于《欧洲共同买卖法》第87条[57]的所有规定是否都能帮助债权人，使其根据第86条的规定将债务人的免责条款认定为不具有公平性，这一问题由于超出了本文的研究范围，在此不再详述。

2. 过高的罚款或违约金——第1(4)项

附录第1(4)项针对这一问题：在一方违反合同并造成损害的情况下，另一方根据合同一般条款索要的赔偿金和违约金过高而导致不公平的。[58]由于该规则只适用于B2C交易，因此产生了一个问题，即如果被许可人违反了合同，是否可以找到一些可靠且令人信服的论点，以提出与B2B许可合同相类似的规则。

由于对损害赔偿金条款是否可以视为违约金或罚金条款这一问题无需作出判断，[59]因此在这里仅讨论过高的违约金条款。为此，在德国颁
263 布《一般合同条件法》(AGB-Gesetz)之前，德国联邦法院认为：支付违约金的一方必须能够证明实际损失远低于违约金条款所规定的金额，该条款才有可能被认定为是不公平的。[60]德国联邦劳动法院(BAG)则认为，损害赔偿条款与相关行业的利润率之间并不会产生“严重不相称”的情形。[61]

以上两种观点均可以整合至默示规则中，以此来限制受损害一方通过索要过高的违约金获益，同时，违约一方也无需再证明实际损失远低于违约金条款所规定的金额。对此，重新审视《欧洲共同买卖法》第86条所使用的条款可能会有所帮助：如果违约金条款所规定的数额“严重”高于合法的实际损害金额，那么该违约金条款便是不公平的。在这种情况下，过高的违约金应当被视为不当得利。

同理，去阻止一方违反合约是完全不公平的，因为由此造成的实际损失要明显低于违约金条款中规定的损害金额。

如果一方接受了此种违约金条款中的不公平，则需要回答这样一个问题，即为什么允许违约方承认其已经签署许可合同，“自愿”接受合同的一般条款。

但是在这一问题上，《欧洲共同买卖法》第7条将会发挥作用。根

据该法第7条的规定，同意签署包含一般条款的合同并不表示承认特殊条款。该规则要求合同另一方也能够参与制定违约金条款。如果相关条款在合同谈判过程中没有被更改或修改，那么就足以证明，被要求支付违约金的一方没有能够参与该条款内容的制定。因此，该条款将根据 264
《欧洲共同买卖法》第86条进行不公平性判定。

3. 对合同一般条款或合同内容的单方变更

在数据交易合同中，普遍的做法是，提供或许可使用数据的一方有权单方面更改或修改一般条款或合同内容。而根据《不公平条款指令》附录第1(10)项和第1(11)项的规定，这种单方变更的行为被认定为不公平。但是，因为这两条规定都允许对一般条款和交易标的进行更改，所以只有当这种单方变更缺乏“正当理由”时，才会被认定为不公平。

第1(10)项和第1(11)项[62]的规定均允许单方变更合同，这在一定程度上违背了双方需达成合意的合同基本规则。因此产生了这样一个问题：如果在B2B交易中使用类似条款，是否就必须将其视为“严重”不公平？

回答这一问题首先要弄清楚：相关条款是否就单方变更或调整合同内容附加了其他条件。如果相关条款中没有附加其他条件，即合同一般条款的起草方可以“全权”决定附加条件或是变更内容，这显然违反《欧洲共同买卖法》第86条规定的“良好商业惯例”以及诚实信用和公平交易原则。“合同严守”原则不能被单方面打破，否则对受损害一方当事人不公平，除非其已经得到适当赔偿。

值得一提的是，德国联邦法院已经依据《德国民法典》第307(1)条
第1句的规定对单方变更合同设立了较高的标准，要求在一般条款的起 265
草方可以行使单方解除权之前，将允许单方变更的“重大理由”在合同中清晰地列出。[63]但是在行使这种单方权利时，必须考虑到另一方的合法利益，给予其公平的补偿。[64]

因此，基于符合《欧洲共同买卖法》第86条要求的“合同严守”原则，可以建立默示规则。

4. 小结

查阅《不公平条款指令》附录中列出的条款，可以发现(没有深入研究所有细节)一些不公平合同条款的迹象，例如根据《欧洲共同买卖法》第 87 条，在发生根本违约时的不公平免责条款，或是在违约金条款中产生过度损害情况下的不公平免责条款。同样，还有那些赋予单方更改或修改合同条款或标的物权利，且不设置任何限制条件也不赋予受害方获得补偿权的条款。

上述这些默示规则可以并且应该转移适用于 B2B 交易中的默示规则框架之中，因为它们均属于违背《欧洲共同买卖法》第 86 条规定的诚实信用和公平交易原则而对另一方极为不公平的代表性条款。

四、 最后的一些发现

毫无疑问，在试图为快速增长的数据交易领域构建许可合同的默示规则时，不应只限于几年前在《不公平条款指令》附录中列出的不公平条款，而是要超越这些限制，首先查阅《欧洲共同买卖法》第 84 条所列举的本身不公平条款，并且判断其实质是否可以并且应该被转移到这种
266 新的数据交易默示规则中。本文最后将讨论那些由于经常出现在数据许可合同中而被委员会提出的公平或不公平的条款。

(一)《欧洲共同买卖法》第 84 条罗列的"黑色清单"

1. 重大过失或故意作为/不作为情况下的免责声明——《欧洲共同买卖法》第 84(2)条

《欧洲共同买卖法》第 84(2)条规定："在 B2C 交易中，如果销售者因'故意或重大过失'造成了消费者财产损失或人身损害，而合同条款排除或限制了销售者承担赔偿责任，那么该条款就应当被视为不公平。"

依据该法第 86 条的规定，如果一方故意造成对另一方的损害或伤

害而无需承担责任，这不可能符合“良好商业惯例”或诚实信用和公平交易原则。根本没有可信的正当理由可以否认这种免责声明的不公平性。

同理，如果有证据表明一方的行为是严重过失而根据条款却无需承担责任，那么此类条款也应当被认定为不公平。

但问题在于：如果一个雇员故意或重大过失造成了这样的损害或伤害，例如实施了侵害行为，其结果是否应该相同？ 如果不承担责任的一方能够表明其已经采取适当措施防止此类行为时，结论可能会有所不同。因此，可能受到争议并有待进一步讨论的是：如何有效制定规则并使人们遵守。对于受害方的损害来说，其被无辜地剥夺了对抗过错方的救济权利，这是不公平的。

2. *履行合同的单方义务*

《欧洲共同买卖法》第84(7)条认为，在B2C交易中，如果“消费者需要受合同的约束，而销售者却不受相应约束”时，相应合同条款就该被认定为不公平。

但似乎并没有充分的理由来说明此类条款不符合交易合同中的等价 267
交换原则。因此，毫无疑问，在B2B许可合同中，此类条款不会违反交易合同的基本原则，而根据《欧洲共同买卖法》第86条的规定，也不能认为它是公平的。

部分观点认为：此类条款在B2B许可合同中相当罕见，因此无需再将其列入《欧洲共同买卖法》第86条的默示规则之中。这种观点缺乏远见。《欧洲共同买卖法》第84(7)条所列举的原则代表的是一种一般性做法，包含(一定程度上)无正当理由情况下保留履约的权利，以及(更小的程度上)对付款义务的抵销权。

（二）欧盟委员会列举的条款

关于数据交易，欧盟委员会列出了一系列与数据交易或许可有关的国际合同的一般条款。其中，由英国的奥斯本 · 克拉克律师事务所(the British law-firm Osborne Clark)提出的条款涉及以下几个方面：

1. 一方将数据再利用或者传输给第三方的可能性；

2. 生成或处理数据一方的“数据所有权”；

3. 由技术设备所产生的知识产权分配问题；

4. 允许获取数据的各方将数据进行商业化的程度。[65]

有观点认为，只有了解相关合同的全部内容，才有充分理由来判定此类条款(或单个条款)是否违反《欧洲共同买卖法》第 86 条规定的原则。此外，除非存在一些与数据“所有权”、知识产权以及对衍生数据进行处理和“商业化”的(客观)权利(合同许可除外)相关的可靠的基本
268 规则，否则无法对此类合同一般条款的公平性或不公平性进行判定。但是，以上论述都含糊其词，除非由立法者作出判断，否则法院很难决定是否应将合同中的某项条款视为不公平。

（三）小结

尽管我们已经发现，用以认定合同一般条款公平性的许多一般的默示规则可以适用于交易者之间的数据交易合同，但其中一个重要因素仍然没有得到解答：在迅速增长的数据交易领域内，许可合同的核心条款(数据所有权、排他性权利、商业化权利等)的公平性仍然不能单纯地依据《欧洲共同买卖法》第 86 条的规定进行判定。可以说，这是特维格 · 弗雷斯纳(Twigg-Flesner)所说的“打破现有法律规定”的典型代表。[66]

但是存在一个例外。关于保密条款，《商业秘密指令》第 2(1)条对于“商业秘密”[67]的定义有可能被视为规制合同一般条款公平性判断标准的基本法规。其定义如下：

“商业秘密”是指符合以下所有条件的信息：

1. 所涉信息是秘密的，应该作为一个整体或由各部分合成而存在，并不是该领域专业人员普遍知悉的信息，也不是普通劳动者在工作过程中获得的公共知识、技术和技能；

2. 因秘密性而具有商业价值；

3. 一直被其合法控制的人通过合理的步骤在各种情况下加以保密。

如果合同条款要求一方对超出上述特征范围内的信息保密，那么毫

无疑问，这种信息保密义务超出了固有的法律限制，违背了良好商业惯 269
例与诚实信用和公平交易原则(《欧洲共同买卖法》第86条)，应当被认定为不公平。[68]

五、最后的说明

最后，必须回答一个问题，即欧盟委员会到底应当怎样实施适用于数据交易合同一般条款的默示规则。[69]本文赞成采用格式合同规则，但前提是要先处理好数据交易的核心条款问题。尽管这可能要花费一些时间，但是对于那些由美国人制定的服务于其自身利益的大数据许可合同而言，由欧盟委员会制定一些可靠的格式合同规则作为基础参考总比什么都没有强。

虽然制定的结果可能并不尽如人意，但是必须认识到，新兴且快速发展的数据技术会带来破坏性后果，但它也应当受到法律规制。基于所谓的合同自由原则，在数据许可合同中一般条款变得毫无争议之前，我们应当努力为这样的问题铺平道路，即努力回应如何更好地处理尚未开发的数据领域中复杂数据条款的不公平性问题。

注释

1. 参见 Twigg-Flesner, ‘Disruptive Technology+Disrupted Law? How the Digital Revolution Affects(Contract) Law’ in De Franceschi(ed.), European Contract Law and the Digital Single Market(Intersentia 2016) 21, 31 et seq.。

2. 在此背景下，涉及的问题将围绕欧盟委员会《关于数据自由流动和欧洲数据经济新问题的内部职员工作报告》展开(Staff Working Document on the free flow of data and emerging issues of the European data economy), SWD(2017)2 final, 31 et seq. accompanying the Communication ‘Building a European Data Economy’ COM(2017) 9 final。

3. Council Directive 93/13/EEC of 5 April 1993 on unfair terms in consumer

contracts[1993] OJ L 95/29.

4. 前注 2，第 12 页。

5. 1965 OJ 36/533.

6. Regulation(EEC) No.2821/71 of the Council of 20 December 1971 on application of Article 85(3) of the Treaty to categories of agreements, decisions and concerted practices[1971] OJ L285/46.

7. Case C-56/65 LTMEU：C：1966：38.

8. Case C-73/4 Papiers Peinte EU：C：1975：160.

9. 另详见 the comments to Art. 101 by Wei B in Calliess/Ruffert(eds), EUV/AEUV(5th edn, C.H. Beck) paras 156 et seq.。

10. 同上注，第 162—163 页。

11. 参见 the comment to Art. 101(3) TFEU by Ellger in Immenga/Mestmacker (eds), EU-Wettbewerbsrecht(5 edn, C.H. Beck 2012) para 324.12。

12. 同上注，第 18 段以后。

13. 前注 2，第 12 页。

14. Commission Regulation(EU) No.330/2010 of 20 April 2010 on the application of Article 101(3) of the Treaty on the Functioning of the European Union to categories of vertical agreements and concerted practices[2010] OJ L102/1.

15. Commission Regulation(EC) No.772/2004 of 27 April 2004 on the application of Article 81(3) of the Treaty to categories of technology transfer agreements[2004] OJ L123/11.

16. 参照第 772/2004 号条例第 3(1)条和第 3(2)条，除非双方为非竞争者，否则 30% 的市场份额规则将会生效(第 3 条)。

17. 前注 2，第 15 页。

18. 同上注。

19. 前注 2，第 31 页。

20. 参见 the comment to Art. 4 Regulation No.330/2010 by Metzlaff in Flohr/Wauschkuhn(eds), Vertriebsrecht(C.H. Beck 2014) paras 121 et seq.

21. 同上注，第 4(1)条，第 135 段以后。

22. 前注 20，第 4(1)条，第 158 段。

23. Bauer in Liebscher/Flohr/Petsche (eds), Handbuch der EU-Gruppenfreistellungsverordnungen(2nd edn, C.H. Beck 2012) § 12, paras 21 et seq.；Brandi-Dohrn, Licence Agreements' in Rohricht/Graf von Westphalen/Haas(eds), HGB(4th edn, Otto Schmidt 2014) paras 28 et seq.

24. 前注 2，第 16 页。

25. 前注 1，Twigg-Flesner 文。

26. 前注 1，Twigg-Flesner 文，第 21 页、第 38 页。

27. Directive 2011/7/EU of the European Parliament and of the Council of 16 February 2011 on combating late payment in commercial transactions[2011] OJ L48/1.

28. European Commission，‘Proposal for a Regulation of the European Parliament and of the Council on a Common European Sales Law’ COM(2011) 635 final.

29. 参见 the comments by Möslein in Schmidt-Kessel(ed.)，Der Entwurf fur ein gemeinsames Europdisches Kaufrecht(Sellier 2014) 480 et seq.；关于其与德国法的重要相似之处参见 Graf von Westphalen，‘AGB-rechtliche Reformbestrebungen und das Europäische Kaufrecht’ (2012) NJOZ 441，445 et seq.。

30. 同上注，Müller-Graff in Schmidt-Kessel 文，第 161 页以后。

31. BGH in(2014) NJW-RR 1133— ‘drafted in advance’；BGH in(2002) NJWRR 13- ‘several transactions’.

32. BGH in(2013) NJW 856，858；BGH in(2000) NJW 1110，1111- ‘individually negotiated’.

33. 关于《欧洲共同买卖法》中这一条与《德国民法典》第 305 条的比较，详见 Graf von Westphalen，‘AGB-rechtliche Reformbestrebungen und das Europaische Kaufrecht’ (2012) NJW 893。

34. 参见 Maier-Reimer，‘AGB-Recht im unternehmerischen Rechtsverkehr Der BGH uberdreht die Schraube’ (2017) NJW 1；以及 Berger，Schiedsgerichtsbarkeit und AGB-Recht in Schulte-Nolke/Genzow/Grunewald(eds)，Zwischen Vertragsfreiheit und Verbraucherschutz—Festschrift fur Graf von Westphalen(Otto Schmidt 2010) 10 et seq.；Pfeiffer，‘Flucht insschweizerische Recht? Zu den AGB-rechtlichen Folgen der Wahl schweizerischen Recht’ ibid 555 et seq.。关于仲裁裁决的讨论以及对仲裁案件的调查参见 Leuschner/Meyer，‘Zur Bedeutung der §§ 305 ff. BGB in Schiedsverfahren：Ergebnisse einer empirischen Untersuchung durch Befragung von Experten der Schiedsgerichtsbarkeit’ (2016) SchiedsVZ 156；Müller，‘Plädoyer fur eine weniger starre AGB-Kontrolle’ (2016) NZM 185；on limitation of liabilities Leuschner，‘Die Kontrollstrenge des AGB- Rechts’ (2016) NJW 1222。

35. BGH in(2016) NZBau 213— ‘bring or pay II’.

36. 对不同法律制度的简要回顾和分析见 Hellwege/Miller，‘Control of Standard Contract Terms’ in Dannemann/Vogenauer(eds)，The Common European Law in Context(OUP 2013) 428 et seq.。

37. Case C-472/10 Invitel EU：C：2012：242，para 30.

38. Case C-137/08 VB Penzugyi EU：C：2010：659 para 44.

39. 详见 the comments to Art.3 by Pfeiffer in Wolf/Lindacher/Pfeiffer(eds)，AGB-Recht(6 edn，C.H. Beck 2013) paras 49 et seq.。

40. 前注 1，Zech，‘Data as a Tradeable Commodity’ in De Franceschi，第 79 页。

41. 前注 1，Twigg-Flesner 文。

42. Bohm，‘Herausforderungen von Cloud Computing-Vertragen：Vertragstypologische Einordnung，Haftung und Eigentum an Daten’(2016) ZEuP 358，381 et seq.；Fezer，‘Dateneigentum’(2017) MMR 3；Grutzmacher，‘Dateneigentum áein Flickenteppich’(2016) CR 485；Wiebe，‘Protection of industrial data a new property right for the digital economy?’(2016) GRUR Int 877，881 et seq.；参见前注 40，Zech，skeptical in view of a study of the OECD，第 78 页。

43. 参见 Wemmer/Bodensiek，‘Virtueller Handel Geld und Spiele’(2004) K&R 432，436。

44. Zech，‘Industrie 4.0 -Rechtsrahmen fur eine Datenwirtschaft im digitalen Binnenmarkt’(2015) GRUR 1151，1153—1154.

45. 前注 42，Wiebe 文，第 883 页。

46. Hoeren，‘Dateneigentum—Versuch einer Anwendung von §303a StGB im Zivilrecht’(2013) MMR 486.

47. 前注 42，Wiebe 文，第 883 页。

48. 前注 46，Hoeren 文，第 490 页。

49. 详见 the comments to §310 by Ulmer/Schäfer in Ulmer/Brandner/Hensen，AGB-Recht(12th edn，Otto Schmidt 2014) paras 25 et seq.。

50. BGH in(2012) NJW 54— ‘violation ofthe transparency rule’.

51. von Bar/Clive/Schulte-Nolke(eds)，Principles，Definitions and Model Rules of European Private Law-Draft Common Frame of Reference(DCFR)(Sellier 2009).

52. The landmark decision is BGH in(1957) NJW 17，19.

53. BGH in(1975) NJW 163，165.

54. BGH in(1969) NJW 230，232.

55. BGH in(1964) NJW 1123.

56. BGH in(2009) NJW 1064，1065；BGH in(2009) NJW 1334，1337；BGH in (2010) NJW 57，58；进一步的讨论参见前注 49，the comments to §307 by Fuchs in Ulmer/Brandner/Hensen，第 93 段以后。

57. 《欧洲共同买卖法》第 87(2)条规定：一方当事人不履行义务是根本性的，如果：(1)它在很大程度上剥夺了另一方当事人根据合同有权期待的东西，除非在缔结合同时，不履行义务的一方当事人没有预见到也不可能预见到这种结果；或者(2)它的性质使得不履行义务的一方当事人在未来是否能履行合同不确定。

58. 详见前注 39，Pfeiffer 文以及《不公平条款指令》附件第 45 段以后。

59. Beale 最近阐述了英国法律下的这种差异，《英国合同法》(2017) IWRZ 68；相关德国法参见 Thusing，‘Vertragsstrafeklausel’ in Graf von Westphalen/Thusing(eds)，AGB- Klauselwerke(39th edn，C.H. Beck 2017) paras 2 et seq.。

60. BGH in(1976) WM 210；BGH in(1977) NJW 381，382.

61. BAG in(1967) NJW 751.

62. 详见前注 37，Pfeiffer 文，以及《不公平条款指令》附件第 60 段以后。

63. BGH in(1994) NJW 1060，1063— 'Daihatsu' .

64. BGH in(2000) NJW 515，518— 'Kawasaki' .

65. 前注 2，第 16 页。

66. 前注 1，Twigg-Flesner 文。

67. Directive 2016/943 on the protection of undisclosed know-how and business information(trade secrets) against their unlawful acquisition，use and disclosure[2016] OJ L157/1.

68. 根据《德国民法典》第 307(1)条可以得出同样的结论，参见前注 60，Graf von Westphalen，'Einkaufsbedingungen'（purchase conditions）in Graf von Westphalen/Thusing，第 80 段。

69. 前注 2，第 30 页以下。

271 第十二章　谋求协议：数据获取和合同概念

露丝·贾纳尔*

一、引　言

数据时代和依赖数据的数字经济模式对传统的合同概念提出了挑战。关于这一点克里斯蒂亚纳·温德霍斯特(Christiane Wendehorst)和弗雷德里希·冯·威斯特法伦(Friedrich Graf von Westphalen)已经进行了绝妙的说明，他们认为：

> “随着技术可能性的指数级增长，合同关系的性质已经发生了显著变化。假如一个人在其客厅安装了智能电视机，这意味着他不仅与卖家签订了销售合同，而且与产品制造商、软件生产商、应用程序和云服务提供商等都成立了各种持续的合同关系。但是只有一小部分消费者在签订这些合同时是有意为之。[1]”

---

* 作者系柏林自由大学教授，研究民法、知识产权法、信息法、国际私法以及比较法。

事实上，许多通过互联网提供的服务看似具有无偿的特点，却往往伴随着双边或多边的数据交换，这使得原先界定清晰的合同概念变得相当模糊。在这篇论文中，集中讨论两个问题：在哪些情况下，数据的授权获取与合同的存在相关？ 合同法是否有助于解决数据授权获取产生的法律问题？

二、 数据获取

数据交换对于数字经济和物联网来说至关重要，数据可以通过不同的方向进行交换：

1. 用户提供数据。这既包括有意识的数据提供(如用户填写表格， 272
上传内容)，又包括无意识的数据提供(如用户使用设备产生的数据收集)。

2. 内容提供者提供数字内容(如提供在线服务、文件下载以及为设备提供软件更新服务)。

3. 数据可以像 P2P 文件共享一样通过网络流通。

合同并不必然会影响事实上的数据流通。诚然，有些当事人只愿意在双方达成了合同意义上合意的情况下分享数据内容，但有些当事人却没有类似的顾虑。当涉及从用户设备进行数据收集时，合同的存在通常并不影响设备生产者对使用者的数据收集。以智能汽车为例，新近的研究表明，智能汽车向汽车制造商传输了大量数据，其中就包括建立驾驶员画像和偏好的数据。[2]汽车生产商与汽车所有者之间存在的合同[3]并没有对数据的收集和传输产生实质性影响。

但用户只要注册了账户，其可能被收集的数据在质量和范围方面就会有决定性差异：如果用户通过账户登录，其将更易被识别(服务商可以通过用户名、电子邮件地址或电话号码识别用户，而不是通过设备号码、IP 地址或 cookie 等手段识别)，从不同设备和服务中收集的用户数据也更容易被合并处理。

273 ## 三、合同的概念

(一) 意图产生法律效力的协议

那么，数据获取与合同的存在于何种情形下是统一的？ 虽然合同的概念在各个成员国的法律体系中有所不同，但同样具有共同点。《共同参考框架草案》(DCFR)和《欧洲共同买卖法》(CESL)提案相关条文都确定了三个基本要素：双方当事人的合意、可确定的内容以及创设一定法律效果的意思。这三个要素都应当根据客观解释进行判断，即一个理性的意思表示接受者从对方的语言和行为中得到的理解。[4]在普通法系国家，合同的可强制执行性还需要对价这一额外构成要件。

创设法律效果的意思这一要件常被用来区分合同与纯粹的社会协议(mere social agreement)。在有偿的货物或服务交易中，创设法律效果的意思很容易进行判断。根据传统理论，合同和纯粹的社会协议之间的细微差别只有在当事人没有任何商业意图的情况下才需要判断，如“搭便车”、博彩或朋友间相互提供咨询意见。[5]除了广告这一例外情形，商业当事人一开始并未与用户达成合意，一般情况下商业当事人在签订协议时就被推定其具有创设一定法律效果的意思。[6]

数据时代对当事人是否具有创设法律效果的意思这一观点提出了挑战。在数据时代的多边市场中，客户通常不会向提供服务的企业支付经
274 济报酬。双方通常既不讨论也不思考他们之间的关系是否应有某种约束性的影响。而站在一个理性人的角度，创设法律效果的意思需要由一个客观标准确定。[7]在找到这样一个客观标准具有种种困难之前，有必要对缺少经济对价这一点进行阐述。

(二) 缺乏经济对价

传统上，企业很少在没有经济对价的情况下提供服务。发展到数据

时代，向没有支付直接经济对价的客户提供服务已经成为一种常规模式，而非例外情况。在该种交易情境下，从服务接受者那里收集的个人数据会为内容服务提供经济支持。这一点也导致关于披露(个人)数据是否可以被认为是一种对价的争论越来越多。[8]

在民法法系国家，因为合同的有效性并不取决于承诺的对价(虽然这种承诺将影响合同的分类以及该合同所产生的权利义务)，这样的讨论意义不大。但需要承认的是，捐赠有其形式要件(完全履行通常可以补正其形式瑕疵)。[9]但这些形式要件的规定是否适用于数据内容的“捐
赠”仍然值得商榷。捐赠的形式要件通常被视为是对捐赠者转移资产却 275
无法收到任何回报这一风险的警告。[10]然而，由于数据的非竞争性质，数据内容的“捐赠者”不会损失任何资产，因此也不需要特别的警告。无论如何，一旦数据内容被交付，可能存在的形式瑕疵都将得到补正。[11]

在普通法国家，虽然合同在法律上的可强制执行性需要对价这一构成要件，但是对价并不需要公平对价。也就是说，只要交易双方提供一些有价值的东西就足够了。如果巧克力的包装纸在非数据经济时代都可被看作有价值的物品，[12]那在数据经济下收集数据方也只需要支付类似的对价就足够了。[13]

总之，经济对价这一要件的缺失并不影响合同的有效性或可强制执行性。

(三) 例证

无偿合同存在的事实并不意味着每一个没有经济对价的数据内容提供都构成了合同的履行。让我们审视如下例证：

1. 未经注册而提供的数字内容 276

在无需用户注册即可浏览的情形下，广告为互联网的数据内容提供了经济支持。许多搜索引擎、在线期刊、音乐和视频平台等都是以该种方式运作的。一些学者认为，向公众提供可获取的数字内容构成合同中的要约，而内容的接受则构成承诺。[14]笔者不认同这个观点：[15]一方

面，内容提供者通常没有受提供内容这一行为约束的意思；另一方面，用户并没有因此期待获得任何对抗内容提供者的权利。没有人认为看电视或收听广播会导致用户与电视或广播频道之间形成合同——那么为什么在谈及互联网服务时会有所不同呢？

不过，笔者承认合同界限的模糊性：有观点认为，当内容提供者明确提供文件下载服务，而用户决定下载文件(从而增加他的资产)时，双方对数据内容的捐赠达成了隐藏的合意。提供下载服务与将商品作为促销赠品有相似之处——只是需要再次强调，因为数据内容是通过复制流转而非传统物的转让，这种比较有一定的不足。

2. 注册账户

用户在数据内容提供者处注册账户时一般会签订合同。[16]通常情况下，在注册的过程中，数据内容提供者会要求用户接受提供者的条款和
277 条件，这清楚地表明了该种合意的法律性质。即使协议中没有接受格式条款的要求，当事人的合理预期至少应包含：提供者必须保存账户内容以便用户日后获取。

但事情并不像表面看上去那么简单，尤其是在提供者根据与第三方签订的合同提供服务的情况下，用户注册行为可能与创设法律效果的意思无关。假设数据库所有者与一所大学签订了使用数据库的合同，这个数据库所有者可能允许这一大学的成员注册账户，用以保存其特定文件和创建个人文件搜索库。这些成员可能更愿意将账户注册认为是一种数据库服务的特点，而不是其与数据库之间产生法律效果意思的证明。同样的道理也会体现于以下情形：客户购买了一个设备，而该设备的某种功能只能在注册账户后才能使用。回到智能汽车的例子，其允许驾驶员存储有关个人驾驶偏好(座位和镜子位置，语言和多媒体设置等)数据。这些数据可以通过 USB 接口或者在线账户转移到另一辆汽车上。驾驶员更可能认为这两种方式均是汽车数据可流通性的体现，我们并没有足以令人信服的理由认为第一种方式(使用 USB)没有创设法律效果的意思，但第二种方式(注册账户)却有该种意思。最后，许多公司提供组合

式的服务，其中一些服务不需要注册，另一些服务则需要注册(比如谷歌搜索引擎/谷歌邮箱或亚马逊客户书评/亚马逊会员)。一旦用户在提供者处注册了账户，是否意味着其接受的所有服务都被合同所调整？ 或者只有那些需要注册的服务才应该被视为是被合同调整的服务？

3. 点击同意

另一个观点认为创设法律效果的意思体现在点击同意这一情形，这一观点认为当需要将特定的硬件或软件服务第一次安装进操作系统时，用户在协议(特别是终端用户许可协议)中点击“我同意”，则形成了创
设法律效果的合意。[17]但在这种情况下，用户已经购买了设备或软件， 278
而拒绝点击“我同意”将使购买的设备或数据内容无法使用。而退货退款又过于繁琐，因而客户的同意很难说是其自由意志的结果。[18]

即便假设合同可以通过这种方式形成，在代理权的认定上仍存在困难。尤其是对于需要复杂安装过程的硬件设备，消费者为了让设备投入使用，往往需要寻求家庭成员、朋友或销售者的帮助。但这种请求通常不包括授予辅助者签订合同的权利。因此，如果是辅助者点击“我同意”，设备所有者和服务提供者之间就是否形成合同关系存在疑问。

4. 更新并非从软件制造商处初始获得的软件

现代硬件设备通常都是预先安装配套软件的。用户在获取设备后也可能从非软件生产商的分销商那里获得软件。在这两种情况下，用户和软件制造商之间都没有合同。[19]但是，用户可以决定是否接受软件制造
商提供定期的软件更新和升级服务。此决定是否伴随着创设法律效果的 279
意思？[20]大多数客户同样会认为软件更新是他们所购买的设备的一个特点。在默认设置下，更新甚至可能是自动产生的，而不是基于用户个人决定实现。最后，许多更新包含了避免软件遭受恶意攻击所需的安全补丁，因此用户对是否更新可能并没有过多的选择余地。

此外，如果将第一次更新等同于创设法律效果的意思表示，则会产生一个奇怪的结果：软件生产商和用户之间直到第一次软件更新时才成立合同。

四、 初步结论

在数据时代，当事人之间签订合同的情况很难识别。注册账户看起来是合同形成的最清晰标志。然而，正如前文所述，[21]即使是这样的注册也不一定总是与当事人的法律上的意思相一致。为了法律适用的明确性，我们可以设想出特定的标识性要求，如通过触发某种标记按钮来表明合同的形成。这种模式被引入《消费者权利指令》第 8(2)条，[22]以告知消费者他们有义务向供应商支付价款。至少在理论上一个类似的标识可以用来提醒用户：从数字内容提供者的角度考察，一份合同正在缔结。[23]笔者对这一理论是否行之有效持怀疑态度。另一个提议则是完全取消法律上对合意的要求，转而采用事实契约理论(faktische Vertragsverhdltnisse)。
280 这个概念曾经在德国法中被用来表述没有创设法律效果的意思而纯粹由行为缔结的契约，但后来因为更有力的理由被弃用。[24]

在进一步探讨这些想法之前，有必要探究合同的存在是否真的重要，即合同法是否能够充分解决数据获取产生的法律问题。

五、 合同法是否能够解决因数据获取而引发的问题？

在前文中笔者说明了即使在用户允许数据内容提供者获取数据(或至少容忍这种获取数据的行为存在)的情景下，双方之间是否存在合同仍然不是一个简单的问题。接下来，考察是否需要借助合同法来解决数据获取问题，将对如下问题进行回应：数据的处理和归属、当事人双方的权利及义务以及保密性问题。

（一）个人数据的处理

根据欧盟于 2018 年 5 月 25 日实施的《通用数据保护条例》，[25]只有在符合《通用数据保护条例》第6(1)条的情况下，对个人数据的处理才是合法的。个人数据是指任何与已识别或可识别的自然人有关的信息。[26]个人数据的可被识别性意味着：在考虑识别时间、成本和人力等要素后，数据主体能够被合法合理地识别。[27]如果获取的数据符合个人数据的特征，合同的存在或形成可能会对数据处理的合法性产生影响： 281
根据《通用数据保护条例》第6(1)(b)条，如果数据处理对于数据主体所参与的合同履行是必要的，或者是在签订合同前基于数据主体的请求而进行的，则该处理过程是合法的。

然而，这一法律依据对数据处理的重要性不应被夸大。第一，如果双方当事人之间达成的合意达不到合同的标准，根据《通用数据保护条例》第6(1)(a)条，数据控制者能在数据主体同意的基础上进行数据处理。第二，即使当事人之间没有达成合意，数据的处理也可以根据《通用数据保护条例》第6(1)条的其他理由获得合法性基础。让我们回到智能汽车的例子：对汽车产生的不少数据的处理是为了履行法定义务，比如履行排放控制规则[28]和2018年4月实施的《电子呼叫条例》(eCall-Regulation)[29]规定的向紧急服务平台发送信息的要求。此时，数据处理是履行法定义务所必需的，这也是《通用数据保护条例》第6(1)(c)条所规定的合法性事由。此外，有些系统通过监控司机行为和生理状态来探测司机的睡意以防止事故的发生。根据《通用数据保护条例》第6(1)(d)条，处理这类数据是合法的，因为该项处理对于保护数据主体或另一个自然人的核心利益是必要的。

最重要的是，《通用数据保护条例》第6(1)(f)条规定，处理对于控制者或第三方所追求的正当利益是必要的，则该处理过程是合法的，但这并不包括需要通过个人数据保护以实现数据主体的优先性利益或基本权利与自由。《通用数据保护条例》鉴于条款第47条和第48条指出防止欺诈、直接营销和企业集团内部的行政管理目的是控制者追求的可能的合法利益。[30]根据这些例子，将产品本身的合规性和产品开发视为数据控 282
制者的合法利益，并以此作为数据处理的合法依据并不牵强。进一步而言，数据处理对合法诉求的成立、行使或辩护的必要性也是合法的。[31]因此，对故障代码的诊断数据可以被制造商存储，用来抗辩错误的瑕疵损害赔偿请求。[32]《通用数据保护条例》第 6(1)(f)条就数据控制者或第三方的合法利益提出了利益平衡的要求。

需要注意的是，任何对数据的进一步处理都不应与最初收集数据的目的不一致。[33]根据《通用数据保护条例》鉴于条款第 50 条，任何新的数据处理目的都不需要建立在其自身的合法性基础之上——即使这种解释受到了一些参与谈判人员的质疑。[34]在确定进一步的数据处理是否与收集目的不一致时，需要考虑各个处理目的之间的联系、收集数据的目
283 的、数据信息的敏感程度以及是否采取了加密处理或匿名化处理等合理的保密措施。[35]

本文并未对《通用数据保护条例》第 6(1)(f)条如何实现数据控制者和数据主体之间的利益平衡进行讨论。笔者的观点是，合同的存在并不会对个人数据的合法处理产生重大影响，因为有足够的其他理由为数据处理提供合法性基础。

（二）数据的归属

数据是 21 世纪的石油这一说法可谓恰如其分。[36]虽然这种类比存在局限性，[37]但数据毫无疑问具有经济价值，合同法可能在对这些数据进行权属配置上发挥作用。在缺乏法律默认规则的情况下，将数据权属和数据获取留给当事人自主谈判是有问题的。因为服务提供者或设备生产商和产生数据的用户的地位具有结构性的不平衡(前者可以基于其强大的市场地位而重复使用一般规则)。

特斯拉 Model S 的用户手册就是一个发人深省的例子，其在手册中规定特斯拉可以将客户产生的数据用于一系列目的，包括“提供特斯拉远程信息服务；故障排除；评估车辆质量、功能和性能；为特斯拉及其合作伙伴改进和设计车辆与系统进行分析和研究；以及法律另有规定的目的”。[38]特斯拉还声称，不向车主披露记录的数据，除非它与非保修
284 期内的维修服务有关，在这种情况下，将只披露与维修有关的数据。[39]

基于这个例子，笔者高度怀疑我们是否总能通过合同磋商实现合理的数据权属分配。

（三）当事人的权利和义务

1. 使用受保护内容的权利

另一个寻求合同法保护使用者权利的理由是保护知识产权，尤其是保护版权及其相关权利。显然，一个明确的合同合意为数据使用范围提供了法律上的确定性。但在欠缺合同合意的情况下，用户仍可能使用数据内容。比如用户在网上公开发布数据内容可能构成权利人对使用上述内容的默示同意。[40]此外，数据内容使用权的正当性也可能来源于版权控制的例外与限制。需要指出的是，根据《计算机程序指令》第 5(1) 条，[41]合法的程序获取者有权按照计算机程序的预期目的使用该程序。因此，对于嵌入式软件的设备的购买者，其可以无需与软件开发者签订合同而使用该软件。这意味着使用权受到“特定合同条款”[42]和版权人所控制行为(复制或改变软件程序以及以任何形式向公众传播)的限制。因此，即使在用户并未放弃核心权利的情况下，软件生产商也有一些余地来限制软件的使用，这一点在其合法的数据复制和错误修正上尤其常见。[43]软件生产商不仅仅将其限制权利局限于此。例如，汽车制造
商特斯拉试图对客户将特斯拉的全自动驾驶功能进行商业应用做出限 285
制：“请注意，用户可以使用特斯拉全自动驾驶功能进行自驾或为家人和朋友提供便车服务，但是只有通过特斯拉网络才可以提供有偿服务。”[44]

2. “有缺陷”内容的损害赔偿请求权

合同法在确定当事人的权利和义务方面起着决定性作用。一般来说，如果合同已经成立，那么数据内容必须符合数据内容接收者合理预期的某种特质。[45]鉴于不同产品或服务的针对市场和产品定义不同，确定其合理预期的特质并不是一件容易的事情。[46]当然，人们有理由期望数据内容或服务按照其承诺的方式运作(如可以检索到存储在供应商服务器上的数据)，同时安全漏洞应被定性为数据内容的缺陷。[47]然而，考

虑到在无偿合同(捐赠、借款、无偿保管、无偿委托)及其合同法规则中，由于一方没有支付对价的义务，其责任标准也会适当予以减轻。[48]欧盟委员会在关于数据内容指令的提案中强调了这点，并指出某种情况下数据交换可以视为一种对价。[49]

在实践中，唯一重要的合同救济方式是在一方不履行义务或不适当履行义务的情况下另一方获得损害赔偿的权利。这是因为要求合同当事
286 人履行一项没有经济对价的承诺过于累赘。[50]如果数据内容或服务达不到用户的期望，用户只需简单地选择与另一个数据提供者进行交易。在此情形下，通过降低价格进行救济显然是无效的。如，客户的数据不再能从云托管服务提供商那里检索到；拍卖期间服务出错导致拍卖价格过低；软件出现安全漏洞给用户的数据环境造成损害等情形下，对有缺陷的数据内容或服务接受者提供请求损害赔偿的权利显然更为有效。数据内容或服务提供者试图通过在他们的标准条款中插入责任限制条款来消除此种风险。接下来要解决的问题是这些限制条款是否不公平和无效。[51]

如果当事人之间不存在合同意义上的合意，数据产品或服务提供者可能因侵权法负有赔偿用户因数据内容缺陷而遭受损害的义务。鉴于提供者的商业目的以及产品或服务对消费者利益造成的潜在风险，提供数据内容而没有对价这一事实本身并不能否定或减轻其注意义务。尽管如此，界定该种注意义务的范围并不容易。[52]例如，德国法中提供者提供的数据内容需要满足用户对数据安全的合理预期，该注意义务源于生产者责任。但在某些情况下，软件生产者只需发出不得使用上述数据内容的警告(而非提供更新)，便可以履行其注意义务。[53]

287 此外，在不同成员国的法律秩序中，关于过失作为或不作为是否会引起纯粹的经济损失赔偿责任或因侵权行为造成的非物质损失是否属于损害赔偿范围存在不同看法。只要损害是直接的、确定的和符合法律规定的就应当给予赔偿，但是在德国侵权法和英国侵权法上却并非如此。

根据德国法律，只有当数据服务提供者有义务监测用户数据内容并警告其所具有的潜在危险时，储存在用户个人计算机上的数据的丢失才可被视为一种对财产权的侵犯。[54]然而，在德国侵权法中，没有关于过失作为或不作为造成的纯粹经济损失提起诉讼的有关规定。在英国法中，只有在索赔人和被告之间存在被告负有一定的义务这一特殊关系，或索赔人合理地依赖被告的专业技能而致其损害的情况下，才可以因为被告的过失侵权行为获得纯粹经济损失的补偿。[55]该规则主要适用于过失侵权的情况，是否可以将其扩大到数据内容的这一情形值得商榷(尽管我们认为，定期更新自己软件的软件生产者和使用安装了该软件设备的用户之间存在一种特殊的紧密关系)。最后，欧盟的《产品责任指令》[56]只解决了关于死亡、人身伤害和财产侵权的损害赔偿问题——但对数据获取而言，首先要解决的问题仍是数据内容能够适用产品责任指令的有关规定。[57]

因此，合同的存在可能在损害赔偿中发挥重要作用，而数据内容或服务提供者的责任范围很大程度上取决于数据内容的定性(运作、更新 288
等)。此外，在客户不提供经济对价的情形下，法律可能会对应地为提供者配置较轻的责任。

(四) 保密性

最后，如果数据产品或服务提供者能够获取个人数据或获取用户产生的其他具有经济价值的数据，保密性就成为一个重要问题。显然，如果合同已经明确形成，便可在其中规定保密条款。即使合同中没有明确规定保密条款，法律也可通过任意规范进行补足。[58]如果当事人之间未形成合同关系，则需要诉诸侵权法解决。

虽然侵权行为法一般属于各成员国的自主管辖范围，但对于保密性问题仍有两项基本规则。根据《通用数据保护条例》第 82 条，任何因违反条例而受到损害[59](物质损害或非物质损害)的人都有权从数据控制者(或数据处理者)处获得损害赔偿。该条规定了过错责任下的过错推定规则。这意味着数据控制者或处理者有责任证明其对引起损害的事件没有任何责任。[60]

对于具有经济价值的非个人数据则由《商业秘密指令》[61](2018 年 6
月 9 日开始实施)进行调整。根据该指令第 4 条，成员国必须采取适当的
289 措施保护商业秘密不被非法获取、使用和披露。满足下列条件的信息被
视为是商业秘密：

1. 所涉信息是秘密的，并不是该领域专业人员普遍知悉的信息；
2. 因秘密性而具有商业价值；
3. 一直被其合法控制人通过合理的步骤在各种情况下加以保密。[62]

但在数据获取这一关系上仍有问题需要解决：首先，如果当事人与商业秘密所有人没有合同关系，但其能够获取这些数据，那么该数据是否可以被视为商业秘密？ 例如，如果汽车制造商能够获得租车公司或运输公司所拥有汽车的全球定位系统数据，这些数据(可以推断客户和运营能力)是否仍然可以被视为商业秘密？ 笔者认为，只要商业秘密持有人不改变数据获取方式，并采取合理措施保护其在任何其他方面的获取和使用，那么它就可以被认为是商业秘密。

如果该信息属于商业秘密，那么其将受到保护，不得以任何方式非法获取和使用，也不得违反保密协议或其他保密义务的要求披露。[63]笔者认为，即使认为软件或硬件生产商获取信息是合法的(为了符合产品目的)，并且在合同中没有保密条款，当事人一方至少有义务不披露该商业秘密，因为该商业秘密持有人将数据访问权交给相对人这一事实使二者之间形成了一种紧密关系。

除了上述的欧盟有关规定，秘密信息也会受到各成员国侵权法的保护，如《德国民法典》第 823 条及相关立法对已建立和进行中的商业运作进行干扰和滥用个人信息、违背信任等行为的规范。

但这些解释并不意味着某项服务或某个设备用户的每一项私密信息
290 都被侵权法所保护。相比诉诸侵权法，合同中的保密条款当然更为有
效，即使这些条款是隐含的。

六、结　论

在本文中笔者提出，在传统的合同法原则下，数据获取并不一定与合同的存在相关联。因为通常很难确定当事人之间是否存在创设一定法律效果的合意。鉴于当事人往往不考虑他们之间的关系是否产生具有约束力的效果，因此有必要诉诸客观标准。然而，正如第三部分所讨论的，确定客观标准远非易事。在笔者看来，在第三部分列举的诸多情况下，都缺乏创设法律效果的合意。尽管如此，设备的使用者或服务的接受者应接受或至少容忍提供者或生产者获取其使用中产生的数据。这一现象导致了学术上的一种趋势，即通过假定隐含的合意和降低对产生法律效果的意思这一要件的要求来对合同概念进行扩张。

然而，只有在合同法实际处理这种由我们通过合意定义为“合同”的关系所引发问题时，该种概念扩张才是有意义的。在第四部分，笔者提出合同法确实解决了数据获取产生的一些问题，特别是在更新义务和保密义务上。尽管如此，否认合同的法律默认规则在许多方面必须依赖不精确的合理性标准，而在其他情况下(如谁将有机会获得数据)则完全没有用。

在阐明这些之后，笔者认为在此种情况下寻找合同和纯粹社会协议之间的分界线无助于法律在此情形下的适用。与其延伸传统的合同概念或试图确定二者之间这种难以捉摸的界限，不如寻求一种新的概念：由被容忍的数据获取行为所定义的事实关系。这种数据获取可以基于用户的自主决定而授予，或者设备或服务的使用者已经放弃了现有的获取权。无论是何种情形，这种被容忍的数据获取在当事人之间形成了一定的紧密关系，从而导致了特殊注意义务的产生。当我们考虑为数据时代创造新的规则时，不应该将自己局限于合同法。相反，我们应该接受一种因容忍数据获取而产生的特殊关系的存在，而非必须认定合同的存 291

在。数据时代的规则需要强调这种事实关系。

注释

1. Wendehorst/Graf von Westphalen，‘Das Verhaltnis zwischen Datenschutz-Grundverordnung und AGB-Recht’(2016) NJW 3745，3746.

2. 参见 Dirscherl，‘Datenkrake Auto dient als Beweismittel gegen den Fahrer’(31May 2016)〈www.pcwelt.de/news/Datenkrake_Auto_dient_als_Beweismittel_gegen_den_Fahrer-Datenunsicherheit_auf_vier_Raedern-8804783.html〉；Markey，‘Tracking & Hacking：Security & Privacy Gaps Put American Driversat Risk’(6 February 2016)，〈www.markey.senate.gov/imo/media/doc/ 2015-02-06 MarkeyReportTracking_Hacking_CarSecurity% 202.pdf〉。

3. 汽车生产商通常情况下不是汽车的销售者(著名的例外情形是特斯拉)。在某些情况下，汽车的持有者可能因为汽车生产商提供的持续性服务(比如宝马的连接驾驶服务)签订额外的合同。

4. 更多的细节见 Whittaker/Riesenhuber，‘Conceptions of Contract’ in Dannemann/Vogenauer(eds)，*The Common European Sales Law in Context* (OUP 2013) 144 et seq.。

5. 参见 BGH in(1974) NJW 1705，1706；BGH in(2015) NJW 2880 et seq.；*Simpkins* v *Pays* [1955] 1 WLR 975；*Burgess & Anor* v *Lejonvarn* [2016] EWHC 40 (TCC)。

6. *Esso Petroleum Ltd* v *Commissioners of Customs and Excise*[1976] UKHL 4；BGHZ 100，117，118—119；BGH in(1990) NJW 513，514.

7. See for the offline-world Medicus/Petersen，*Allgemeiner Teil des BGB* (11thedn，C.F. Muller 2016) paras 191 et seq.

8. See，inter alia，Art. 3(1) of the ‘Proposal for a Directive of the European Parliament and ofthe Council on certain aspects concerning contracts for the supply of digital content’ COM(2015) 634 final；Langhanke/ Schmidt-Kessel，‘Consumer Data as Consideration’(2015) EuCML 218；Metzger，‘Dienst gegen Daten：Ein synallagmatischer Vertrag’(2016) 216 AcP 817；Metzger，‘Data as Counter Performance：What Rights and Duties do Parties have?’(2017) 8 JIPITEC 2；De Franceschi，‘Digitale Inhalte gegen personenbezogene Daten：Unentgeltlichkeit oder Gegenleistung?’ in Schmidt-Kessel/Kramme(eds)，Geschqftsmodelle in der digitalen Welt(Jenaer Wissenschaftliche Verlagsgesellschaft 2017) 120 et seq. A more sceptical view is held by the European Data Protection Supervisor，‘Opinion 4/2017 on the Proposal for a Directive on certain aspects concerning contracts for the supply of digital

content’(14 March 2017)，〈edps.europa.eu〉para 11 et seq.

9. See §518 BGB，Art. 931 Code civil，Art. 782 Codice Civile. Following Art. IV.H.-2：102(b) DCFR.商业性质的捐赠并不适用该形式要件。

10. 前注 8，Maissen，‘Service，Kauf oder Nutzungsberechtigung—Vertragstypen bei digitalen Inhalten’ in Schmidt-Kessel/Kramme，第 105 页。

11. 更多关于成员国法律秩序的细节见 Zweigert/Kotz，*Einfhrung in die Rechtsvergleichung*(2nd edn，Mohr Siebeck 1996) 383。

12. *Chappell & Co Ltd* v *Nestle Co Ltd*[1959] UKHL 1.

13. Singh，‘Protecting Personal Data as a Property Right’(2016) ILI Law Review 138〈www. ili. ac. in/pdf/p9 _ atul. pdf〉；Albrecht，‘Qualitat bei Vertragen uber die Bereitstellung digitaler Inhalte—England，Deutschland und der Vorschlag der EU-Kommission fur eine Digitale-Inhalte-Richtlinie’，载前注 8，Schmidt Kessel/Kramme 书，第 264 页。但需要注意的是英国《2015 年消费者权益法》中关于数字内容的规则只适用于消费者用金钱(或指定的等价物)付款的情形，s 33(2) CRA 2015 (另见《2015 年消费者权益法》的解释性说明第 174 段)。

14. 前注 8，Metzger，‘Dienst gegen Daten’，第 839 页；前注 1，Wendehorst/Graf von Westphalen 文，第 3746 页(合同或至少是准合同)。

15. 见 BGH(2008) GRUR 245，247：特定使用者的默示同意可能包含了数据内容的自由获取这一内容；但德国联邦最高法院(BGH)并没有假定该许可合同的存在。

16. *Spreadex Ltd* v. *Cochrane*[2012] EWHC 1290：Donaldson QC 认为交易平台和顾客之间的账户使用并不具有像在线平台条款合同那样足够的合意。

17. 例如，一个搭载安卓操作系统的智能手机在运行的时候会提出下列注意事项：“同意谷歌将更新信息发送到你的设备并且自动安装。我们遵从隐私条款和进一步的情景应用。”

18. Ernst，‘Softwareverträge’ in Ulmer/Brandner/ Hensen(eds)，AGB-Recht (12thedn，C.H. Beck 2016) paras 7 et seq.；Wiesemann/Kast，‘Vertrieb von Software und Hardware’ in Auer-Reinssdorff/Conrad(eds)，Handbuch IT- und Datenschutzrecht，(2nd edn C.H. Beck 2016) para 136；Riehm，‘Updates，Patches & Co—Schutz nachwirkender Qualitätserwartungen’，载前注 8，SchmidtKessel/Kramme 书，第 208 页以后。

19. 同上注，Riehm 文，第 207 页。

20. 见前注 1，Wendehorst/Graf v.Westphalen，第 3746 页；前注 7，Riehm 文，第 220 页。里姆(Riehm)认为软件提供者的合同义务是有限的。

21. 见本文第三(三)2 部分。

22. Directive 2011/83/EU of the European Parliament and of the Council of 25 October 2011 on consumer rights[2011] OJ L304/64.

23. 前注 8，De Franceschi 文，第 128 页以后。他认为《消费者权利指令》第

8(2)条应当扩张解释到数据形式的对价，笔者对此怀疑态度，原因见前注 8，Metzger ‘Dienst gegen Daten’，第 846 页。

24. 相关综述见前注 7，Medicus/Petersen 文，第 245 段以后及相关参考文献。

25. Regulation(EU) 2016/679 of the European Parliament and of the Council of 27 April 2016 on the protection of natural persons with regard to the processing of personal data and on the free movement of such data，and repealing Directive 95/46/EC(General Data Protection Regulation)[2016] OJ L119/1.

26. Art.4(1)GDPR.

27. Case C-582/14 Breyer EU：C：2016：779.

28. Art. 5(3) Regulation(EC) No.715/2007 of 20 June 2007 on type approval of motor vehicles with respect to emissions from light passenger and commercial vehicles (Euro 5 and Euro 6) and on access to vehicle repair and maintenance information[2007] OJ L171/1 and Art. 4 Regulation(EC) 692/2008 of 18 July 2008 implementing and amending Regulation(EC) No.715/2007[2008] OJ L199/1.

29. Regulation (EU) No. 2015/758 of 29 April 2015 concerning type-approval requirements for the deployment ofthe eCall in-vehicle system based on the 112 service and amending Directive 2007/46/EC[2015] OJ L123/77.

30. 对这些对价的广泛性进行的批判性审视可参见前注 1，Wendehorst/Graf von Westphalen 文，第 3746 页。

31. 这可以从《通用数据保护条例》第 9(2)(f)条得出，它允许为合法诉讼的成立、行使或辩护或司法权的行使而进行必要数据处理。

32. 德国汽车俱乐部 ADAC 报告了一起案件，一辆宝马敞篷车的买方要求卖方修理一辆有缺陷的敞篷车。根据制造商检索到的故障诊断代码，卖方声称车主以加速的速度关闭了敞篷车顶，从而造成了缺陷，因此拒绝修理。参见前注 2，Dirscherl 文。

33. 《通用数据保护条例》第 5(1)(b)条。根据《电子呼叫条例》(eCall-Regulation)第 6(2)条的规定，应急系统的数据处理不能被用于除紧急情况以外的其他目的，这也在鉴于条款第 25 条被强调。然而，这似乎不适用于 TPS(第三方服务支持)应急呼叫系统，因为该系统的安装系出于自愿。

34. Schantz，‘Die Datenschutz-Grundverordnung—Beginn einer neuen Zeitrechnung im Datenschutzrecht’ (2016) NJW 1841，1844；Albrecht，‘Das neue EUDatenschutzrecht-Von der Richtlinie zur Verordnung’ (2016) CR 88，92.

35. 《通用数据保护条例》第 6(4)条。该条排除了基于同意的处理情况。在这种情况下，数据控制者必须要求一个保护新的处理目的的同意声明。

36. 这个短语可以追溯到 Clive Humby 2006 年的一句话，参见 Palmer，‘Data is the New Oil’ (3 November 2006) 〈ana.blogs.com/mae stros/2006/11/data_is_the_new.

html〉。

37. 特别是，数据是非竞争性的，参见 Zech，Information als Schutzgegenstand (Mohr 2012) 117 et seq.。

38. 〈www.tesla.com/sites/default/files/model_s_owners_manual_north_america_en_us.pdf〉 177.39 ibid.

39. 同上注。

40. BGH in(2008) GRUR 245，247；BGH in(2010) GRUR 628，632；Ohly，'ZwölfThesen zur Einwilligung im Internet' (2012) GRUR 983.

41. Directive 2009/24/EC of the European Parliament and of the Council of 23 April 2009 on the legal protection of computer programs[2009] OJ L111/16.

42. 《计算机程序指令》第 5(1)条。

43. 《计算机程序指令》鉴于条款第 13 条。

44. 〈www.tesla.com/autopilot〉.

45. 关于通过支付价格获得的数据内容的规定(s 34(1) CRA 2015)；关于数据内容指令的提案第 6(1)条；Art. IV.H.-3：102(1) DCFR for donations。

46. 关于有经济对价的合同，见前注 17，Riehm 文，第 209 页以后；前注 13，Albrecht 文，第 244 页以后；前注 8，Metzger 'Dienst gegen Daten'，第 847 页。

47. 前注 17，Riehm 文，第 211 页。关于无偿更新，参见上注，第 217 页以后。

48. 见 DCFR IV.H.-3：102(1)(a)关于捐赠的规定：考虑到合同的无偿性质。《德国民法典》第 521 条、第 599 条及第 609 条对捐赠、借款和无偿保管的义务人设立了较低责任标准。s 34(1) CRA 2015(数据内容的质量瑕疵)并不适用于消费者不支付对价的情形，见 s 33(1) and(2) CRA 2015。

49. 《数据内容指令》第 3(1)条和第 3(4)条。

50. 关于没有经济对价的合同的论述，见前注 17，Riehm 文，第 210 页。

51. See no.1(b) of the Annex to Art. 3(3) of Council Directive 93/13/EEC of 5 April 1993 on unfair terms in consumer contracts[1993] OJ L 95/29.

52. 见欧洲议会于 2017 年 7 月 4 日发布的《延长产品使用期：有利于消费者和公司》这一决议(2016/2272(INI))，其中点明了针对过时软件对消费者提供的保护。

53. 前注 17，Riehm 文，第 218 页以后。有趣的是，在 Windows 操作系统的老版本遭受网络攻击之后，印度正要求微软对升级到最新的 Windows 10 操作系统提供一个大幅度的折扣——据报道微软已经大致同意了该项要求。Rocha，'Exclusive：India presses Microsoft for Windows discount in wake of cyber attacks' (30 June 2017)，〈www.reuters.com/article/us-india-microsoftcyber-idUSKBN19L21Q〉.

54. 更多细节见前注 17，Riehm 文，第 218 页以后。

55. *Hedley Byrne & Co Ltd* v *Heller& Partners Ltd*[1964] AC 465.

56. Council Directive 85/374/EEC of 25 July 1985 on the approximation of the laws, regulations and administrative provisions of the Member States concerning liability for defective products[1985] OJ L210/29.

57. 该指令仅适用于“动产”造成的损害，见第 1 条和第 2 条。更多细节见 Wagner，4produkthaftungesetz’ in Sacker/Rixecker/Oetker/Limperg(eds)，Munchener Kommentarzum BGB(7th edn. C.H. Beck 2016)2 ProdHaftG pars 15 et seq.。欧盟委员会最近就该指令，特别是其是否足以应对新技术发展带来的挑战发起了一次公开讨论〈ec.europa.eu/growth/ tools-databases/newsroom/cf/itemdetail.cfm?item_id=9048〉。

58. *Jacqueline Gold & Anne Summers v Allison Cox & Leanne Bingham* [2012] EWHC 272(Q.B.)；前注 55，Bachmann，‘§241’ in Säcker/Rixecker/Oetker/Limperg，第 96 段。

59. 鉴于条款第 146 条阐明：“损害的概念应当根据法院的判例法作广义解释，以充分实现《通用数据保护条例》的目标。”

60. GDPR 第 82(3)条。

61. Directive(EU) 2016/943 of the European Parliament and of the Council of 8 June 2016 on the protection of undisclosed know-how and business information(trade secrets) against their unlawful acquisition, use and disclosure[2016] OJ L157/1.

62. 《商业秘密指令》第 2(1)条。

63. 《商业秘密指令》第 4(2)条和第 4(3)条。

专题讨论

第十三章　从错误中学习：欧盟委员会对数据库特殊权利和数据生产者权正当性论证的相似性 295

朱莉娅·雷达*

一、引　言

在 2017 年 1 月发布的题为《打造欧洲数据经济》[1]的报告中，欧盟委员会考虑引入“数据生产者权”，并将其作为解决数据获取问题的六个政策选项之一。这种潜在的新型权利，在欧盟委员会附带的公众咨询[2]中被描述为“一种特殊的知识产权”，已经成为很多学术讨论的主题。[3]本文的目的既不是要回顾这些讨论，也不是要对新的特殊知识产权的潜在影响进行经验性评估。本文旨在对欧盟委员会在考虑此类政策干预时提出的论点进行比较研究，以揭示其在既往创设此类权利的分析中存在的缺陷，从而对引入新的独占性权利提供借鉴。

在欧洲知识产权法中，特殊知识产权并不是一个常见现象。可供比

* 作者系欧洲议会议员。

296 较的例证是由1996年《数据库指令》[4]引入的数据库特殊权利。本文研究了创设数据库特殊权利的论据，以及欧盟委员会对其实际效果的首次评估，[5]概括了它与当下提出的数据生产者权的相似之处，并指出其正当性论证中的缺陷所在。

二、特殊知识产权的宗旨

本文的出发点是审视欧盟委员会引入数据库特殊权利的宗旨，该宗旨在2005年发布的评估报告中有所提及。它们分别是协调性、促进投资、强化数据获取和增强竞争力，在设定这些目标时特别强调与美国的比较。前述宗旨在某种程度上均可在支持新的数据生产者权的论点中发现，甚至在某些情况下，用来证明数据生产者权的措辞与创设数据库特殊权利的目标竟如此雷同。下文将深入阐述这四项目标。

（一）协调性

协调性目标与促进投资的目标密切相关。评估报告指出，《数据库指令》首先是一项协调性实践。由于对数据库生产的投资需要“公平竞争的环境”，[6]欧盟层面的行动被认为是必要的，因此该指令的预期目标
297 之一是“消除欧盟成员国中阻碍内部市场运作的保护差异”。[7]引入这种新的特殊权利的理由是需要协调，根据欧盟委员会的说法，“数据库享受版权保护所需‘独创性’标准的差异阻碍了‘数据库产品’在整个欧共体内的自由流动”。[8]普通法国家以较低的“额头出汗”版权标准保护数据库，其他非普通法国家则并未采用这一标准。欧盟委员会并没有协调整个欧盟的版权独创性标准，从而提高欧盟版权法的一致性，而是决定只关注数据库保护的协调性，并在对数据库进行版权保护的同时，规定了数据库特殊权利。欧盟委员会认为，协调工作必须在欧盟现有的最高保护水平上进行，需要在所有成员国建立相当于主要在英国和爱尔兰适用的对数据库的“额头出汗原则”保护标准。根据数据库保护指令，

受版权保护的数据库需要有智力创造的因素，而数据库特殊权利则没有独创性要求。通过创设一种有别于版权的特殊知识产权，欧盟委员会避开了让成员国就版权法下的独创性标准达成一致的问题，同时将知识产权保护的整体范围进行扩张，从而超过了迄今为止绝大多数欧盟成员国接纳的知识产权范畴。

在《打造欧洲数据经济》的报告中，欧盟委员会提出了建立特殊的数据生产者权的理由，指出原始数据目前不受欧盟法律(数据库特殊权利和商业秘密的保护除外)的保护，但它含糊其词地提到成员国在未来可能决定在国内法层面引入这种保护。欧盟委员会认为，“不协调的方法有可能造成割裂，并且不利于欧盟数据经济的发展和在内部市场中跨境数据服务和技术的运作”。[9]换句话说，并不是成员国法律的实际差异导致通过协调工作以保持一个公平竞争环境的考量，甚至“成员国…… 298
可能自主决定规制该问题”[10]仅具有理论上的可能性就被认为有足够的理由将知识产权的范畴扩展到任何成员国目前建立的知识产权标准之外。同样，禁止成员国引入影响更深远的知识产权保护，从而阻碍内部市场运作的替代方法没有被讨论，而以前不存在的对原始数据的特殊保护却被考虑在内，因为“整个欧盟需要现代的、一致的规则，以便数据能从一个成员国自由流动到另一个成员国”。[11]

数据库特殊权利和数据生产者权的共同目标是，它们的引入被认为是为了消除整个欧盟知识产权保护范围的(潜在或实际)差异，从而改善欧盟内部市场的运作。毋庸置疑，所有成员国适用相同规则对内部市场是有利的。但是，知识产权保护的程度本身也可能产生影响，因为较高的保护水平并不必然带来更多的贸易和投资。

(二) 促进投资

鼓励和保护对创建数据库的投资，以及对数据本身的投资，是数据库特殊权利和数据生产者权的一个突出目标。评估报告指出，以特殊权利的形式“在所有成员国中对非原创数据库进行有效的统一保护”被认为是实现“在创建数据库方面吸引更多投资”[12]这一目标的适当工具。

此外，除了鼓励未来的投资外，欧盟委员会还认为“有必要保护对创建
299 数据库的投资，以防止那些试图盗用金融投资和专业投资成果的‘搭便车’行为”。[13]

同样的思路可以在《打造欧洲数据经济》的报告中发现，它认为数据生产者权是“确保(市场参与者)投资的公平回报，从而促进创新”[14]的政策选择之一。“保护投资和资产”本身就被认为是一个政策目标，与其他公共政策目标(如改善数据获取和促进数据共享)等量齐观。[15]在引入新的知识产权后，对何种市场机制会导致预期的投资增长做出的解释则无处可寻，它假设更广泛的知识产权保护会带来更多的投资，而没有对这一说法进行实证检验。

(三) 强化数据获取

与数据库特殊权利和数据生产者权预期目标相关的一个重要因素是，期望这种新的权利会增加而不是减少公众对受保护数据的获取。这种期望是反直觉的，根据相应权利的界定，独占性权利限制了未经明确许可而使用受保护数据的受益人范围。

尽管存在这种明显的矛盾，欧盟委员会还是认定引入数据库特殊权利将有助于欧洲“信息市场”[16]的发展，这将比简单地不以专有权保护数据库更有效地促进数据库的再利用。因此，数据库特殊权利在数据获取方面的预期目标是“保障数据库合法用户的合法利益”，[17]而没有考虑不把用户划分为合法与非法是否能更好地满足用户利益。

同样，《打造欧洲数据经济》提出了一项新的数据生产者权，作为
300 一项政策，它将“改善对匿名机器生成数据的获取”，[18]而不是像独占权所预期的那样限制数据获取行为，能够“促进和激励这些数据的共享”。[19]就像数据库特殊权利的目标一样，用户的利益被视为支持而不是反对这种立法干预的理由：“应该考虑到公司和私人议价能力的不平等”、“避免锁定效应”。[20]在议价能力不平等的情况下，“仅靠基于市场的解决方案可能不足以确保公平和有利于创新的结果，无法促进新的市场进入者便利获取数据并避免锁定效应”。[21]换言之，为了防止锁定效

应，立法干预被认为是必要的。建立一个新的独占性权利被明确认为是实现这一目标的适当法律工具。

（四）提升竞争力

最后，在评估报告中非常明确的关于数据库特殊权利的正当性基础，也更为普遍地体现在《打造欧洲数据经济》报告中：建立数据库特殊权利的目的是“通过填补欧盟和美国之间的差距来提高欧洲数据库产业的全球竞争力”。[22]《打造欧洲数据经济》没有明确将这一目标与数据生产者权联系起来，但它确实指出“与美国相比，欧洲数字经济在拥抱数据革命方面进展缓慢”。[23]数据库指令的预期目标是“与美国相比，增加欧洲的数据库生产”，[24]这种表述方式的优点是比较容易进行经验性的事后评估。

三、首次数据库特殊权利评估的启示 301

欧盟委员会在2005年，即《数据库指令》生效约十年后完成的评估报告，是研究数据库特殊权利在实现其既定目标方面是否成功的良好基础，这并不是因为它是对数据库特殊权利在实践中的最新或最全面的分析，而是因为它是由提出这一权利的机构展开的评估，一般会从更积极的视角看待现有证据。然而，评估报告却描绘出一幅完全失败的立法干预图景。

从与美国相比增加数据库产量这一最客观的标准出发，评估报告发现，事实上在2001年之后，数据库产量的绝对值有所下降，[25]此时绝大多数欧盟成员国已经完成了对1996年《数据库指令》国内法实施。[26]美国和欧盟在全球数据库生产中所占份额的差距实际上在2001年至2004年间显著扩大，而在1996年至2001年间，这一差距初步缩小(当时许多欧盟成员国尚未将《数据库指令》转化为国内法)。[27]报告指出，“美国的数据库生产有了相当大的增长，而在欧盟，引入特殊权利保护似乎产生了相反的效果”，结论是“就‘非原创性’数据库而言，越来越多的知识产权保护意味着更多创新和增长的假设似乎无法成立”。[28]值得注意的是，这个结论似乎完全被欧盟委员会遗忘了，以至于在 2017 年的《打造欧洲数据经济》报告中并未提及相关情况，反而再次就额外的知识产权与创新之间的关系提出了完全相同的可疑假设。

可见，评估报告在数据库特殊权利促进创新和竞争力方面的结论颇为负面，就实现改善数据获取这一宗旨而言，情况同样不容乐观。较之
302 于数据库的版权保护，数据库使用者对数据库特殊权利的保护表达了更大的担忧，认为它“导致了过度保护”，[29]且例外情况过于狭窄。甚至有报道说，“某些图书馆声称，数据库特殊权利已经导致了主要数据库生产商的集中(例如电子期刊)并垄断了信息”，[30]这一发现应该引起新的特殊知识产权支持者的注意，因为根据欧盟委员会的说法，数据生产者权旨在避免“锁定效应”的出现。[31]

就协调性目标而言，评估报告提出的政策建议中显示出颇具讽刺意味的一面。在得出数据库特殊权利“难以理解”[32]、导致大量诉讼、“接近于将数据作为财产来保护”[33]以及“特殊权利的经济影响尚未得到证实”的结论后，人们期待着从关于该指令核心目标的负面结果中自然而然地得出废除数据库特殊权利的建议。然而，评估报告却得出了不同的结论。

当比较废除整个指令、废除或修改数据库特殊权利或仅仅坚持现状的预期成本和收益时，报告得出结论，任何解决特殊权利明显缺陷举措所产生的成本都可能超过收益，“即使一项立法没有被证明对某一特定行业的发展有积极影响，废止它也不一定是最好的选择”。[34]尽管报告没有明确指出，但值得一提的是，废除指令或引入特殊权利的条款，无
303 论如何都不会带来任何直接的改善，因为取消成员国通过特殊权利保护非原创数据库的义务，并不会自动产生相反的效果，从欧盟国家的国内法中实际移除数据库特殊权利需要在欧盟层面禁止此类法律。

四、结　论

对于目前关于可能的数据生产者权的辩论，可以从数据库特殊权利的经验中吸取哪些经验教训？

首先，在促进创新、便利数据获取和提升竞争力方面的预期效益有必要进行更严格的评估，因为这些预设在创设数据库特殊权利后并未实现，甚至可以说适得其反。

其次，在采用加强协调性的论点时，必须注意到更统一的法律框架在产生积极效果的同时也为纠正过去的立法错误增加了难度。一旦通过欧盟指令确立了一项特殊权利，即使该权利完全没有实现其目标，要废除它也绝非易事。因此，欧盟委员会应避免创设新的特殊权利，除非有令人信服的经济和社会理由来论证其预期收益，这种论证的依据最好在成员国层面已经获得经验证据的支撑。数据生产者权不仅在欧盟，而且在全世界都是一个全新事物，当前的立法依据显然没有满足前述标准。

最后，欧盟委员会应当对立法经验*进行充分检讨，以确保在考虑新的立法干预时，彻底分析既往类似立法举措的经验。如果将这一要求正确地适用于数据生产者权，必然要将《数据库指令》的评估报告纳入考量，从而引发对以下问题的思考：考虑到获取知识和表达自由这一原则的重要性，打破保持原始数据不受独占性权利约束的惯例是不是一个好主意。

注释

1. European Commission，‘Building a European Data Economy’ COM(2017) 9 final.

---

* 译者注：作者在原文中使用“机构记忆”(institutional memory)一词表达类似观点。

2. Consultation on building the European data economy: 〈ec.europa.eu/digitalsingle-market/en/news/public-consultation-building-european-data-economy〉 accessed 28 June 2017.

3. 相关例证可参见 Max Planck Institute for Innovation and Competition, 'Data Ownership and Access to Data—Position Statement of 16 August 2016 on the Current European Debate'. Available under 〈www.ip.mpg.de/en/link/position paper-data-2016-08-16.html〉 accessed 30 June 2017。

4. Directive 96/9/EC of the European Parliament and of the Council of 11 March 1996 on the legal protection of databases[1996] OJ L77/20.

5. DG Internal Market and Services Working Paper. First evaluation of Directive 96/9/EC on the legal protection of databases. 12 December 2005. Available under 〈ec.europa.eu/internal_market/copyright/docs/databases/evaluation_report_en.pdf〉 accessed 28 June 2017.

6. 同上注，Figure 1—General, specific and operational objectives of Directive 96/9/EC，第 7 页。

7. 同上注。

8. 同上注，第 3 页。

9. 前注 1，第 11 页。

10. 同上注。

11. 前注 1，第 3 页。

12. 前注 5，Figure 1。

13. 前注 5，第 9 页，相应引文在原文中重点强调。

14. 前注 1，第 11 页。

15. 同上注。

16. 前注 5，Figure 1。

17. 同上注。

18. 前注 1，第 11 页。

19. 同上注。

20. 前注 1，第 12 页。

21. 前注 1，第 10 页。

22. 前注 5，第 10 页。

23. 前注 1，第 3 页。

24. 前注 5，Figure 1。

25. 同上注，Figure 5—Trend of the database sector in 'West Europe' (1992—2004)，第 19 页。

26. 同上注，第 11 页。

27. 同上注，Figure 7—Database production in North America and West Europe

(1992—2004)，第 23 页。

28. 同上注，第 24 页。

29. 前注 27，第 21 页。

30. 同上注。

31. 前注 1，第 10 页。

32. 前注 5，第 10 页。

33. 前注 5，第 24 页。考虑到引入“数据生产者权”的目的是将原始数据作为财产进行保护，这是对特殊知识产权后果的一种特别讽刺的批评，正如报告指出的那样，这种努力将违背长期以来确立的版权法原则。

34. 同上注，第 27 页。

305 # 第十四章　数据交易：一个政策的视角

朱迪塔·多尔赞[*]

一、引　言

数字数据，或更确切地说，大数据对决策过程非常重要。[1]通过处理和分析“大数据”，[2]企业可以了解商业流程、客户、人力资本和技术，这些知识可以为其在数字经济中提供竞争优势。[3]尤其是零售业、制造业和专业服务业，有可能从大数据的使用中获得更大收益。[4]例如，制造商可以利用从当前产品的使用中获得的数据来改进下一代产品的开发，利用从嵌入产品的传感器中获得的数据提供主动维护等售后服
306 务。[5]此外，新的基于大数据的服务已经被开发出来，领英(LinkedIn)和谷歌就是范例，它们利用大数据来开发相关服务和功能。[6]

为了提高在工业 4.0 时代的竞争力和经营业绩，企业必须致力于基于知识的创新，获取信息和通过分析数据创造有价值的信息是创新的前提。[7]需要强调的是，“大数据”不仅指向收集数据中的知识并将其转化

---

* 作者系斯洛文尼亚共和国司法部国际合作与国际法律援助局副局长。

为竞争优势，它有三个特点：数据体量庞大、数据创建速度极快(几乎实时更新)，[8]数据来源多样性(社交网络上的信息、更新、图片，传感器的读数，以及手机的 GPS 信号都可以作为数据来源)。[9]

企业如果不能从大数据中获得洞察力并作出经过计算的决策，很可能会被竞争对手超越。[10]根据麻省理工学院数字商业中心的一项调查，在相关领域最成功的公司平均比其竞争对手的生产力高 5%，利润高 6%。[11]

在试图把握大数据的全部潜力时，数据的获取是必须考虑的问题之
一。[12]由于结合多种来源的数据对大数据的价值创造至关重要，应建立 307
促进数据共享的激励机制。因此，在没有建立数据市场的情况下，或者在数据共享和交易存在市场失灵的情形时，应该确定是否有必要采取法律行动，以及哪种方法是最优选择。[13]下文将简要介绍欧洲数据经济战略的发展和斯洛文尼亚的数据经济国家战略，随后对数字数据交易的法律概念进行分析。

二、 欧洲的数据经济战略

在发布关于《迈向繁荣的数据驱动型经济》的报告[14]之后，欧盟委员会开始通过制定数据经济战略来解决数据驱动经济中出现的问题。基于 2013 年欧洲理事会的结论和磋商，欧盟委员会在其报告中聚焦数字数据，断言数据是未来知识经济和社会的中心。它提出了一个行动计划，旨在建立一个数字单一市场，不同类型的市场参与者(制造商、研究人员、基础设施供应商)可以实现互动，从而创造更多商业机会，增加所有市场参与者(尤其是中小企业)的知识和资本。[15]在引入数据驱动经济的未来行动计划中，部分涉及监管问题，特别是数据的所有权及转让问题。为此，欧盟委员会宣布启动咨询和专家小组，以确定是否有必要就数据所有权问题提供指导。[16]

2015 年，欧盟委员会在“欧洲数字单一市场战略”[17]中确定大数

据、云服务和物联网对欧盟的竞争力至关重要。它指出欧盟在数据交易
308 方面缺乏明确法律规定，阻碍了数据的跨境使用和技术的创新应用。欧盟委员会宣布，它将解决在 B2B 和 B2C 交易中新出现的数据所有权、数据互通性、数据兼容性以及数据获取问题，以及有关机器生成数据和机器间数据的相关问题。[18]

2017 年，欧盟委员会通过的政策性文件《打造欧洲数据经济》[19]发起了欧洲数据经济倡议，其中特别提到了获取和转让机器生成非个人数据的相关法律问题，这对在欧盟发展数据经济至关重要。在欧盟委员会看来，当前对数据的获取并不充分，因为在大多数情况下，公司自己使用数据或雇用分包商，分包商不能再次使用数据。因此，关于整体市场情况的结论指出，目前还未形成广泛的数据交易。[20]欧盟委员会分析了欧盟现行的法律框架和一些成员国的立法现状，指出目前在任何层面上都没有全面的法律框架来规范机器生成数据的经济利用和可交易性，而是留给市场(合同法)。这种现实情况可能产生如下问题：首先，对数据有实际控制权的制造商可以阻止机器用户或第三方的使用；其次，价值链上的市场参与者拥有实际控制权，因为他们有优越的谈判能力，这可能导致用户和企业的锁定情况；最后，专业知识的成本和不平等的交易地位，磋商独占性数据的许可协议可能会给弱势方带来高昂的交易成本。[21]

为了改善对机器生成数据的获取，促进和激励对这些数据的共享、保护投资和资产、避免泄露机密数据，并最大限度地减少锁定效应，欧盟委员会提出了以下解决方案：指导激励企业分享数据、促进可靠的识别和交换数据的技术解决方案的发展、引入默示合同规则，基于公共利益和特定目标的数据获取权、数据生产者权和无偿获取数据。[22]

309

三、 斯洛文尼亚的数字战略

斯洛文尼亚在其国家数字战略“数字斯洛文尼亚 2020”[23]中，设定了在 2020 年之前促进信息社会发展的五个优先领域：宽带和其他电子

通信基础设施、创新的数据驱动服务、数字创业、网络安全和包容性信息社会，同时技术领域对大数据也非常关注。[24]斯洛文尼亚认识到使用大数据对于新产品和新服务的推广、改变现有商业模式和创造新商业模式、提高效率和实现经济效益的重要性。通过分析和处理大数据，在斯洛文尼亚经济体量中至关重要的中小企业可以获得新的商业机会。此外，通过向所有相关方开放公共数据，公共管理部门能够开发新的创新服务，帮助和改善公共管理。[25]为了实现这些目标，斯洛文尼亚计划开发自主使能技术(enabling technologies)[*]、数字基础设施和知识。它还计划通过调整法律框架和发展政策，为发展数据驱动型经济(互通性、数据保护、消费者保护、网络安全、知识产权、监管稳定性和建立消费者对数据技术的信任)建立一个刺激性环境。[26]斯洛文尼亚还将在公共部门和经济领域以平衡的方式鼓励数据驱动的创新、开放标准和个人数据保护。[27]这些措施的重点尤其体现于公共数据(设计开放的学习环境、国家计算机云的发展、为开放研究和公共数据发展数字基础设施)。[28]

该战略的两个目标是提高经济的竞争力并为数字交易创造更好的条 310
件，[29]同时强调数字化的重要性，因为它能够创造新的商业模式、产品和服务。数字化被认为是提升竞争力、实现数字增长和培育创新数字工作的前提条件。因此，该战略同时提出了一些设想(即支持电子服务、移动应用和信息通信技术解决方案的 RDI-项目)。[30]

该战略提供的具体措施指向公共机构，[31]但在私主体层面没有关于更好地获取数字数据的具体措施。

四、法律概念

(一) 概述

在其《打造欧洲数据经济》的报告中，欧盟委员会表示，使用现有

* 译者注：使能技术(enabling technologies)是指一项或一系列的、应用面广、具有多学科特性，为完成任务而实现目标的技术。

的一般合同法和竞争法可能足以获得数字数据。此外，还可以设想涵盖某些部门的自愿或框架协议。然而，当市场参与者之间缺乏平等的谈判能力时，前述法律工具则无法发挥效果，因为它不能确保公平和有利于创新的结果，也不能为新的市场参与者提供便利或避免锁定效应。[32]作为解决这一问题的立法措施之一，欧盟委员会建议引入数据许可的默示合同规则，在各方未就具体要点达成一致时生效。这些措施可以通过扩大《不公平条款指令》[33]的范围，对商业合同中的格式条款进行司法控
311 制来加以补充，将默示合同规则作为特定领域施加控制的基准。[34]

首先，必须强调的是，在引入任何新的立法措施之前，应该确定立法的必要性。欧盟委员会应提供市场失灵的确切类型和市场参与者谈判地位不平衡的具体证据。对机器生成数据市场的过早干预会造成法律上的不确定性并阻碍创新。[35]欧盟委员会进行的调查结果显示，企业通常不会与第三方分享数据。只有 4% 的被调查公司与其他企业进行数据交易。[36]另外，欧盟委员会自己也承认，数据市场只是缓慢地出现和发展，很难评估欧洲的数据共享状况。[37]公司处理数据的问题是缺乏工具和技术来量化其数据的经济价值。[38]因此，如果需要采取任何立法或非立法措施，现在作出决定可能为时过早。此外，大多数欧盟成员国还没有对其国家层面的情况进行彻底分析。[39]这就是为什么更难决定是否有必要在欧盟层面采取任何措施。

其次，如果研究结果表明有必要立法，那么在制定新的法律概念之前，应该在现有的法律概念中寻找解决方案。只有当这种做法不具有现实性时，才可以提出新的概念。

与其他大多数成员国一样，在斯洛文尼亚，关于数据获取问题的理论探讨也处于起步阶段，并且尚未制定关于获取企业持有的机器生成数据问题的政策。

312 **（二）数据类型**

在《打造欧洲数据经济》的报告中，欧盟委员会认为数据流和数据集通常包含个人和非个人数据。因此，任何政策措施都必须考虑到这一

经济现实和关于保护个人数据的法律框架，同时尊重个人的基本权利。[40]就此而言，必须强调的是，由于《通用数据保护条例》[41]对个人数据的定义非常广泛，在许多情况下，很难在个人数据和非个人数据之间划清界限。因此，人们认为欧盟委员会只处理非个人数据的获取问题，而将个人数据问题搁置一旁，特别是考虑到大数据交易制度可能违反《通用数据保护条例》的原则，欧盟委员会应更仔细地研究这两种制度之间的相互作用。[42]

(三) 控制合同条款

该部分试图解决斯洛文尼亚关于商业合同中格式条款司法控制的现状，并研究在欧盟层面将不公平条款的司法控制也扩展到 B2B 交易合同的必要性和可行性，欧盟委员会对此也提出了类似的建议。

由于在消费者合同中，企业一方的议价能力较强，消费者一般既不能影响合同内容，也没有任何选择余地。因此，合同的内容和条件通常由企业提供的格式条款规定。在这种情况下，预先制定的合同条款构成了对经济权力的单方面使用，且没有体现合同的公平性。这也是 313
对消费者合同引入格式条款司法控制的原因之一。[43]相比之下，合同自由仍然是商业(即 B2B 交易)合同中普遍存在的一般原则，但不是绝对原则。[44]

问题是，对弱势方需要特别保护的某些案件和情况的规定，是否也应适用于消费者范围以外的情况或不加任何限制。[45]支持扩大特别保护范围的一个理由是，有利于弱势一方的特别保护性立法已经以这样的方式进行扩展，并发挥了实际效用，以至于它不再是合同自由一般规则的一个例外。保护当事人(消费者作为较弱势一方)原则不仅通过合同法的一般条款(诚信、善意)发挥间接的横向效应，而且基本权利也是在成员国和欧盟层面解释现有合同规则和制定新合同规则的工具。[46]一些学者建议，当事人保护原则(“尊重和公平原则”)应与合同自由原则等同视之。然而，这两个原则之间至少还存在着部分冲突，对冲突关系的澄清被认为是未来欧盟成员国以及欧洲合同法的关键问题。[47]

这就进一步提出了需要保护的“弱势方”涵盖范围的具体问题。保
314 护的范围有多大，才能一方面保证共同市场的正常运作，另一方面塑造社会生活的基本面貌并实现“尊重和公平”？[48]在一般的不公平条款或预先制定的合同条款方面，处分性法律已经发展出间接的强制性效果：当事人的权利差异越大，合同义务可处分模式(“相对适用性强度”)[49]的程度越小。这就是为什么有些人赞成将保护弱势方的强制性条款纳入成员国和欧盟层面的一般合同法之中。[50]

另外，当事人自主权也是欧盟基本权利之一。通过对合同自由的实质性理解(包括需要采取积极行动平衡合同当事人利益)，合同自由原则和对弱者的保护(公平与合作原则)不再被认为是冲突的。公平与合作被看作是合同法的指导原则，而非当事人自主权的例外。由于许多欧盟成员国的司法机构已经承认了合同规范或人权的间接横向影响，根据《欧盟条约》第 6 条和欧洲法院的既定判例，由《欧洲人权公约》和欧盟成员国共同传统所保障的权利属于欧盟的共同基本权利和原则。[51]

早在 1994 年，斯洛文尼亚宪法法院就巧妙地确立了对合同自由的实质性理解，并对合同条款进行实质性审查。基于保护人格权[52]原则和自由经营原则，[53]法院认为，对于明显违反合同法基本原则(如诚信、公
315 平、平等履行和禁止滥用权利)的合同，必须由民事法院审查其有效性，无论其是否可以被定性为高利贷。[54]

从上述案例中可以发现，在对合同条款的不公平性进行裁决时，法院应该平衡合同双方的权益。因此，对商业合同条款的司法控制并非合同自由原则的限制和违反。[55]

除了保护弱势方及不平等的议价能力[56]的论点外，在商业合同中引入司法干预还有其他理由：分配正义、市场失灵的存在、父爱主义。[57]对 B2B 交易合同中的格式条款进行司法干预的目的，不仅是为了保护个别合同当事人，还是为了能够为许多特定类型的企业制定标准化合同，提高市场效率。通过允许对未经谈判的条款进行司法干预，国家促
316 进了大规模交易合同的发展，从而使当事人能够接受未经审视与磋商的

格式条款。[58]

关于商业合同中格式条款的司法控制，各成员国有许多不同做法。[59]

对嵌入商业合同的不公平一般条款和条件，斯洛文尼亚的法律文献目前没有提供任何关于规范与判例的深入分析。大多数关于控制合同条款的法院判决涉及消费者合同。[60]由于前社会主义经济的原因，合同法在斯洛文尼亚仍不发达。特别是理论上作为合同法核心概念的诚信和良好商业惯例概念在法院的判例中没有得到高度发展，这与其他一些欧盟成员国(特别是德国)有所不同。

斯洛文尼亚没有将《不公平条款指令》的范围扩大到商业合同。[61]然而，合同法规定了通过一般条款对 B2B 和 B2C 交易的一般合同条款进行司法审查的制度。根据《斯洛文尼亚义务法典》[62]第 121(1)条的规定，任何违反合同实际目的或良好商业惯例的一般条款和条件[63]都是无效的，良好商业惯例包括商业道德和诚信原则。合同无效的第二种情形针对缔约原因，[64]除了适用于所有合同条款的其他无效理由外，[65]这两项是额外的合同无效理由。[66]法院应通过自己的动议(依职权)处理无效 317
问题，任何利害关系方都可提出无效诉求。[67]

《斯洛文尼亚义务法典》第 121(1)条的目的是为了防止提供条款的一方只享有权利，而面对格式条款的一方则只承担义务。该规则鼓励当事人使用格式条款，以便详细规定合同关系，从而防止日后的合同纠纷。[68]因此，这一论证支持市场效率原理。

一般条款和条件的概念囊括了包含在标准格式合同中的条款和条件。决定性的因素是，这些条款和条件是由缔约一方事先规定的，用于同类法律关系中的若干用途，缔约人要么接受，要么走开(即不可协商)。[69]一般条款和条件不公平性的原因在于它不仅违反了良好商业惯例，还在于某个未经磋商的条款通常由经济上更强大的另一方强加，这表明另一方可能利用这种情况来实现其利益(构成权利滥用)。因此，根据合同法中的公平概念，法院不能仅仅因为合同当事人客观上的不平等地位而使合同无效，还必须考虑到当事人签订合同时的意思表示是否自由。[70]

一般条款和条件是对同一合同中缔约各方之间特别协议的补充，通
318 常具有同等约束力。法律要求以惯常方式公布一般条款和条件，它们只对签订合同时知道或应该知道一般条款与条件的缔约方有约束力。[71]

《斯洛文尼亚义务法典》第121(2)条保护被动接受格式条款的一方，授权法院根据其诉讼请求拒绝适用不公平或过于苛刻的一般条款和条件的规定，例如该条款取消了另一方的反对权或上诉权，或使其失去合同权利或期限利益。[72]

与其他一些成员国的法院不同，[73]斯洛文尼亚法院已经有了控制商业交易中不公平合同条款的法律基础。从国家法的视角考察，我们可以得出一个初步结论，即没有理由不在欧盟层面上引入这样的控制，它可以提供一个更具确定性和可预见性的法律制度(特别是对跨境交易)。[74]

关于商业合同中的不公平条款进行司法控制的范围，有两种可能的测试方法：要么对B2B交易和B2C交易的合同条款采用同一标准的司法控制，要么测试B2B交易的合同条款受到的司法控制是否不如适用于B2C交易的司法控制严格。

拟议的《欧洲共同买卖法》第86条可以作为可能的模式。[75]根据该条款，如果B2B交易合同中的条款构成了非单独协商的条款，并且其性质严重偏离良好的商业行为，违背了诚信和公平的原则，则该条款是不公平的。根据《欧洲共同买卖法》第86(2)条，法院在确定合同条款的不公平性时，必须考虑如下因素：合同标的物的性质、签订合同时的普遍情况、合同所依赖的其他合同的条款。

该条款为B2B交易合同引入了一个更加谨慎的测试方法。它没有
319 使用《不公平条款指令》第3(1)条的措辞(损害消费者利益的重大不平衡标准)，而是采用了2000年《迟延付款指令》[76]中的标准。[77]此外，与B2C交易合同不同的是，《欧洲共同买卖法》的相应条款没有规定透明

度义务，[78]也没有灰色和黑色不公平合同条款的清单。[79]这一解决方案被批评为过于不确定，成为制造成本昂贵纠纷的温床。此外，“严重偏离良好商业惯例”的说法可能会在没有既定商业惯例的情况下抑制创新。[80]一些学者也质疑这种严格的方法对一般情形[81]或中小企业[82]是否适当。B2B 交易合同中的不公平条款控制的理由是保护个别当事人(议价能力不平等/缔结合同时信息不对称)或保护市场公平(对市场失灵的司法纠正以实现公平的合同条款)。因此，对消费者和商业合同中的不公平条款进行司法控制的区分依据不足，因为这些理由在两种情况下都适用。[83]

总的来说，对商业合同引入特殊的不公平测试似乎是一个可取的解决方案。只有在必要和适合保护更高层级的合法(公共)利益的情况下，才可以接受对(商业)合同的司法干预。司法控制中的公平概念能够使当 320
事人的不同利益保持灵活性和更周全的考量。[84]因此，司法控制的一个合适的方法是引入一般条款，并辅以个案审查的标准清单。[85]个案审查的因素包括：当事人的地位和议价能力、合同单独谈判的事实、合同的整体性、[86]行业内特定的商业惯例和做法、[87]合同条款的来源、当事人因谈判和市场营销而产生的合理预期、豁免和惩罚条款。[88]

然而，问题是将公平性控制扩展到 B2B 交易合同是否可行。欧盟委员会旨在进一步协调欧洲合同法的几次尝试都宣告失败。[89]由于扩大商业合同中不公平条款司法控制的问题非常有争议且具有高度政治性色彩，这样的建议能否成功非常值得怀疑。

欧盟委员会还建议将不公平条款控制与数据许可的默示合同规则相结合，从而作为司法控制的基准。[90]默示规则表明立法者知晓什么是符合典型合同方的最佳利益。[91]欧盟委员会对默示规则的具体形式没有给出任何指导。鉴于数据合同中涉及许多不同的当事方，数据类型非常多样化，其使用和性质也各不相同，因此很难将所有情形纳入一个统一的解决方案中。此外，这样的监管方案也会限制合同谈判的灵活性。[92]一
个更好的解决方案是提供由特定行业的利益相关者设计的推荐标准合同 321

条款。欧盟委员会自行列举了一些可能的领域，例如车内数据和智能农业中产生或创造的数据。[93]

五、结　论

一个公认的事实是，数据是数字经济的燃料。因此，企业应该能够接受这种新商品所提供的在市场上取得竞争优势的可能性。数字经济的一个先决条件是，所有行业的公司都能酌情获得能够负担的数据，从而在竞争激烈的市场中开发新的服务产品，这同样会给消费者(包括私人和企业)带来福祉。[94]

笔者认为，在确定应于多大程度上发展规范 B2B 交易场景下的数据获取法律概念之前，应该仔细分析工业环境中数据使用的全部潜力、需求和具体要求，这是探讨后续问题的起点，欧盟委员会应将这个问题列入政治议程。这将有助于在欧盟成员国，特别是那些到现在为止还没有深入处理这个问题的国家在学术和政治层面展开讨论。

在数据经济领域引入监管措施的前提是存在市场失灵，即阻碍数字数据交易和交换的市场障碍。尽管在公开调查中，67% 的受访者认为应
322 该促进和激励更广泛的数据共享，但 53% 的受访者已经从其他企业顺利地获得了数据，当然这种获取局限于同一行业或分包商。[95]此外，大多数受访者反对任何形式的监管干预(建立所有权类型的权利或强制许可义务)。然而，他们赞成不具约束力的指导和分享最佳实践。

这些调查结果表明，反对通过引入新的独占性权利来进行任何一般性的监管干预，应让企业有权决定允许谁以及在满足何种条件下获取其数据。然而，当不同的市场参与者的议价能力不平等时，合同解决方案可以通过将司法控制扩展到商业合同来进行修正，当然前提是要采取更加谨慎的方法，且将这一解决方案限定于特定领域。

注释

1. 关于信息价值的现代理论，可参见 Brynjolfsson/Hitt/Heekyung，‘Strength in Numbers：How Does Data-Driven Decisionmaking Affect Firm Performance?’ (April 2011) 5—6 available online under：〈dx.doi.org/10.2139/ssrn.1819486〉 accessed 22 July 2017。

2. 大数据一词指的是数据集的大小超出了典型的数据库软件工具捕捉、存储、管理和分析的能力，大数据也可以因场景而异。有关大数据更全面的介绍，可参见 Manyika et al. ‘Big Data：The next frontier for innovation, competition and productivity’ McKinsey Global Institute(May 2011) available online under www.mckinsey.com/business-fun ctions/digital-mckinsey/our-insights/big-data-the-next-frontier-for-innovation accessed 24 July 2017。

3. 更具体的讨论参见 Everelles/Fukava/Swayne，‘Big Data Consumer analytics and the transformation of marketing’ (2016) 2 Journal of Business Research 897—904。

4. 参见 Waller/Fawcett，‘Data Science，Predictive Analytics，and Big Data：A Revolution that Will Transform Supply Chain Design and Management，’ (2013) Journal of Business Logistics，2。另见前注 2，Manyika et al.，第 9 页，第 100—101 页。

5. 前注 2，Manyika 文。

6. Davenport/Dyche，‘Big Data in Big Companies’，International Institute for Analytics(May 2013) 6 available online under：〈docs.media.bitpipe.com/io_10x/io_102267/item_725049/Big-Data-in-Big-Companies.pdf〉 accessed 10 July 2017.

7. Kopanakis/Vassakis/Mastorakis，‘Big data in Data driven Innovation：The Impact in Enterprises’ Performance’ (11th MIBES Conference-Heraklion，Crete，Greece June 2016) 257—258 available online under：〈mibes.teilar.gr/proceed ings/2016/Kopanakis-Vassakis-Mastorakis.pdf〉 accessed 30 April 2017.

8. 例如：来自移动电话的位置数据有助于确定在某个时间有多少人在同一购物中心。参见 McAfee/Brynjolfsson，‘Big Data：The Management Revolution’ (2012) Harvard Business Review available online under：〈hbr.org/2012/10/big-data-themanagement-revolution〉 accessed 22 July 2017。

9. 同上注，另见前注 6，Davenport/Dyche 文，第 2 页。

10. Samuels，‘Data is worth its weight in gold for marketers’ (October 2016) available online under：〈www.raconteur.net/technology/data-is-worth-its-weight-ingold-for-marketers〉 accessed 1 May 2017.

11. 见前注 8 McAfee/Brynjolfsson 文所引事例，另见前注 1，Brynjolfsson/Hitt/Heekyung 文，第 5 页。

12. 见前注 2，Manyika 文，第 108 页。

13. 同上注，第 118 页。

14. COM(2014) 442 final.

15. 同上注，第 5 页。

16. 同上注，第 12 页。

17. European Commission，‘A Digital Single Market Strategy for Europe’ COM (2015) 192 final.

18. 同上注，第 14 页。

19. European Commission，‘Building a European Data Economy’ COM(2017) 9 final.

20. 同上注，第 10 页。

21. 前注 19，第 11 页。

22. 前注 19，第 11—13 页。

23. Republic of Slovenia，‘Digital Slovenia 2020-Development Strategy for the Information Society until 2020，Digitisation of Slovenia by intense and innovative use of ICT and internet in all segments of society’ available online under：www.mju.gov.si/fileadmin/mju.gov.si/pageuploads/DID/informacijska_druzba/pdf/DSI_2020_3-2016_pic1.pdf accessed 24 July 2017.

24. 同上注，第 24 页。

25. 前注 23，第 28 页。

26. 前注 23，第 9 页。

27. 前注 23，第 30 页。

28. 前注 23，第 29 页。

29. 前注 23，第 30 页。

30. 前注 23，第 33 页。

31. 前注 23，第 31 页。

32. 前注 19，第 10 页。

33. Council Directive 93/13/EEC of 5 April 1993 on unfair terms in consumer contracts[1993] OJ L95/29(Unfair Terms Directive).

34. European Commission，‘Staff working document on the free flow of data in emerging issues of the European Data Economy’ SWD(2017) 2 final.

35. Digital Europe's Initial View on Building the European Data Economy Communication(February 2017) available online under：〈www.digitaleurope.org/Press-Room/Policy-Information〉 accessed 28 April 2017.

36. 前注 34，第 16 页。

37. 同上注，第 14 页。

38. 前注 19，第 10 页。

39. 前注 34，第 22 页。

40. 前注 19，第 9 页。

41. European Parliament and Council Regulation(EU) 2016/679 of 27 April 2016 on the protection of natural persons with regard to the processing of personal data and on the free movement of such data, and repealing Directive 95/46/EC (General Data Protection Regulation)[2016] OJ L119/1.

42. 另见 Expert Opinion of the German Association for the Protection of Intellectual Property (GRUR) on the Communication 'Building a European Data Economy' (April 2017), available online under：www.grur.org/uploads/tx_gstatement/2017-04-03-GRUR-Expert-Opinion_Building_a_European_Data_Economy.pdf accessed 28 April 2017。

43. Micklitz, 'Unfair terms in consumer contracts' in Reich et al. European Consumer Law (2nd edn, Intersentia 2014), 128；Schwenzer/Whitebread, 'International B2B contracts-Freedom Unchained?' (2015) Penn St. J.L. & INT'L AFF 33, 43 available online under：〈elibarary. law. psu. edu/jlia/vol4/iss1/4〉 accessed 27 April 2017.

44. 前注 43, Schwenzer/Whitebread 文。另见 Weingerl, 'The Influence of Fundamental Rights in Slovene Private Law' in Trstenjak/Weingerl (eds), The Influence of Human Rights and Basic Rights in Private Law(Springer 2016) 544—545。

45. Lurger/Augenhofer, Osterreichisches und Europaisches Konsumentenschutzrecht (Springer 2008) 22.

46. Lurger, 'The Future European Contract Law between Freedom of Contract, Social Justice, and Market Rationality' (2005) ERCL 442, 448.

47. 同上注，第 452—453 页。

48. 前注 46，第 449 页。

49. 前注 46，第 451 页。

50. 前注 46，第 455 页。

51. Colombi Ciacchi, 'Party Autonomy as a fundamental right in the European Union' (2010) ERCL 303, 318.

52. 《斯洛文尼亚共和国宪法》第 35 条。Official Journal, nr. 33/91—1, 42/97—UZS6&66/00—UZ80, 24/03—UZ3a, 47, 6&69/04—UZ14, 69/04—UZ43, 69/04—UZ50, 68/06—UZ121, 140, 143, 47/13—UZ148, 47/13—UZ90, 97, 99 in 75/16—UZ70a.

53. 《斯洛文尼亚共和国宪法》第 74 条。

54. Decision of the Constitutional Court, No. U-I-202/93-17 of 6 October 1994 available online under：〈odlocitve.us-rs.si/documents/a9/f2/u-i-202-932.pdf〉 accessed 25 July 2017. See also the decision of the Slovenian Supreme CourtNr. II 409/2004 of 7 April 2005 according to which a gross violation of the principle of equal performance could also be sanctioned by Article 86 of the Code of obligations (null and void

contracts) independently of the usury in the contract. 另见前注 51，Colombi Ciacchi 文，第 310 页；前注 44，Weingerl 文，第 544—545 页。

55. Schulte-Nolke，'No Market for "Lemons"：On the Reasons for a Judicial Unfairness Test for B2B Contracts'(2015) ERPL 195，203；前注 44，Weingerl 文，第 544—545 页。

56. 根据洛斯(Loos)的观点，对不平等议价能力的一般假设不能成为商业合同中不公平测试的论据。决定性的因素应是使用由一方事先起草的条款，这使得该方能够通过这些条款限制另一方的合同自由。Loos，'Standard Contract Terms Regulation in the Proposal for a Common European Sales Law-Comment to Nils Jansen'(2012) ZEuP 776，788. 另见 von Bar/Clive/Schulte-Nolke(eds)，Principles，Definitions and Model Rules of European Private Law，Draft Common Frame of Reference(DCFR Outline Edition)(Sellier 2009) Comment A to Art. II.-9：405 DCFR at 641。

57. See Hesselink，'Unfair Contract Terms between businesses'(2011) Amsterdam Law School Legal Studies Research Paper No.2011-11，Centre for the Study of European Contract Law Working Paper No.2011-7，4，available online under：〈ssrn.com./abstract=1871130〉accessed 24 July 2017.

58. 前注 55，Schulte-Nölke 文，第 209—210 页。

59. 前注 56，von Bar/Clive/Schulte-Nölke 文，第 645 页。

60. 例如斯洛文尼亚高级法院的判决 Nr. II Ips 324/2013 of27 August 2015。

61. 《不公平条款指令》已被纳入《消费者保护法》(Zakon o varstvu potrošnikov)，Official Journal No.98/04，114/06—ZUE，126/07，86/09，78/11，38/14 in 19/15。

62. Official Journal of the Republic of Slovenia，No.83/2001 and 32/2004.

63. Kranjc，in Plavšak/Juhart(eds)，Code on Obligations Commentary，general part，1. book，(Obligacijski zakonik s komentarjem，splošni del)(GV zalozba 2003) 632.

64. 同上注，第 639 页。

65. 《斯洛文尼亚义务法典》第 86 条规定，如果被违反的规则的目的没有指定任何其他制裁措施，或者如果法律没有对有关情况作出其他规定，那么违反宪法、强制性法规或道德原则的合同应是无效的。合同本身不因任何合同条款的无效而无效，其前提是如果没有该无效条款也能成立，并且该条款不是合同的条件或缔结合同的决定性动机。

66. 前注 63，Kranjc 文，第 639 页。

67. 《斯洛文尼亚义务法典》第 93 条。

68. 前注 63，Kranjc 文，第 639 页。

69. 《斯洛文尼亚义务法典》第 120(1)—120(3)条。

70. Možina, ‘Meje pogodbene svobodepri dogovorih o plačilnih rokih in posledicah plačilne zamude’(2011) Podjetje in delo 6—7, 4—5.

71. 《斯洛文尼亚义务法典》第 120(1)—120(3)条。

72. 《斯洛文尼亚义务法典》第 121(2)条；前注 63，Kranjc 文，第 640 页。

73. 关于哪些成员国没有关于商业合同的司法审查制度，可参见前注 56，von Bar/Clive/Schulte-Nölke 文，第 645 页。

74. 前注 43，Schwenzer/Whitebread 文，第 43 页。

75. European Commission，‘Proposal for a Regulation of the European Parliament and of the Council on a Common European Sales Law’ COM(2011) 635 final.

76. European Parliament and Council Directive 2011//EU of 16 February 2011 on combating late payment in commercial transactions (recast) [2011] OJ L 48/1 (Late Payments Directive).

77. Loos/Samoy，‘The position of small and medium-sized enterprises in European contract law：An Introduction’ in Loos/Samoy (eds)，The Position of Small and Medium-Sized enterprises in European Contract law(Intersentia 2013) 7.

78. Klijnsma，‘Contract law as fairness：a Rawlsian Perspective on the Position of SMESs in European Contract Law’ 129，134—136 available online under：〈pure.uva.nl/ws/files/2071567/142296_08.pdf〉 accessed 24 July 2017.

79. 同上注，第 134—136 页。

80. McMeel，‘Unfair Contract Terms Provisions in CESL’，Study for the European Parliament’s Committee on Legal Affairs (May 2012)，13 available online under：www.europarl.europa.eu/study accessed 25 July 2017.

81. 前注 57，Hesselink 文，第 7 页。另见前注 57，Loss 文，第 789 页。

82. 前注 78，Klijnsma 文，第 138 页。关于这种方法的问题以及在小公司和大公司之间划清界限的困难，可参见 Hondius，‘The notion of consumer：European Union versus Member States’(2006) Sydney Law Review 89，96。

83. 前注 57，Hesselink 文，第 7 页。

84. 前注 70，Možina 文，第 4 页。

85. 前注 43，Schwenzer/Whitebread 文，第 44—45 页。

86. 同上注。

87. 前注 56，Schulte-Nölke 文，第 214 页；前注 80，McMeel 文，第 14 页。

88. 前注 80，McMeel 文，第 14 页。

89. 《欧洲共同买卖法》(CESL)提案，以及新近的关于欧盟在线销售指令的提案[COM(2015)635 final]，由于成员国在欧盟理事会中对该提案的范围普遍持反对意见而被搁置。

90. 前注 56，Schulte-Nölke 文，第 214 页。

91. 前注 57，Hesselink 文，第 10 页。

92. 参见 CECED 在欧盟委员会公共咨询中的立场文件，它代表了欧洲的家用电器行业(直接成员也是斯洛文尼亚的 Gorenje 公司)。available online under：www. ceced. eu/site-ceced/media-resources/Position-Papers/Archive/2017/Buildingthe-European-Data-Economy—CECED-Views-on-the-European-Commissions-Public-Consultation. html accessed 27 July 2017.

93. The Summary report of the public consultation on Building a European Data Economy，4，accessible online under：〈ec. europa. eu/digital-single-market/en/news/summary-report-public-consultation-building-european-data-economy〉accessed 24 July 2017.

94. See also the Position Paper of Orgalime on the Communication ‘Towards a Thriving Data-Driven Economy’，27. 2. 2015，4，available online under：〈www. orgalime. org/sites/default/files/position-papers/Orgalime position paper-European engineering the beating heart of a data-driven economy 2027-03-2015.pdf〉accessed 28 Apri.

95. 同上注，参见《打造欧洲数据经济公众咨询总结报告》中的初步结果。

第十五章　数据交易：一个产业的视角 323

海科·维瑟姆*

一、引　言

本文重点探讨数据的所有权和获取权问题，更确切地说，是从制造商的角度出发对机器生成数据的相关问题进行研究。就汽车或其他消费品而言，虽然在工厂中产生了很多机器数据，但(非个人的)机器数据依然是一个理论性很强的概念。在工厂环境中，描绘来自泵、阀门等的机器数据比较容易，不需要将其与自然人联系起来，这些机器数据自然也属于非个人数据。相比之下，汽车当然是机器，但由于车主或驾驶人的介入，数据中总是带有个人因素。这使机器数据与个人数据难以分离，因此在使用汽车作为例子时必须相当谨慎。

---

* 作者系德国工业联合会法律、竞争和消费者政策部负责人。

二、数据所有权的非必要性

业界普遍认为，没有必要为数据的所有权制定法律规则。首先，不存在事实上的不确定性，因为存在事实上的所有权：数据不是自由流动的，而是实际存储于某处。对这些数据的非法获取通常都被禁止——在德国甚至受到刑法的规制。其次，法律上的数据“所有权”在实践中由合同确定。因此，不存在法律上的不确定性，从产业的角度来看，没有必要在法律上定义数据的“所有者”或“生产者”。就合同规制数据所有的情况而言，由于供应链上存在各种数据生产者，情况实际上要复杂得多。因此，从财产权的角度来处理数据的法教义学问题非常复杂。

三、通过合同获取数据

较之于数据的所有权，对数据的获取截然不同且更为复杂，由于可以向不同的主体赋予数据获取权，因此其并不具有独占性。在工业领域，对工厂数据的获取通常仅限于那些参与数据生成的主体，如机器部件的供应商、机器的制造商、机器所在工厂的所有者，以及基于维护目的需要获取机器的一两家公司。当然，这是一个简单的例子，仅涉及四五个不同主体且不涉及个人数据。对机器数据有兴趣的各方可以通过合同获取数据，该合同授予获取数据的权利，并概括了数据可能被使用的
324 目的。这种方法很灵活，因为它可以根据特定的数据和各方的需求进行调整。同样，这是一种通常在实践中有效的方法，能够形成公平的解决方案。

四、 未出现有关数据获取的市场失灵

产业界对刺激数据交易、促进经济发展，以及通过允许获取数据或创造新的商业模式的政治利益持怀疑态度，因为目前并未出现市场失灵的情形。此外，当外部主体没有参与数据生成时，是否应该由立法者来确定其对数据享有合法的利益？ 从商业秘密的角度来看，应该由那些参与数据生成的人决定谁可以接触到数据。此外，没有任何规则禁止第三方对数据的简单询问。这个问题可以用一个非数字世界的例子来说明：如果我有一个新型蛋糕的配方，想形成商业规模，那就必须去面包店获得使用他们的设备许可。我不会简单地去找一家面包店，说我有一个想法，他们必须让我使用他们的机器。因此，为什么一方应该获得它对之没有任何贡献的数据？ 此外，如果有某种形式的“强制获取”权利，谁还会投资生成、收集和处理这些数据？ 即使这种权利并非免费，而是需要支付许可费。

目前，我们认为既不存在市场失灵，也没有必要进行立法干预。尽管如此，我们仍在关注事态的发展，因为产业的联系越来越紧密，数据越来越多，新的商业模式也可能出现。然而，对于工业部门的技术数据来说，立法介入新商业模式的必要性仍然有限，它只会影响少数公司或服务提供商。消费者数据当然是一个不同的问题，因为当人们了解了某一特定设备、机器、运输工具等的使用情况后，总能想到新的方法和事物来向消费者出售和推销。鉴此，当然有许多新的理念和新的市场参与者可能对数据感兴趣，但我们发现自己处于有关个人数据的法律制度和适用《通用数据保护条例》的背景之下。在这种情况下，从法律的角度来看，让新的市场主体获取个人数据非常困难，因为授予第三方数据获取权会有风险。例如，消费者撤回同意的权利并不能为此类数据的交易提供稳定基础。这可能有些令人沮丧，因为从商业角度来看，新的市场

和新的想法是有趣的，但从法律角度来看却不无疑问。

五、结　论

325 最后，对于示范合同的问题也有必要予以回应。如前所述，各方之间的合同被用来配置数据获取权。这些合同在实践中是有效的。因此，我们讨论了示范合同或示范条款、最佳实践的发展演进问题。然而，目前的情形过于多样化以至于无法形成确定模式。此外还有不少有趣的变化，例如在“工业数据空间”中，参与生成数据的市场主体使用一个受保护的平台向其他市场主体提供数据。这种平台并不对所有市场主体开放，而是设定了特定的条款和条件，但它们允许在参与数据生成的公司之外分享相关信息，这种方法在未来值得进一步关注。虽然它是一个新的方法且其发展趋势有待观察，但它可能是解决产业中机器数据问题的一个方向。

第十六章　房间里的“大象”和“纸老虎”：如何调和数据保护和数据经济 327

克里斯蒂亚娜·温德霍斯特*

一、引　言

2017年1月10日，欧盟委员会发布了一揽子有关数字单一市场战略的文件，其中包括《打造欧洲数据经济》的报告[1]、《职员工作报告》[2]和公众咨询意见。一些新兴物联网和自动系统引发的责任问题似乎以某种相当奇怪的逻辑被纳入该体系，[3]除此以外，这些文件有两个侧重点：第一，设法解决数据本地化需求等障碍对欧盟数据自由流通产生的限制；第二，以暗示或明示方式假设欧盟数据经济的发展在某种程度上相对落后，不得不追赶其他大国以使欧盟有能力应对21世纪全球经济的挑战，并探讨多种促进欧洲数据经济发展的可能路径。[4]正是本着这种精神，欧盟委员会发布的文件提出了一系列措施。除了激励企业共享数据，促进开发有关可靠识别和数据交换的技术解决方案(如APIs)等非

* 作者系维也纳大学私法教授，欧洲法律研究中心主任。

328 立法措施外，正在考虑的方案还包括引进新的财产权(数据生产者权)、其他类似于商业秘密保护法的投资保护方案、付费的数据强制获取(如FRAND 许可)和出于公共利益或科研目的的数据获取权，以及合同法上的解决方案(包括数据合同的违约责任规则和对 B2B 交易中不公平合同条款的控制)。[5]

数年来，因为个人数据保护一直是欧盟和成员国立法工作的重点，对“数据”的解读众说纷纭。直到 2016 年，欧盟《通用数据保护条例》[6]才最终通过。它于 2018 年 5 月 25 日开始实施，并创设了一些影响深远的新规则，需要全球企业和其他参与者的遵守和执行。由于可能对违反《通用数据保护条例》的行为施以严厉惩罚(高达 2 000 万欧元或全球年营业额 4% 的罚款)以及对物质和非物质损失的损害赔偿，它备受瞩目并且对任何涉及处理个人数据的经济活动提出了更高的注意义务。有鉴于此，刚刚将《通用数据保护条例》确立为欧盟基础权利保护里程碑的欧盟委员会又发起了新的数据经济倡议难免有些吊诡，这两种保护方式要如何结合在一起？

二、 房间里的“大象”

(一) 文字游戏

浏览欧盟委员会发布的上述文件，令人难以置信的是数据保护和数据经济间明显的紧张关系通过逃避问题的方式被解决。为做到这一点，必须反复重申任何形式的数据经济倡议都应当针对非个人数据或匿名数
329 据，亦即它们不在《通用数据保护条例》和数据保护法的射程之内。[7]
作为本书的基础，2017 年明斯特研讨会并没有特别关注“数据保护”问题，因此其贡献主要是将大众注意力引导至他处。由于一直使用“非个人”数据几乎没有吸引力，也不会引起太多关注，所以有一系列描述数据的不同术语，这些术语将成为欧洲数据经济的基础，例如：“机器数

据”“机器生成数据”“工业数据”“计算机处理过程中产生的数据”，或者更令人疑惑的“物联网数据”及“传感器收集的数据”。仅在极少数情况下，机器数据能够在本质上区分为非个人属性还是个人属性，而且在数据经济中，两种类型的数据往往混合存在。[8]对此，人们会产生房间里有一头大象的感觉。*

(二) 为什么数据经济必须依赖个人数据

1.《通用数据保护条例》中对“个人数据”的宽泛界定

毋庸讳言，诸如“传感器收集的数据”等术语总是或者至少通常是非个人数据，并不在《通用数据保护条例》的保护范围之内，无实际探讨价值。原因在于《通用数据保护条例》第4(1)条对“个人数据”的定义极为宽泛：它包括任何已识别或可识别的自然人相关的信息；一个可识别的自然人是一个能够被直接或间接识别的个体，特别是通过诸如姓名、身份号码、地址数据、网上标识或者自然人所特有的一项或多项的身体、生理、遗传、精神、经济、文化或社会身份来识别个人。[9]可以肯定的是，经过匿名化处理的数据，如果结合其他信息仍可识别相应自然 330
人，则依然属于个人数据。要排除在《通用数据保护条例》的保护范围之外，数据必须实现完全的匿名化。[10]正如《通用数据保护条例》鉴于条款第26条所述，判断某自然人是否仍可被识别，或数据是否已匿名，应考虑到所有可能合理使用的手段(例如由控制者或其他自然人直接或间接识别该自然人)。

从该定义不难看出，实际上可能有助于数据经济发展的数据绝大部分都是个人数据。[11]对于大量被引用的汽车数据(即智能汽车收集的数据)而言，这无疑是正确的，但有极少部分数据例外，如仅仅为了计算交通密度、警示潜在交通拥堵而处理的完全匿名的地理位置数据。[12]

---

* 译者注：房间里的大象(elephant in the room)是一个英文短语，常被用于形容一些非常显而易见的，可是却一直被忽视的问题。作者在此处使用这种隐喻，意在讽刺欧盟委员会刻意忽视个人数据与非个人数据难以区分的现实。

2. 匿名化 vs.分析价值

之所以说自然人使用的机器或设备所收集的大量数据实际上是个人数据，是因为如果完全将这些数据匿名化，它们潜在的分析价值将大为贬损甚至全部丧失。为了具有分析价值，必须允许数据被重新排列组合，并且即使在全新的背景下依然能够保留它们所携带的信息。重新考
331 察汽车数据的例子，在某种程度上，了解特定时间点有多少人以何种速度在布鲁塞尔的道路上行驶会很有趣。但可能下一个需要借助数据解决的问题则完全不同：也许你想知道何人在听哪个广播节目，以及一些令人震惊的消息(如 2016 年布鲁塞尔恐怖袭击)对驾驶行为的影响。根据定义，如果对地理位置和行驶速度数据进行了匿名化处理，那么就再也无法将其与无线电数据或与驾驶员的制动习惯有关的数据重新组合，因为如果该行为仍然可能实施，例如借助可信第三方持有的密钥，则该数据并未被匿名化，而仅处于一种假名化(pseudonymized)状态，在本质上仍属个人数据。

3. 个人数据与非个人数据的界限：动态目标

假设仍然有相当多的数据是非个人属性的(因为此时此刻几乎不可能追溯到特定自然人)，这种情况可能很快就会改变：计算能力等科技发展非常迅速，在特定时间点我们认为完全匿名化的数据可能很快会成为个人数据，因为已有技术能够以可负担的成本公开数据主体的身份并重新组合数据。[13]有时甚至不需要新技术，仅由于可用数据的数量之大、种类之多，就会通过偶然的数据重组行为实现对数据主体身份的识别。根据《通用数据保护条例》鉴于条款第 26 条的规定，为确定是否存在可能用于识别特定自然人的合理手段，应当考虑到所有客观因素，如识别所需的成本与时间和数据处理时的现有技术及科技发展态势。综
332 上，个人数据和非个人数据间没有固定的界限，该界限是动态发展的，某些数据今天被认为是非个人数据，明天也许就是个人数据。

4. 在商业或工业背景下收集的数据

因为数据收集于 B2B 交易和独占性使用的工业机器，数据控制者

甚至也不能“安枕无忧”。尽管《通用数据保护条例》的宗旨是保护欧洲公民的私人生活，而且“隐私”的概念似乎已经与“私人的”有所关联，但该法律并未对保护范围做出明确限制。[14]例如，卡车数据揭露了特定卡车司机驾驶行为的细节，即使该卡车归司机的雇佣者(个人或企业)所有，将这些数据视为个人数据似乎也并无不当。[15]更重要的是，与作为自然人的商人有关的数据必须视为个人数据。[16]例如，某医生在当地做手术，任何传感器收集到的、展示医生专业表现的数据均是个人数据，此外，就医的病人无论如何都是以私人身份行事，因此与他们相关的任何数据显然都具有个人属性。

最后，一些欧盟成员国(如奥地利、意大利和卢森堡)，已经将数据保护扩大到法人实体。[17]尽管这种情况在《通用数据保护条例》实施后可能 333
会有所改变，[18]但成员国理应享有维持或创设对法人实体的数据进行保护的自由(尽管这超出了《通用数据保护条例》指称的个人数据范围)。[19]

(三) 围绕“大象”说话

总之，仅在非个人数据的基础上“打造欧洲数据经济”是不可能完成的任务。这种尝试无异于承认没有欧洲数据经济。对数据经济有益的大量数据要么明显是个人数据，要么现在被认为是匿名的，以后可能转化为个人数据的，或者至少处在中间地带(即其中可能包含一些个人数据)。因此，如果我们认真对待数据保护和数据经济问题，首先要做的是研究二者之间的关系，并找出协调的方法。

三、《通用数据保护条例》中数据控制者之间的交易

根据《通用数据保护条例》第1条的规定，该法具有保护自然人基本权利和自由以及促进个人数据在联盟内自由流动的双重目标。前一目标可能与构建充满活力的欧洲数据经济相冲突，但后一目标似乎非常契合数据经济利益。然而，除了鉴于条款第26条等条文规定的数据控制 334

者与处理者之间、共同控制者之间的特殊关系外，数据经济中不同企业之间的数据交易并不由《通用数据保护条例》直接规范。相反，数据控制者之间的交易仅在各种不同的规定中间接提及。这种情形同样适用于《数据保护指令》，但在欧盟或欧洲经济区[20]之外的数据传输示范合同和《隐私盾协议》[21]中有所暗示，这些暗示在很大程度上对《通用数据保护条例》规定的情形也有效。

（一）正当性分离原则

《通用数据保护条例》的基本原则之一与数据控制者之间的交易有关，即正当性分离原则。这意味着任何数据交易都需要满足两个层面的法律基础：数据提供者和意图处理数据的数据接收者。

1. 数据提供者的正当依据

根据《通用数据保护条例》第4(2)条的规定，“处理”是指任何针对个人数据进行的操作，包括通过传输而公开、散布或其他公开个人数据
335 的方式。因此，在数据经济中，任何供应者向接收者公开数据的行为都是单独的处理步骤，均需要法律依据。

《通用数据保护条例》第6条对数据处理进行了规定，特别敏感的数据还需适用该法第9条中更严格的规定。与数据经济有关的法律依据主要有以下几项：(1)数据主体已经同意基于一项或多项包括数据经济目的在内的特定目的，对其个人数据进行处理；(2)处理对履行数据主体缔结的合同是必要的，且该处理同时满足单独的数据经济利益；[22]……(6)在数据经济目的被视为“合法目的”[23]的前提下，处理对控制者或者第三方所追求的合法利益是必要的。

过去，“合法利益”被广泛用于证明数据经济活动的合理性。第29条工作组推荐了一种实用方法，即允许主要基于一个理性人在某种情况下可以接受的情形(“合理期待”)进行实际假设(“经验法则”)，并基于数据处理活动对数据主体产生的结果(“影响”)，考虑任何适当的加强保护的措施(“谨慎和注意义务”)。[24]这显然有可能破坏与同意和合同相关的更具体的规则。

但是，当数据控制者意图将数据用于收集个人数据之外的其他用途，而该目的仍与第6(4)条规定的初始目的“相容”时，是否需要单独的法律依据存在争议：《通用数据保护条例》鉴于条款第50条清晰地 336
指出不需要任何法律依据，但曾参与谈判的作者记录了不同的结论，并认为鉴于条款第50条未能反映最终作出的决定。[25]该问题的答案与数据经济有极大关联，如果不需要单独的法律依据，而只需要进行相容性测试，即使数据控制者在交易中向接收者传输数据的过程未获得同意，对合同履行不必要，甚至没有“合法利益”或其他任何法律依据，仍可能被认为符合最初目的。

2. 数据接收者的正当依据

无论以何种形式处理数据，数据接收者均需有独立的正当理由。接收者层面的法律依据无需与提供者一致。理论上讲，数据提供者对数据的公开可以被证明是合理的，如基于合同约定公开数据，然后再由接收者基于合法利益对数据做进一步处理。但最常见的是，接收者的数据公开行为和处理行为均因得到数据主体的全面同意而具有正当性。[26]

依据《通用数据保护条例》，每个数据控制者均应确保对个人数据的处理行为具备有效的法律依据，因此，数据接收者有明确已获得数据主体对其可能设想的任何处理行为的同意等义务。这不影响数据提供者根据其与接收者之间的合同约定，需保证至少在数据传输时接收者被允 337
许以特定方式处理数据，否则提供者可能会承担违约责任。[27]

数据接收者等数据控制者在交易中，有义务定期检查对方是否有处理其控制的数据的合法依据，并且在发现其不再享有合法处理权限，必须对数据进行匿名化或删除时，无延误地采取行动。当数据接收者基于同意处理数据，而收到数据主体撤回同意的通知(《通用数据保护条例》第7(3)条)，或数据接收者处理行为合乎法律利益，而数据主体反对进一步处理(《通用数据保护条例》第21条)时，这一点尤为重要。

3. 替代性机制：目的限制、通知和选择原则

上述分析似乎符合《通用数据保护条例》的明确规定，即数据提供

者往往需要在传输数据时具备正当性，数据接收者则需具有合法的处理依据，但有关欧盟或欧洲经济区之外数据传输的欧盟委员会决议对此提出了异议。这些决议是在《数据库指令》的基础上起草的，该指令与《通用数据保护条例》的相关条文基本一致。用于数据控制者间交易的标准合同条款似乎允许数据进口者(如一家美国数据公司)在无单独法律依据的情况下，向其他第三方控制者(如其他的美国数据公司)传输数据，[28]同时已代替《安全港协议》的《隐私盾协议》仅要求，对于任何
338 后续数据传输，各组织必须遵守通知和选择原则。通知原则暗含的信息提供义务与《通用数据保护条例》第 14 条大致相同；选择原则是指数据主体必须有机会选择(决定退出)其个人信息是否对第三方公开，或用于与初始收集目的或后经个人授权的目的有重大不同的用途。[29]在直接销售的背景下，后期也存在一种特殊的反对权。[30]最后，包括兼容性测试在内的目的限制原则和反对权或多或少代替了正当性分离原则。[31]

无论是《隐私盾协议》，还是通过各项欧盟委员会决议引入的标准合同条款都不能减损《通用数据保护条例》对欧盟内部数据传输行为的效力，而《隐私盾协议》可能再一次被认为与欧盟基本法矛盾(如同《安全港协议》的命运一样)。[32]但令人不安的是，数据经济中，就控制者间交易而言，似乎存在着类似并行的“数据保护灯”机制，或者更有甚者，与欧盟内部的控制者间交易相比，美国内部基于欧洲个人数据的控制者间交易享有特权。

(二) 均等直接效应原则

1. 数据控制者的平等地位

《通用数据保护条例》依赖于所谓的“均等直接效应原则”。这意味着，至少数据主体的大多数权利都针对已识别或可识别数据主体的数据的任何控制者，而不论该控制者是数据初始收集者，还是从收集数据的控制者处或其他任何人处获得数据，只要他是数据交易链中的一环即
339 可。无论是通过处理使数据的价值显著增加，还是重组数据或将之置于新的背景下，只要这些操作没有导致数据的匿名化，《通用数据保护条

例》规定的权利就不会消失。所以理论上说，数据主体甚至可以在数据被收集的许多年后，根据《通用数据保护条例》向控制者行使其权利，而该控制者可能仅是关于这些数据的交易链中的第 99 个环节，并已在收购中投资了数百万美元，进一步处理了相关数据集合。这与数据的性质以及是否存在任何合理的风险无关，因此数据的公开可能损害数据主体的利益。

部分权利仅针对交易链中的“初始”控制者。特别是《通用数据保护条例》第 20 条规定的“数据可携带权”，仅针对数据主体向其提供数据的控制者。[33]此外，交易链中从数据主体处收集个人数据的“初始”数据控制者的信息义务不同于以其他方式获得数据控制权的控制者——前者遵循第 13 条或第 14 条的规定，但通常适用第 13 条，而后者往往遵循第 14 条的规定。

但是，即使是处于交易链第 99 个环节的控制者，仍可能有义务向数据主体提供信息，另外，在理论上数据主体有权从每一个交易链环节的控制者处共获得 99 次第 14 条规定的信息。[34]在一定程度上，参与数据传输的控制者能够决定信息是由接收者还是由提供者提供。原则上，接收者必须主动提供信息，即不仅在被数据主体要求时，还必须在获取 340
数据后不超过一个月的合理时间内，或者首次将其用于与数据主体通信或向其他接收者公开时向数据主体提供信息，[35]但是信息义务并不适用于第 14(5)(a)条规定的数据主体已经获知信息的情形，例如该信息已由供应者提供。

2. 数据主体是否知晓接收者的身份？

《通用数据保护条例》第 14 条规定的信息提供义务是实现均等直接效应原则的关键，数据主体应当知晓接收者的身份和详细联系方式，以便对其主张权利。但是，信息提供义务并不适用于第 14(5)(b)条规定的情形，即当此类信息的提供不具有现实性，或需要付出某种不成比例的代价时。[36]在此背景下，数据提供者或接收者是否有义务确保供应者已向接收者告知数据主体的联系方式存在疑问。对此问题，尽管有观点持

肯定态度，[37]但告知联系方式的义务与数据最小化原则和《通用数据保
341 护条例》第 11 条的潜在内涵相冲突，因为这意味着需传递的数据主体的个人数据将远多于处理数据所必需的个人数据。在不告知联系方式的情况下，[38]信息是否根本无需提供或交易双方是否必须找到一种提供者代表接收者提供信息的解决方案，在本质上并不明晰。

当然，依据《通用数据保护条例》第 13(1)(e)条、第 14(1)(e)条以及第 15(1)(c)条的规定，数据提供者有义务基于数据获取请求向数据主体提供关于数据的接收者或接收者类型的信息。依据第 15(1)(g)条的规定，数据接收者有根据数据主体的请求，识别其接收数据来源的相应义务。[39]

但是，“或类型”的表述是否意味着供应者能够自行决定公开接收者的身份或仅以一般方式描述接收者；他们是否必须公开身份，而仅在提供信息时身份尚不明确或接收者是身份不确定的一大批人的情形下(例如社交网络中公开数据的场景)，可将义务限缩为描述类型，这些问题仍未明晰。[40]一方面，仅关于接收者“类型”的信息，例如“其他旅游服务提供商”或“与我们有合同关系的企业”，对数据主体几乎是无用的。另一方面，第 13(1)(d)条对数据控制者相关记录义务的规定仅提及“接收者的类型”，因此，即使在接收者的身份易被记录的情形下，供应者仍无义务记录接收者的具体身份，则控制者可以自主决定是公
342 开接收者的确切身份，还是仅描述接收者的类型。鉴于《通用数据保护条例》第 19 条第 2 句[41]的明显意图是使数据主体能够直接对数据接收者主张权利，可针对该内容作出不同的分析，但这同样并不清晰。

3. 欧美《隐私盾协议》下的解决方案

欧美《隐私盾协议》[42]采用的解决方案与《通用数据保护条例》非常相似，但存在细微差别。在个人首次被要求向有关控制者提供个人信息或在切实可行的范围内能够尽快提供时，任何控制者均应遵守告知原则，但任何情况下，在控制者将此类信息用于初始收集或处理目的外的其他目的或首次向第三方披露之前亦应履行告知义务。本质上，这意味

着只要接收者仍然以符合初始目的的方式处理数据，并且不将其传递给第三方，数据接收者就无须向数据主体提供单独的信息。而提供者一般必须向数据主体告知“其向之披露个人信息的第三方的身份或类型”，即提供者可以自主决定是否仅告知接收者的类型。

对于履行信息提供义务可能导致过高成本的情形，《隐私盾协议》的内容并无例外。这可能意味着，因接收者欲出于新目的处理数据或者后续传输数据而有必要履行通知义务时，控制者间交易的各方主体应当以某种方式，确保通知原则能够得到遵守。在此情况下，供应商亦无法以未能保留接收者身份记录等理由免责。

（三）“交易链中的强制执行”原则 343

除使数据主体能够向交易链环节中的任意控制者直接主张权利的均等直接效应原则外，《通用数据保护条例》还规定了“交易链中的强制执行”原则。

1. 供应者对接收者的警示义务

如果数据主体依据《通用数据保护条例》第 16 条至第 18 条要求更正、删除个人数据或限制处理行为，依据第 19 条，收到请求的控制者有义务将该要求转告于作为该个人数据公开受众的任意接收者处。但是，这并不适用于转告不能或成本过高的情形。在此背景下，第 30(1)(d) 条仅要求控制者保留“接收者类型”记录的规定再次变得有意义，即控制者可能宣称无任何接收者具体联系方式的记录。但是，如果交易显然因其他原因被记录，如出于记账或税收目的，控制者可能无法逃避该义务。与之类似的是，第 17(2)条要求公开个人数据和被请求删除数据的控制者采取“合理措施”，即在此情形下尽最大努力通知其他正在处理数据的控制者。[43]

若请求更正、删除或限制处理的信息到达数据接收者处，该接收者并无自动服从请求的义务。例如，由于缺乏法律依据，由最初收到删除请求的控制者处理数据不再是合理的，但数据接收者的处理可基于独立的法律依据被认为是合理的，这是极有可能的。

344 无论如何，基于《通用数据保护条例》第 6 条和第 9 条等规定的均等直接效应原则，数据接收者有义务定期核查是否仍有法律理由支持其处理受其控制的个人数据。同时，当接收者从来源处收到数据主体要求删除数据的通知时，其必须立即确认持有数据仍有合法依据，否则应当无延误地删除数据。

2. 欧美《隐私盾协议》中的解决方案

依据欧美《隐私盾协议》，[44]提供者必须与接收者签订合同，约定仅在数据主体同意的前提下，出于有限、特定的目的处理此类数据，且接收者需提供相同程度的保护，如其决定不再能履行此义务，应通知供应者。合同应约定，当该决定作出时，接收者应停止处理数据或采取其他合理且适当的措施进行补救。但是，若接收者因未以提供者的名义实施代理行为[45]而违约，提供者应以何种程度承担责任并不明确。

（四）对欧洲数据经济的意义

对《通用数据保护条例》以及欧盟或欧洲经济区之外针对数据传输的现有和未来可能存在的制度分析，已证实该法最初并未考虑数据经济：不仅数据最小化原则与数据是 21 世纪最有价值的资源之一的观念
345 相悖，该法的个别条款也并不足以满足控制者间数据传输的特定要求，例如与交易链中的正当理由、信息义务和责任有关的条文。

1. 法律的不确定性

以上做法的结果并不一定是更高级别的数据保护。相反，直接后果是法律的不确定性、对“合法权益”或“不成比例的代价”等模糊概念和例外以及“接收者或其类型”或“在一个月内……或……或……”等含糊措辞的过度使用，甚至通过相容性测试的目的变更是否需要单独的法律依据也不明确。不确定性对数据经济中的企业和数据主体均产生负面影响。在某些方面，保护水平似乎令人惊讶地低，例如，供应者仅须保留接收者类型的记录，并可因可能的不成比例的代价而在收到删除、更正或限制处理请求时忽略接收者的通知。一种令人忧虑的观点指出，

欧盟或欧洲经济区以外的数据传输机制更符合数据经济的要求，其采取了更清晰和现实的方法，并特别针对控制者间的交易制定。

2. 保护投资的缺失

一般而言，将个人数据纳入数据经济的主要问题有二：一是需要单独的正当理由；二是多种情形均会导致非法处理行为和删除义务，如在基于同意进行数据处理的情形中撤回同意，或在基于合法权益处理数据的情形中数据主体提出反对，抑或是“合法利益”标准下任何导致利益失衡的进一步数据利用行为。此外，获得有效同意这一必要条件仍是争议点，且在持续变化，基于《通用数据保护条例》鉴于条款第 32 条、42 条、43 条及《通用数据保护条例》第 7(4)条的规定，企业很难预测该条件的最终走向。

对企业而言，结果具有极大的不确定性以致其难以作出明确的投资决策。例如，如果一家企业决定以一千万欧元的价格从智能汽车处“购买”特定的个人数据，它无法确定数据主体是否会撤回同意或理所当然 346
地反对后续对数据的进一步处理。因此，数据的“买方”必须承担投资损失的风险，或与数据的“卖方”协商，约定如果“买方”不再有处理数据的合法原因，“卖方”负有(部分)偿还购买款项的义务。尽管仍有可能与数据交易的另一方协商此类条款，但在其他情形下，例如数据的“买方”因对处理数据的期待，在新员工和设备上投资了两千万欧元，则很难得到足够的安全保护。

这是欧洲数据经济和依据《通用数据保护条例》第 3(2)条、第 3(3)条规定，其行为落入《通用数据保护条例》适用地域范围的第三国企业面临的特殊问题。如果数据在欧洲收集，后传输至美国或欧盟以外的其他地区的控制者处，接收者的不确定性大大提高：在《隐私盾协议》和类似的制度安排下，后续传输仅需遵守通知和选择原则。这并不意味着不会有任何问题，但各方能够在进行交易时评估风险：只要数据主体在收到通知时不反对将数据传输给接收者，同时接收者仍在最初收集的目的范围内处理数据，则接收者是安全的。只有在直接销售的情形下，才会适用更严格的规则，且数据主体有权在以后的任意时间点提出反对。

四、 数据保护与数据经济

回到最初的问题，如何协调数据保护和数据经济两大目标，以及如何将个人数据纳入欧洲数据经济，到目前为止，似乎已经提出了四种不同的方法。

（一）“纸老虎理论”

方法之一是淡化《通用数据保护条例》的影响，或多或少将该法视为纸老虎，这可能会为名义上的数据主体创造最令人印象深刻的权利，
347 当然也为控制者带来最令人生畏的行政要求，但这并不阻止数据经济中能够负担行政要求所需人力成本的企业追求任何其喜欢的商业模式。

“纸老虎理论”并非完全是牵强的。理论上，数据主体针对交易链中的第 99 个控制者享有的权利与其对第二个控制者享有的权利是相同的。如果数据主体碰巧发现了第 99 个控制者的身份，则数据主体可以根据《通用数据保护条例》，在任何时候向该控制者主张权利，如依据第 17 条的规定要求删除数据。然而，事实上一旦数据被第一位控制者转移，数据主体就几乎不可能向后续的任何控制者有效地主张权利，特别是在其不知道所有控制者身份的情况下，因为控制者遍布于很多偏僻的领域，且数据主体无法证明控制者实际上掌握了其个人数据，亦无法核查数据是否被真正删除：数据保护部门可能对控制者施加压力，要求及时对数据主体的请求作出反应，即要求不能保持沉默，但在一般情况下，他们基本不可能(或者说在比例原则的前提下很难)搜索到控制者的办公场所或请求虚拟访问该控制者拥有的所有数据集合。

但是，如果相关部门在某个时间点认为某案件足够有价值，并因此决定采取严格措施，包括搜索办公场所和由特定企业控制的任何数据存储空间，则其能够施以严格制裁，并决定由交易链中的某个具体企业对

此承担责任。某种程度上，在中间人的帮助下，通过集体救济机制，甚至通过竞争对手根据不公平的商业惯例和竞争法进行的私人执法，对数据主体赋权能够实现类似效果。[46]这就是依赖纸老虎理论会非常危险的原因，如果没有更好的投资保护措施，欧洲企业将在是否应该投资数百万欧元甚至是数十亿欧元来建设数据经济基础设施的问题上犹豫不决。

（二）标准化 348

如果我们不能确定《通用数据保护条例》是否是纸老虎——这绝对是我们不希望的事——批准通过的行为准则可以缓解数据经济的压力，这些行为准则甚至可以根据《通用数据保护条例》第40(9)条的规定取得普遍效力，或者通过欧盟数据保护委员会发布的指南、建议和最佳惯例来达到缓解压力的目的。

例如，为更好地确定同意的有效性，可以为数据主体的同意构建标准格式。欧盟《消费者权利指令》为给交易者提供便利，引入了撤回的范例说明。[47]诚然，因为需要正确填写，交易者必须准确选择适合特定情形的版本和组合，这些范例说明的使用并不像看上去那样简单。但总的来说，他们似乎在企业和消费者处均广受好评。

更为重要的是针对个人数据的定义和匿名化的程度构建可靠的标准，[48]以便企业可以确知如果符合相应标准，即使新技术或新数据的出现导致数据主体在以后某个时间点再次变得可识别，其仍不受《通用数据保护条例》的规制。

（三）技术解决方案

近期，在数据保护和数据经济方面，学界提出了一系列可能的技术
解决方案，包括高级加密、使用替代数据、数据“水印”和区块链。[49] 349
这似乎有巨大的潜力，但如何在相当紧密的框架之外发挥作用目前尚不明晰，例如由特定医院或国家卫生系统处理的医疗数据。这种方法最终能实现何种目标以及可以将已确定的问题解决到何种程度也不清楚，更不用说对全球范围内损耗计算能力和能源的副作用。

以下观点目前看来似乎是不切实际的：几乎每时每刻都在被收集的

大量个人数据涵盖在某些包罗万象的区块链方案中，以使与每组数据相关的单笔交易被不可逆地记录；我们可以追踪我们的数据，并可在全球范围内向持有数据片段的任何人要求删除，该类人群可以核实处理行为是否获得有效同意。此外，从数据经济的角度来看，如果每个数据主体均能通过按一下按钮来删除其相关的个人数据片段，这恰恰与投资保护目的相悖，因此需要为全球企业创造平等条件，确保在区块链方案之外不存在个人数据的复制件。

因此，归根结底，新技术可能有助于数据保护和数据经济，但必须存在可以运用技术的新机制，并且确保技术不会取代制度架构。

（四）数据托管

上述机制之一可能就是笔者所述的“数据托管”。[50]数据受托人是
350 复杂的“个人信息管理系统”(PIMS)，[51]有时也称为“个人数据空间/个人数据库”(PDS)，[52]拥有根据数据主体提出的标准化方向和偏好，以数据主体的名义行使权利的授权。

1. 个人信息管理系统

近期，一份欧盟委员会报告[53]列举了个人信息管理系统的三个功能：

控制功能，即在由谁获取以及出于何种目的获取何种数据方面，允许数据主体在高度微粒化级别上定义对数据的获取和使用，并使数据主体可以在任何时候撤回同意或对处理行为提出异议。这可以通过一种网页或应用程序提供的显示板来实现，并通过易于管理的、预先设定的访问和使用选项来促进使用。

数据市场功能，即允许第三方数据企业按照安全交换协议表示的偏
351 好，获取和使用数据，以请求和交换个人信息或将其算法引入平台数据。《通用数据保护条例》第 20 条规定的数据可携带权能够大大增强此功能，因为数据主体能够要求控制者将个人数据传输至他们的个人信息管理系统，特别是如果他们从第三方数据企业处获得了个人信息管理系统收益的一部分。

“增值服务”功能，即以数据分析和个人信息管理系统向作为其客户的数据主体提供的其他服务和应用的形式，为数据主体提供附加价值，以激励个人信息管理系统的使用。其中包括“隐私机器人”，即能够扫描互联网服务的数据隐私条款和标准合同条款并将之与用户预先设定的要求进行对比的数字助理。

2. 数据托管的其他特征

数据托管模式超出了个人信息管理系统普遍理解的范围，因为数据受托人是从数据主体处获得授权并以数据主体的名义行使权利的法律实体。“数据权利”当然是《通用数据保护条例》(以及即将颁布的《电子隐私条例》[54])规定的权利，但也是知识产权，例如用户生成内容的版权和一定程度上受经济交易约束的人格权。授权是部分排他性的，如撤回同意；亦是部分非排他性的，如若干严重纠正实例。授权将基于数据主体根据标准化的、易于管理的选项和偏好设定的条件来授予。

另外，数据受托人会与数据企业进行谈判和交易，并按照数据主体的指示，代表其允许这些数据企业访问和使用个人数据，且通常免收酬劳。在充分遵守目的限制原则的前提下，如果数据受托人能够在特定阶段放弃行使特定数据权利，这将对欧洲数据经济极具吸引力。回到上文 352
所述实例，如果一家企业为了开发新产品，需要获取智能汽车上的价值一千万欧元的个人数据，并需要确保其能够使用这些数据至少五年，以便分摊偿还两千万欧元的新员工和设备的投资款，则其会与数据受托人谈判达成协议，据此，受托人授予其数据获取权限，同时放弃五年内撤回同意的权利。

这是一种通过权衡取舍为相关各方带来双赢局面的方法。诚然，数据主体或多或少会失去在任何时候改变主意并随时行使其撤回权的可能性。但是，作为回报，数据主体能够更好地控制其数据，部分原因是个人信息管理系统本身带来的控制功能(“单点联系”)，但更重要的原因是，假设个人信息管理系统是一家专业而强大的公司，那么其与任何个人数据主体相比，在进行良好的交易谈判、确保并有效核查目的限制原则是否被遵守方面，处于更有利的位置。同时，这将为欧洲数据经济带来巨大利益，为欧洲企业提供所需的确定性和投资保护水平，并将个人数据从一些私人企业的“数据竖井”中解放出来，使之可供大量的创新商业模式使用。

3. 待解决的问题

需要一些尽管可能相对微小的立法举措。根据当前的法律规定，个人排他性地授权数据受托人代表其行使特定数据权利可以说是不可能的，更不用说在特定时间段放弃行使撤回同意权和其他类似权利。这些选择必须由欧盟层面新的立法创设。同时，需要采取预防措施以确保数据受托人切实为数据主体的利益行动。因此，欧盟立法者必须解决可接
353 受的所有权结构、证明、监督、责任以及避免利益冲突等问题。[55]总的来说，可以考虑三种不同的所有权结构：(1)一家私营的营利性公司，充分独立于数据经济中的其他任何企业并可以限制谁能够拥有多少份额；(2)在版权法领域发现的非营利性的集体管理组织；(3)国家机关。由于对设立另外的国家主管机关没有过多欲望，前两个方案可能更为可取。

这种模式在经济上是否可行尚不明确，为了使数据受托人有足够的谈判和监控能力，这需要相当大的网络效应。过去，意图构建一个巨大的、极具包容性的个人信息管理系统的生态体系这一野心勃勃的尝试已然失败，[56]就数据主体和数据经济而言，这需要有足够的意识和激励措施。尤其是目前尚不清楚如何激励数据收集的主要公司参与此类计划，如谷歌，以及如何防止其歧视决定采用数据托管的个人。可以说，这仍需采取一定的立法措施，例如，根据尚未颁布的《电子隐私条例》，至少在某些特定领域，提供数据托管将成为一种义务。

五、结　论

仅基于非个人数据来“打造欧洲数据经济”是一项不可能完成的任

务，如果欧盟对此足够重视，则或多或少意味着其放弃了“蓬勃发展欧洲数据经济”的想法：对数据经济有利的大量数据要么显然是个人数据，要么现在被认为是匿名的，但以后可能转化为个人数据，或者至少处于中间地带(即其中可能包含一些个人数据)。

《通用数据保护条例》的起草最初并未考虑数据经济：不仅数据最
小化原则与数据是21世纪最有价值的资源之一的观念相悖，而且该法 354
的个别条款，并不足以满足控制者间数据传输的特定需求。但是，将个人数据纳入数据经济的主要问题有二：一是需要单独的正当理由；二是多种情形均会导致非法处理行为和删除义务，如在基于同意进行数据处理的情形中同意无效或撤回，或在基于“合法权益”处理数据的情形中数据主体提出正当异议，抑或是“合法权益”标准下任何导致利益失衡的进一步数据利用行为。事实上，这会给企业带来极大的不确定性，并导致其无法作出明确的投资决策。

有观点认为，欧盟以外的数据传输机制更符合数据经济的要求，其采取了更清晰和现实的方法，并且特别针对控制者间的交易制定，这是一个令人忧虑的想法。根据欧美《隐私盾协议》和现有的由欧盟委员会发布的有关向第三国传输个人数据的标准合同条款等内容，在欧盟外进行的任何后续传输仅须遵守通知和选择原则，以便数据接收者在进行交易时，能够更大程度地评估数据交易固有的风险。讽刺的是，若数据主体的数据直接被美国控制者收集而非委托欧盟控制者提供数据，再将数据传输至美国，其可能得到更好的保护，而这以欧洲数据经济为代价进一步加强了美国数据经济。

淡化《通用数据保护条例》的影响，并将其视为纸老虎的方法，被认为只要数据企业能够负担符合行政要求的人力成本，就不会对数据企业形成任何真正的障碍(“纸老虎理论”)，但该方法是错误的。考虑到政府部门可能对违反《通用数据保护条例》的行为施以严厉惩罚，企业可能借助集体救济机制和竞争法进行私人执法，我们既不希望《通用数据保护条例》主要被用作安慰剂，也不认为其足以为欧洲企业的投资决策奠定坚实基础。

因此，如果我们致力于促进欧洲数据经济，首先必须解决房间里的大象，寻找能够协调数据保护和数据经济利益的解决方案。在已提出的
355 可能方案中，本文认为，数据托管似乎是最有希望的解决方案，应当对此展开更为细致的研究。

注释

1. European Commission，'Building a European Data Economy'，COM(2017) 9 final.

2. European Commission，'Staff Working Document on the free flow of data and emerging issues of the European data economy' SWD(2017)2 final.

3. 注意欧盟委员会也对此进行了研究，'Staff Working Document Advancing the Internet of Things' SWD(2016) 110 final，并通过对 Product Liability Directive 85/374/EEC 的评估进行了并行且部分重叠的磋商。

4. See European Commission，'Towards a thriving data-driven economy' COM (2014) 442 final，2 et seq. 另见前注 1，第 3 页。

5. 前注 2，第 30 页以后.

6. Regulation(EU) 2016/679 of the European Parliament and of the Council of 27 April 2016 on the protection of natural persons with regard to the processing of personal data and on the free movement of such data，and repealing Directive 95/56/EC(General Data Protection Regulation)[2016] OJ L119/1.

7. 前注 2，第 4、11、22、33—34 页。

8. 前注 1；另见 Zech，'Building a European data economy' (2017) IIC 501。

9. For the situation under Directive 95/46/EC see Article 29 Data Protection Working Party，'Opinion 4/2007 on the concept of personal data' (2007) WP136；see also Case C-582/14 Breyer EU：C：2016：779 paras 46 et seq. 据此，在线媒体服务提供商在个人访问网站时注册的动态 IP 地址是个人数据，提供商有使其能够利用互联网服务提供商持有的有关该个人的附加数据来识别数据主体的方法。

10. 匿名化与假名化的区别参见 Article 29 Data Protection Working Party，'Opinion 5/2014 on Anonymisation Techniques' (2014) WP216；the comments to Art. 4 by Ernst in Paal/Pauly(eds)，Datenschutz-Grundverordnung(C.H. Beck 2017) 48 et seq.；Hofmann/Johannes，'DSGVO Anleitung zur autonomen Auslegung des Personenbezugs' (2017) ZD 221，222 et seq.。

11. Langhanke/Schmidt-Kessel，'Consumer Data as Consideration' (2015)

EuCML 218 et seq. with further references.

12. See also Ludemann, ‘Connected Cars’ (2015) ZD 247, 249 et seq.; Sörup/Marquardt, ‘Datenschutz bei Connected Cars’ (2015) ZD 310; Weichert, ‘Datenschutz im Auto’ (2014) Straßenverkehrsrecht 241 et seq.

13. 前注 10, Opinion 5/2014; Harting, ‘Anonymitat und Pseudonymitat im Datenschutzrecht’ (2013) NJW 2065, 2066; Berinato, ‘There’s no such thing as anonymous Data’ (2015) Harvard Business Review 〈hbr.org/2015/02/theres-no-such-thing-as-anonymous-data〉 accessed 25 August 2017。

14. Case C-398/15 Manni EU: C: 2017: 197, para 34; Case C-615/13 P ClientEarth EU: C: 2015: 489, para 30, and further case law cited. Opinion 4/2007(n 9) 6—7, 23—24. 这不应与第 2(1)(c)条中对纯粹个人或家庭活动中所进行的数据处理的例外情形相混淆，参见 Case C-212/13 Rynes EU: C: 2014: 2428。

15. Case C-342/12 Worten EU: C: 2013: 355, para 19; Joined Cases C-465/00, C-138/01 and C-139/01 Österreichischer Rundfunk and Others EU: C: 2003: 294, para 64; Case C-524/06 Huber EU: C: 2008: 724, para 43; and Case C-553/07 Rijkeboer EU: C: 2009: 293, para 42; 前注 9, Opinion 4/2007, 第 23 页; Opinion 2/2017 on data processing at work(2017) WP249。

16. Case C-398/15 Manni EU: C: 2017: 197, para 34; 前注 9, Opinion 4/2007, 第 23 页。

17. Opinion 4/2007(n 9) 24; Korff, ‘Study on the protection of the rights and interests of legal persons with regard to the processing of personal data relating to such persons’ (Study Contract ETD/97/B5-9500/78)(1999) 2; van der Sloot, ‘Do privacy and data protection rules apply to legal persons and should they? A proposal for a two-tiered system’ (2015) Computer Law & Security 26—45.

18. See, e. g., the new Austrian Data Protection Law (Datenschutz-Anpassungsgesetz 2018, BGB1. I No.120/2017).

19. See Recital 14 and Case C-101/01 Lindqvist EU: C: 2003: 596, para 98 for the situation under the Data Protection Directive(Directive 95/46/EC of the European Parliament and of the Council of 24 October 1995 on the protection of individuals with regard to the processing of personal data and on the free movement of such data[1995] OJ L281/31).鉴于欧盟立法确保数据在欧盟自由流通的最新趋势，欧盟法院是会与《通用数据保护条例》采取相同立场，还是根据《欧盟运行条约》认定法人亦侵犯自由，并因此违反欧盟基本法，目前尚不清楚。

20. Commission Decision 2001/497/EC of 15 June 2001 on standard contractual clauses for the transfer of personal data to third countries, under Directive 95/46/EC [notified under document number C(2001) 1539][2001] OJ L181/19; Commission Decision 2004/915/EC of 27 December 2004 amending Decision 2001/497/EC as regards

the introduction of an alternative set of standard contractual clauses for the transfer of personal data to third countries[notified under document number C(2004) 5271][2004] OJ L385/74；for controller-to-processor agreements see Commission Decision 2010/87/EU of 5 February 2010 on standard contractual clauses for the transfer of personal data to processors established in third countries under Directive 95/46/EC of the European Parliament and of the Council[notified under document C(2010)593][2010] OJ L39/5.

21. Commission Implementing Decision(EU) 2016/1250 of 12 July 2016 pursuant to Directive 95/46/EC of the European Parliament and of the Council on the adequacy of the protection provided by the EU-U.S. Privacy Shield[notified under document C(2016) 4176][2016] OJ L207/1.

22. Wendehorst/Graf von Westphalen, ‘Das Verhaltnis von Datenschutz-Grundverordnung und AGB-Recht’(2016) NJW 3745.合同提供的服务本质上是个性化的，需要全面的用户资料，同时“服务”本身服务于独立的商业利益，如产品“推荐”或预测性维护，这都是有可能的。

23. 鉴于条款第 47 条列举了为防止欺诈所必需的直销和个人数据处理手段。更深入的分析参见 Article 29 Data Protection Working Party，‘Opinion 06/2014 on the notion of legitimate interests of the data controller under Article 7 of Directive 95/46/EC’(2014) WP 217，in particular 26，31—33，59，68。

24. 同上注，第 33 页、第 56 页。

25. Albrecht，‘Das neue EU-Datenschutzrecht—von der Richtlinie zur Verordnung’(2016) CR 88，92；Schantz，‘Die Datenschutz-Grundverordnung—Beginn einer neuen Zeitrechnung im Datenschutzrecht’(2017) NJW 1841，1844. See also Article 29 Data Protection Working Party，‘Opinion 03/2013 on purpose limitation’(2013) WP203，19，36—37. 鉴于条款第 50 条未能反映谈判最终结果的观点看似是可信的，因为第 50 条同样提到了反对的权利，但《通用数据保护条例》第 21 条并未涉及第 6(4)条的内容。

26. See Case C-543/98 Deutsche Telekom EU：C：2011：279，paras 57—66.

27. See point I of the Set II standard contractual clauses introduced by Commission Decision 2004/915/EC[notified under C(2004) 5271]：“数据出口商保证并承诺：a)根据适用于数据出口商的法律，已收集、处理和转移个人数据；b)已尽合理努力以确定数据进口商能够履行这些条款项下的法律义务……”

28. See point II of the Set II standard contractual clauses introduced by Commission Decision 2004/915/EC[notified under C(2004) 5271].

29. See Annex II，s II 1.—3. to the EU-US Privacy Shield Framework Principles [Commission Implementing Decision(EU) 2016/1250，notified under document C(2016) 4176].

30. Annex II，s II. 12.

31. Annex II，s II. 5.

32. See Case C-362/14 Schrems EU：C：2015：650 concerning the Safe Harbor regime.

33. Article 29 Data Protection Working Party，‘Guidelines on the right to data portability’ (2017) WP242 rev.01，9—10.

34. This is hardly ever spelt out explicitly but can be concluded from，e.g.，Case C-201/14 Bara and Others EU：C：2015：638，paras 42—44；Annex II s II. 1. and 3. a. to the EU-US Privacy Shield Framework Principles (Commission Implementing Decision(EU) 2016/1250，notified under document C(2016) 4176)；Annex A n. 3 of Commission Decision 2004/915/EC(notified under document number C(2004) 5271)；see also Case C-473/12 IPI EU：C：2013：715，para 23；Case C-553/07 Rijkeboer EU：C：2009：293，paras 48—52，68；前注 33，Guidelines on the right to data portability，第 7 页；Tavanti，‘Datenverarbeitung zu Werbezwecken nach der Datenschutz-Grundverordnung(Teil 2)’ (2016) RDV 295，299。

35. 是在任何情况下均适用一个月的最长期限，还是当接收者意图将数据用于与数据主体进行通信(如定向广告)或对其他人公开数据时，接收者可待此类通信或公开披露行为发生时再履行信息提供义务，这在本质上并不清楚。

36. 尽管《通用数据保护条例》在特定“特许”目的的上下文中提到了比例测试，但措辞范围更广，包括接收者不易于联系数据主体的情形。

37. 第 12(2)条规定，任何控制者均应促进数据主体根据第 15 条至 22 条的规定行使权利，这可能意味着某种义务。相反，可以根据第 11(1)条得出类似结论：根据该条款，当控制者处理个人数据的目的不再要求识别数据主体时，控制者无义务仅出于遵守《通用数据保护条例》的目的，获取或维护有关数据主体的信息。这可以理解为只要数据主体处理个人数据的目的仍然要求识别数据主体，则接收者有义务获取每个数据主体的恰当的联系方式。

38. 注意在一系列情况下，无论如何它们都将出于其他原因而被转发，如接收者希望将之用于定向发送电子邮件广告。

39. 前注 10，the comments to Art. 15 by Paal in Paal/Pauly，第 32 页以后；另见 Schmidt-Wudy in Wolf/Brink(eds) ‘BeckOK Datenschutzrecht’ (2017) 74。

40. 对此问题的不同观点参见 e.g.，Paal ibid Art. 15 m.n.26 on the one hand and Schmidt-Wudy ibid Art. 15 on the other。

41. Brautigam/Schmidt-Wudy，‘Das geplante Auskunfts- und Herausgaberecht des Betroffenen nach Art. 15 der EU-Datenschutzgrundverordnung’ (2015) CR 56，60.

42. s I. 1. b. of Annex II.

43. 这主要包括可以通过自动方式采取的步骤，参见前注 10，Paal in Paal/Pauly，Art. 17 m.n. 36；Gstrein，‘Die umfassende Verfügungsbefugnis über die eigenen Daten— “Das Recht auf Vergessenwerden” und seine konkrete Umsetzbarkeit’ (2012)

ZD 424，425。

44. Annex II s I. 3.

45. 向作为代理人的一方传输数据所需承担的责任，参见 Annex II s 7. d。

46. See, however, also Case C-238/05 Asnef-Equifax EU：C：2006：734 para 63.

47. Annex I A to Directive 2011/83/EU of the European Parliament and of the Council of 25 October 2011 on consumer rights，amending Council Directive 93/13/EEC and Directive 1999/44/EC of the European Parliament and of the Council and repealing Council Directive 85/577/EEC and Directive 97/7/EC of the European Parliament and of the Council，[2011] OJ L304/64.

48. 参见，前注 10，Opinion 5/2014(n 10)。

49. Wiefling/Iacono/Sandbrink，'Anwendung der Blockchain außerhalb von Geldwahrungen'(2017) DuD 482，483.

50. 注意，该术语在不同的语境中可能有完全不同的含义，例如微软等美国公司借助欧盟的"受托人"从欧洲公民处获取数据，或学者要求将向企业提供数据视为基于数据的委托。Wittes/Bennett，'Databuse and a Trusteeship Model of Consumer Protection in the Big Data Era'，Governance Studies at Brookings(2014) 〈www.brookings.edu/wp-content/uploads/2016/06/Wittes-and-Bennett_Data buse.pdf〉 accessed 25August 2017.

51. 关于个人信息管理系统的概念，参见 e.g.，European Commission，'An emerging offer of "personal information management services"—Current state of service offers and challenges'(2016) 〈ec. europa. eu/digital-single-market/en/news/emerging-offer-personal-information-management-services-current-state-service-offersand〉 accessed 25 August 2017；European Data Protection Supervisor，'EDPS Opinion 9/2014 on Personal Information Management Systems. Towards more user empowerment in managing and processing personal data'(2014) 〈edps. europa. eu/sites/edp/files/publication/16-10-20_pims_opinion_en.pdf〉 accessed 25 August 2017. See also Stiftung Datenschutz，'Neue Wege bei derEinwilligung im Datenschutz-technische，rechtliche und okonomische Herausforderungen'(2017)，including Policy Paper 'New ways of providing consent in data protection—technical，legal and economic challenges'，〈stiftungdatenschutz.org/index.php?id=132〉 accessed 25 August 2017。

52. European Commission，'Towards a thriving data-driven economy' COM (2014) 442 final，11；University of Cambridge Judge Business School，'Personal data stores'，study commissioned by the European Commission(2015). Available online under：〈ec. europa. eu/digital-single-market/en/news/ study-personal-data-stores-conducted-cambridge-university-judge-business-school〉 accessed 25 August 2017.

53. 前注 51，European Commission，'personal information management services'，

第 1 页。

54. European Commission，‘Proposal of 10 January 2017 for a Regulation of the European Parliament and of the Council concerning the respect for private life and the protection of personal data in electronic communications and repealing Directive 2002/58/EC’(Regulation on Privacy and Electronic Communications) COM(2017) 10 final.

55. 前注 51，EDPS Opinion 9/2014，第 30 页、第 43—47 页。

56. See European Commission，‘personal information management services’(n 51) 9，referring to the Respect Network，〈www.respectnetwork.com/〉 accessed 25 July 2017.

译后记

数字经济的发展依赖于对数据的收集、整合、分析与利用，市场竞争越来越呈现为数据的竞争，如何更好地促进数据的交易、流动与分享，甚至在很大程度上决定了未来国际竞争的格局。欧盟一直力图推动数字经济发展，相关立法与政策数量繁多，但较之于为人熟知的《通用数据保护条例》，欧盟对其他法律概念与工具在数据领域适用性的理论争议与制度实践通常并不显眼。事实上，欧盟内部围绕着促进数字经济发展这一核心议题，广泛讨论了传统法律概念与工具应用于数据交易的正当性、可能性以及潜在的缺陷，同时对创设新型的数据财产权也持一种相当开放的态度。第三届明斯特欧盟法与数字经济研讨会继续在探讨欧盟法律如何应对数字经济需求与挑战的主题下延伸，论文集收录的作品涉及数据库特殊权利、商业秘密、数据财产权、强制许可、合同等法律概念与工具应用于数据交易中的潜力和局限，不同作者提供了经济学、法学、政策等多重视角，全面检讨了欧盟近年来在数据领域的法律实践及其实际效果，并对欧盟委员会通过《打造欧洲数据经济》的报告而提出的诸多有关数据交易的制度设想进行了较为深入地回应。

对欧盟数据立法的关注大多集中于《通用数据保护条例》，其对个人数据的高标准保护令论者得出美国模式重视数据交易而欧盟模式重视个人数据保护的结论。但该论文集收录的作品却在很大程度上颠覆了这种认知，欧盟对促进数据交易和推进数字经济发展的关切与动力非常明确，在全球范围内创设独一无二的数据库特殊权利就是明证。阅读本书收录的论文，仍能切实体会到数据交易中潜藏的诸多理论问题难有定论，例如隐私、个人数据与企业数据之间的关系难以厘清，而现实中很多企业并不具备分享其持有数据的动力和意愿，在智能汽车等领域，制造商、销售商、用户甚至国家在数据收集、利用方面具有不同的利益取向，潜藏着不少法律层面的疑问和争议。通过阅读本书，读者能够对立足于数据交易的各个制度设想获得更加客观理性的认识，更加深入地理解欧盟立法背后的政策诉求与产业背景，对我国在个人信息保护、数据交易、数据安全等领域的立法实践和理论创新提供比较法的经验。

感谢彭诚信教授的鼓励、支持与帮助，使我有机会翻译本书，从而获得了宝贵的学习机会，能够继续深入研究数据法律问题。感谢上海人民出版社张晓玲编辑和夏红梅编辑对本书出版提供的诸多帮助和辛勤的审校工作。在翻译本书的过程中，我的学生沈芳、朱梦婷、施怡洁、帅琦、王一、田文燕、郭禹呈、程侃协助我进行了部分内容的文字校对和注释整理等工作，在此一并致谢。

曹　博

2021 年 7 月 16 日

图书在版编目(CIP)数据

数据交易:法律·政策·工具/彭诚信主编;
(德)塞巴斯蒂安·洛塞(Sebastian Lohsse)等编;曹
博译.—上海:上海人民出版社,2021
书名原文:Trading Data in the Digital Economy:
Legal Concepts and Tools: Münster Colloquia on
EU Law and the Digital Economy Ⅲ
ISBN 978-7-208-17250-0

Ⅰ.①数… Ⅱ.①彭… ②塞… ③曹… Ⅲ.①数据管
理-信息法-研究 Ⅳ.①D912.804

中国版本图书馆 CIP 数据核字(2021)第 143558 号

策　　划 曹培雷　苏贻鸣
责任编辑 夏红梅
封面设计 孙　康

数据交易:法律·政策·工具
彭诚信 主编
[德]塞巴斯蒂安·洛塞　莱纳·舒尔茨　德克·施陶登迈尔 编
曹 博 译

出　　版 上海人民出版社
(200001　上海福建中路 193 号)
发　　行 上海人民出版社发行中心
印　　刷 上海商务联西印刷有限公司
开　　本 635×965　1/16
印　　张 21
插　　页 4
字　　数 280,000
版　　次 2021 年 8 月第 1 版
印　　次 2021 年 8 月第 1 次印刷
ISBN 978-7-208-17250-0/D·3807
定　　价 88.00 元

上海人民出版社·独角兽

“人工智能与法治”书目

一、“独角兽·人工智能”系列

第一辑《机器人是人吗?》

《谁为机器人的行为负责?》

《人工智能与法律的对话》

第二辑《机器人的话语权》

《审判机器人》

《批判区块链》

第三辑《数据的边界:隐私与个人数据保护》

《驯服算法:数字歧视与算法规制》

《人工智能与法律的对话 2》

第四辑《理性机器人》

《数据交易:法律·政策·工具》

《人工智能与法律的对话 3》

二、“独角兽·未来法治”系列

《人工智能:刑法的时代挑战》

《人工智能时代的刑法观》

《区块链治理:原理与场景》

《权力之治:人工智能时代的算法规制》

《数字货币与日常生活》

三、“独角兽·区块链”系列

《人工智能治理与区块链革命》

《区块链与大众之治》

《链之以法:区块链值得信任吗?》

阅读,不止于法律,更多精彩书讯,敬请关注:

微信公众号 微博号 视频号